区块链技术原理及应用

熊 健 刘 乔 编著

合肥工業大學出版社

内容提要

区块链作为一种分布式数据存储、点对点传输、共识机制、加密算法等技术在互联网时代的创新应用模式，被认为是继大型机、个人电脑、互联网之后的颠覆式创新，正在全球范围引起一场新的技术革新和产业变革。本书专注区块链原理及核心技术，在对区块链架构及其工作原理进行介绍的基础上，分专题对区块链的核心技术进行讨论，包括密码学技术、共识算法、分布式存储、智能合约等，给出了基于 Python 创建区块链示例。最后，介绍了近年来区块链在金融领域和非金融领域的一些应用。本书是一本系统全面介绍区块链基础技术及应用的教材，目的是使读者能够快速掌握区块链的基本理论和核心技术，了解相关应用，为投身区块链相关研究及应用奠定基础。

图书在版编目(CIP)数据

区块链技术原理及应用/熊健，刘乔编著．—合肥：合肥工业大学出版社，2018．12

ISBN 978－7－5650－4340－6

Ⅰ．①区…　Ⅱ．①熊…②刘…　Ⅲ．①电子商务—支付方式—教材　Ⅳ．①F713．361．3

中国版本图书馆 CIP 数据核字(2018)第 298653 号

区块链技术原理及应用

熊　健　刘　乔　编著　　　　责任编辑　张惠萍　张和平

出　版	合肥工业大学出版社	版　次	2018 年 12 月第 1 版
地　址	合肥市屯溪路 193 号	印　次	2018 年 12 月第 1 次印刷
邮　编	230009	开　本	787 毫米×1092 毫米　1/16
电　话	总　编　室：0551－62903975	印　张	13．25
	市场营销部：0551－62903198	字　数	311 千字
网　址	www．hfutpress．com．cn	印　刷	合肥现代印务有限公司
E-mail	hfutpress@163．com	发　行	全国新华书店

ISBN 978－7－5650－4340－6　　　　定价：33．00 元

前　言

随着以比特币为代表的数字货币的崛起，其底层支撑架构——区块链技术凭借去中心化信用、数据不可篡改等特点，吸引了世界许多国家政府部门、金融机构及互联网巨头公司的广泛关注，已经成为当前学术界和产业界的热点课题。区块链作为一种分布式数据存储、点对点传输、共识机制、加密算法等计算机技术在互联网时代的创新应用模式，被认为是继大型机、个人电脑、互联网之后计算模式的颠覆式创新，正在全球范围内引起一场新的技术革新和产业变革。目前，区块链的应用已延伸到物联网、智能制造、供应链管理、数字资产交易等多个领域。

区块链技术的开放性鼓励创新和协作。通过源代码的开放和协作，区块链技术能够促进不同开发人员、研究人员以及机构间的协作，相互取长补短，从而实现更高效、更安全的解决方案。近年来，已有不少海外金融机构和商业机构尝试基于区块链技术进行商业模式的改进。在中国，尽管这一技术尚未得到广泛的认知和应用，但是已经开始引起越来越广泛的重视，其影响力正在快速增强，现在区块链技术已经被视为下一代全球信用认证和价值互联网的基础协议之一。

区块链技术的演化及发展，正历经以比特币为代表的虚拟货币的时代、以以太坊为代表的数字资产与智能合约阶段以及在金融行业之外众多领域的广泛应用阶段。当前，区块链技术正在与大数据、云计算、物联网以及人工智能这些技术链接，随时可能碰撞出技术创新的火花。区块链可以提高人工智能的安全机制，解决物联网设备传统中心化设备难以承受巨大负载的问题，实现物联网设备的“自治”，帮助解决数据安全性和归属权问题等等，这些都是区块链在技术层面的创新实践。从移动互联到虚拟现实再到人工智能，从手机 App、VR 眼镜到虚拟个人智能助理，可以看到新技术的创新都越来越贴近我们的生活，同样区块链也不会例外。区块链技术将如何影响和改变我们的生活，在未来我们的金融生活以及互联网时代中区块链又将为我们带来什么样的惊喜呢？应该说，当前，区块链技术的发展在全球范围内还都处在早期阶段，各种技术方案、应用场景和商业模式等还需要进一步地探索和完善，需要理论研究者、网络技术专家、金融行业以及监管部门的积极投入和良性互动，勇于探索和创新。

正是在此大背景下，本书作者开始潜心区块链核心技术、专注区块链行业发展，历经多年的研究、整理和积累，《区块链技术原理及应用》应运而生。全书分三大部分：基础篇部分（第1～3章），首先对区块链进行了概述，然后详细介绍了区块链架构，最后系统讲述了区块链工作原理；技术篇部分（第4～8章），分专题对区块链的核心技术进行了介绍，包括密码学技术、共识算法、P2P网络及分布式存储、智能合约，最后给出了基于Python创建区块链示例；应用篇部分（第9～10章），介绍了近年来区块链在金融领域和非金融领域的一些应用，并给出了部分案例。出于结构完整性的考虑，本书的有关内容可能在基础篇中和技术篇都有涉及，比如在区块链架构中，对数据层、网络层、共识层以及合约层进行了概述，相应的内容在第4～7章的密码学技术、共识算法和P2P网络及分布式存储、智能合约中也有更深入的介绍。

本书是一本系统全面介绍区块链基础技术及应用的教材，目的是使读者快速能够掌握区块链的基本理论和核心技术，了解相关应用，为投身区块链相关研究及应用奠定基础。

目　录

基础篇

技 术 篇

应 用 篇

基　础　篇

1 区块链概述

区块链（Blockchain）是分布式数据存储、点对点传输、共识机制、加密算法等计算机技术的新型应用模式，被认为是继大型机、个人电脑、互联网之后计算模式的颠覆式创新，并正在全球范围引起一场新的技术革新和产业变革。尽管发展历史较为短暂，但是却像狂风一般席卷全球，备受科技界尤其是金融界的关注。最初，人们只知比特币，不识区块链。后来，人们发现区块链不仅仅可以作为支持数字货币比特币交易的底层技术，还能脱离比特币，应用于金融、贸易、征信、物联网、共享经济等诸多领域。区块链凭借其安全性，可以帮助私人公司或者政府部门建立更加值得信赖的网络，可以让用户更加放心地分享信息和价值。目前，区块链的应用已延伸到物联网、智能制造、供应链管理、数字资产交易等多个领域。可以预见，未来区块链可以得到更广泛的应用。

1.1 区块链的起源

最早关于区块链的描述出现在 2008 年由化名为中本聪（Satoshi Nakamoto）的神秘人物在一家隐秘的密码论坛上提交的论文《比特币：一种点对点的电子现金系统》（*Bitcoin：a peer-to-peer electronic cash system*）中。该文重点讨论了比特币系统，详细描述了如何用对等（Peer-to-Peer，P2P）网络去创建一个不需要依赖信任的电子交易系统，指出区块链是一种数据结构，也是该电子现金系统（比特币）的核心技术，被用于记录比特币交易的账目历史。在比特币系统成功运行多年后，部分金融机构开始意识到，作为比特币运行的底层支撑技术——区块链实际上是一种极其巧妙的分布式共享账本技术，对金融乃至各行各业带来的潜在影响甚至可能不亚于复式记账法的发明。2014 年前后，业界开始认识到区块链技术的重要价值，并通过智能合约技术将其用于数字货币外的分布式应用领域。2015 年，《经济学人》（*The Economist*）杂志发表 *The promise of the blockchain：the trust machine*，在封面介绍区块链为“创造信任的机器”，提出区块链技术将在各个层面上深远地影响人类社会，可以在没有中央权威机构的情况下，为交易双方建立信任关系。通过利用点对点网络和分布式时间戳服务器，区块链数据库能够进行自主管理。为比特币而发明的区块链使它成为第一个解决重复消费问题的数字货币。比特币的设计已经成为其他应用程序的灵感来源。

事实上，在比特币之前，已经有了许多电子现金（E-cash）的技术和产品，如亚当贝特的哈希现金（Hashcash），尼克·萨博的比特金（Bitgold），但都因为管控权过于集中和管控中心的信任问题而无法得以大面积普及。此外，比特币系统所采用的 P2P、分布式存储、非对称性加密等技术早已存在，比特币系统提出的不过是一个基于这些技术的集成性的、系统性的、可供实践的解决方案。区块链格式作为一种使数据库安全而不需要行政机构的授信的解决方案首先被应用于比特币，但在中本聪的原始论文中并没有明确提出区块链的定义和概念。作为记录比特币交易账目信息的数据结构形式，“区块”（block）和“链”（chain）这两个词是被分开使用的，在被广泛使用时合称为“区块-链”，到 2016 年才被变成一个词“区块链”。文中涉及几个对区块链技术影响深远的观点：

① 点对点、去中心化的可靠交易；

② 反欺诈；

③ 基于密码学原理的电子交易凭证管理；

④ 分布式的时间戳服务器；

⑤ 足够的安全能力支持系统。

2009 年初中本聪公开了最初的实现代码，比特币网络上线，推出了第一个开源的比特币客户端软件。中本聪使用该软件对第一个比特币区块（又称创世块，genesis block，如图 1-1 所示）进行挖矿，并获得了第一批 50 个比特币。

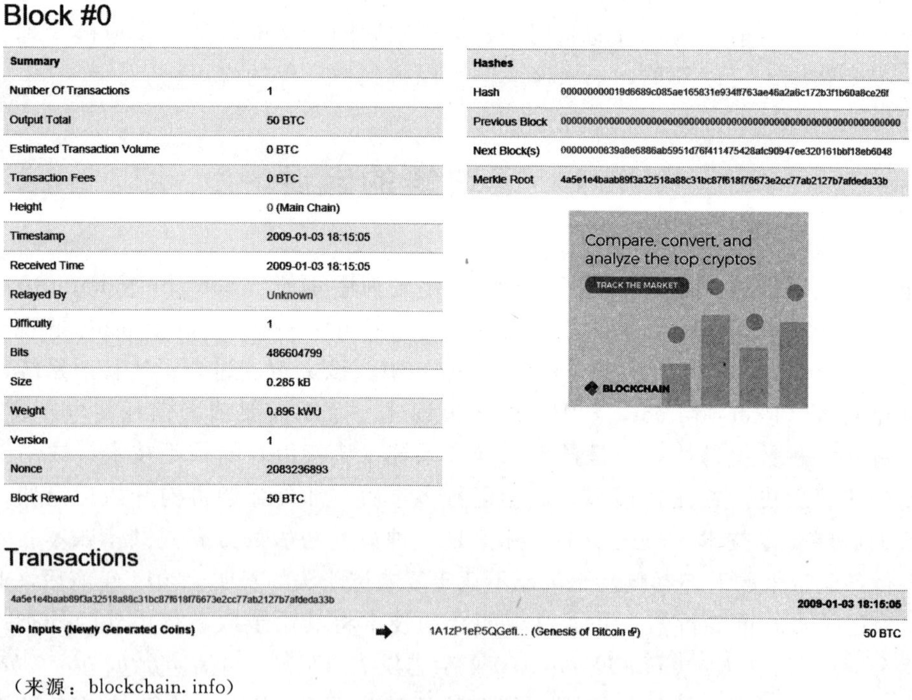

（来源：blockchain. info）

图 1-1　比特币创世块

在 2010 年 8 月 6 日，比特币协议被发现了重大漏洞，交易在记录到区块链之前并没有经过完整认证，让使用者可以绕过比特币的限制设定，制造出无上限的比特币。8 月 15 日，这个漏洞被人恶意利用。一笔转账交易过程中产生了 1.84 亿比特币，并分别转送到比特币网络上的两个地址。在不到一小时内，这笔异常交易就被发现，并在漏洞修复后从交易记录上删除，整个网络也更新为新版的比特币协议。至今为止，这是比特币历史上唯一发现并被利用的重大安全漏洞。这也足以证明比特币设计的精妙，也正是因为设计的精妙，让比特币在诞生后的十几年内发展迅速，从小众成功走向主流。

在日本和韩国，比特币交易特别火爆。比特币价格在震荡中不断刷新纪录，全球比特币价格变化如图 1－2 所示。2009 年 10 月最早有记录的比特币价格仅为 0.00076 美元。在不到 9 年的时间里，比特币作为全球最热门的加密货币，其价格创历史新高。2018 年 7 月，一个比特币可以兑换 6180.88 美元，收益远远超过黄金、地产，甚至有人预测其价格还将大幅攀升。此外，在 2017 年 5 月份，勒索病毒 WannaCry 席卷全球，全球 150 个国家及地区的数十万台计算机遭到攻击。这个事件并没有给比特币市场造成直接损失，反而又使比特币火了一把。

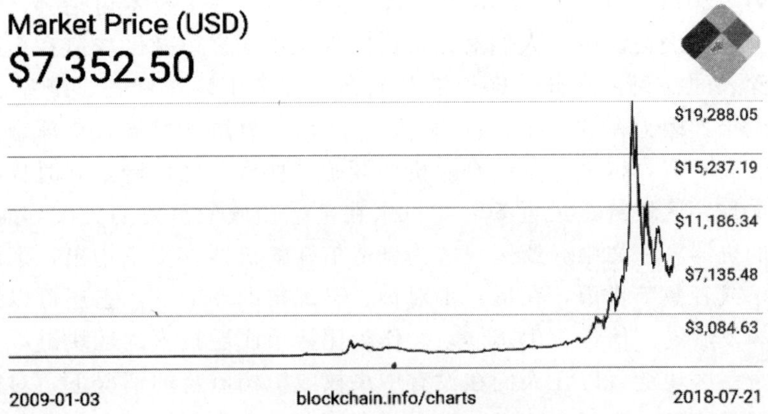

图 1－2　比特币价格变化曲线

值得一提的是，比特币总量设计为 2100 万个，目前已经有大约 1700 万个比特币被挖出，占总量的 81％左右，如图 1－3 所示。此设计本意是为了避免像央行超发货币一样引起通货膨胀，通过控制供给，从而保持比特币的价值。这其实是比特币的一种可预测的、透明的货币政策（predictable，transparent monetary policy）之一。

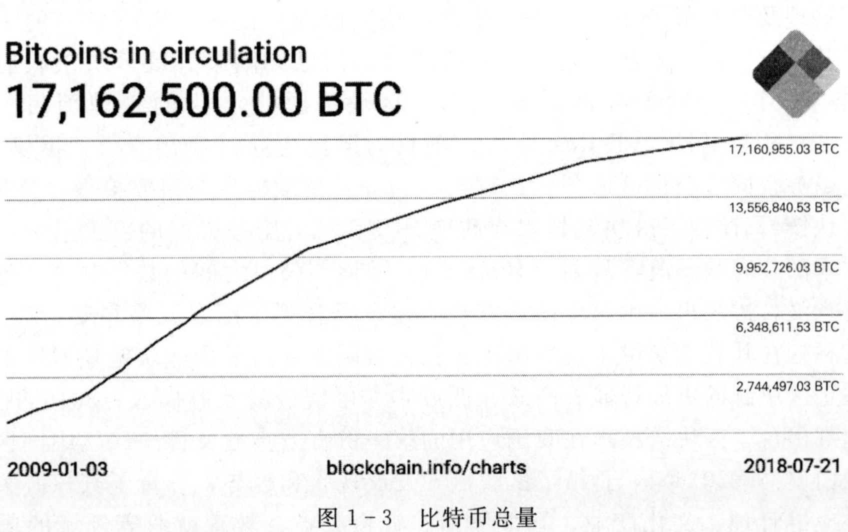

图 1－3　比特币总量

据报道，多国政府已经开始给予比特币合法身份。2017年4月，日本宣布比特币成为一种合法的支付方式；2017年7月，澳大利亚政府承认比特币为货币，并废除比特币的商品与服务税。直至2018年初，全球已经有99个国家有不限制比特币的法律。

1.2 区块链的演化及其发展

在比特币系统成功运行多年后，作为比特币运行的底层支撑技术，区块链开始进入金融机构的视野里。2014年前后，部分金融机构开始意识到，区块链实际上是一种极其巧妙的分布式共享账本技术，可能会给金融乃至各行各业带来深远的影响，甚至不亚于复式记账法的影响力。2014年10月，在大英图书馆中举办了一次技术讨论会，形成了对区块链的初步认识。在这次会议中，人们对比特币的现状和未来以及区块链在金融等领域的应用前景进行了深入的探讨。自此，区块链开始在全球范围崭露锋芒。毫无疑问，2015年是世界区块链元年，因为在这一年，特别是下半年区块链迅速发展，全球金融机构和区块链相关的新闻层出不穷，越来越多的企业机构开始"拥抱"区块链。划时代的标志是《华尔街日报》刊文称，区块链是最近500年以来在金融领域最重要的突破，而《经济学人》杂志在《信任的机器》一文中介绍区块链为创造信任的机器。文章指出，区块链并非仅仅是一项加密技术或者数字货币，在信息不对称、不确定的环境下，它还可以建立满足经济活动赖以发生、发展的"信任"生态体系。作为比特币底层技术的区块链，其价值要远远超过比特币本身。区块链可以让人们在没有中央权威机构监督的情况下，对彼此协作建立起信任。区块链是一种共享账本技术，实现了在分布式商业网络里多方参与的双边交易中的去中介化。简单来说，它是一台创造信任的机器。

进入2016年后，区块链的重要价值开始被业界大规模地认识到了。通过智能合约技术，区块链开始应用于数字货币以外的分布式应用领域。世界经济论坛（WEF）甚至预测，到2050年，世界GDP的10%都将存储在区块链上或者应用区块链技术。

区块链除了可以应用在经济领域，还可以应用于政府治理和公共管理领域。将区块链技术与政府治理及公共服务相结合——建设区块链政府，是公共管理领域的一个崭新亮点。美国、英国、中国、爱沙尼亚等国家的政府部门已经陆续开展区块链政府建设的探索。2015年12月，爱沙尼亚政府加入基于区块链去中心化的管理项目——比特国（Bitnation），通过E-居民（E-Residents）项目为居民建立区块链身份，提供出生证明、结婚证明、商务合同、公证等服务；2016年1月，英国政府发布研究报告《分布式账本技术：超越区块链》，评估了区块链技术在改变公共和私人服务方面的巨大潜力，指出了基于区块链技术的政府数字改造规划方案对于重塑政府与公民之间的数据共享、透明度和信任等的重要意义，揭示出英国已将区块链政府建设提升到了国家战略高度；2016年6月，希拉里·克林顿在其竞选演讲中也发出了"在公共服务部门采用区块链技术"的呼吁，逐渐描绘出基于区块链的更加智能、高效、低成本、可信任的政府模式；2016年10月，工业和信息化部出台了区块链技术在我国应用的第一份官方指导文件——《中国区块链技术与应用发展白皮书（2016）》，总结了区块链的发展现状和趋势，分析了其核心关键技术及在金融、供应链管理、文化产业、智能制造、社会公益、教育就业等领域的典型应用场景，将区块链定位为提升社会治理水平的有效技术手段。2017 年，欧洲议会发布了一份新的报告——《区块链如何改变我们的生活》，总结了区块链技术的能力和挑战以及可能带来的社会价值。总体来看，区块链技术可以帮助政府部门实施公共治理及服务创新，提升政府部门在公共服务、市场监管、社会管理等政府职能的效率及效力，提供全新的更加高效、优质的政府治理和服务模式。

区块链技术自比特币网络设计中被大家发掘关注，从最初服务数字货币系统，到今天在分布式账本场景下发挥着越来越大的技术潜力。区块链的一些可能应用包括（但不限于）：智能合约、证券交易、电子商务、物联网、社交通信、文件存储、存在性证明、身份验证、股权众筹等领域。

比特币区块链已经支持了简单的脚本计算，但仅限于数字货币相关的处理。除了支持数字货币外，还可以将区块链上执行的处理过程进一步泛化，即提供智能合约（Smart Contract）。智能合约可以提供除了货币交易功能外更灵活的合约功能，执行更为复杂的操作。这样，扩展之后的区块链已经超越了单纯数据记录的功能，实际上带有一点“智能计算”的意味；更进一步，还可以为区块链加入权限管理和高级编程语言支持等，实现更强大的、支持更多商业场景的分布式账本。从计算特点上，可以看到现有区块链技术的三种典型演化场景，见表 1－1 所列。

表 1－1　区块链技术的三种典型演化场景

场景	功能	智能合约	一致性	权限	类型	性能	编程语言	代表
数字货币	记账功能	无或较弱	PoW	无	公有链	较低	简单脚本	比特币网络
交易处理	智能合约	图灵完备	PoW、PoS	无	公有链	受限	特定语言	以太坊
带权限的分布式账本处理	商业处理	多语言，图灵完备	CFT、BFT	支持	联盟链	可扩展	高级编程语言	超级账本

记账技术历史悠久，现代复式记账系统由意大利数学家卢卡·帕西奥利于 1494 年在 *Summa de arithmetica，geometrica，proportioni et proportionalita* 一书中最早制定。复式记账法对每一笔账目同时记录来源和去向，首次将对账验证功能引入记账过程，提升了记账过程的可靠性。从这个角度来看，区块链是首个自带对账功能的数字记账技术实现。更广泛地看，区块链属于一种去中心化的记录技术。参与到系统上的节点，可能不属于同一组织，彼此无需信任；区块链数据由所有节点共同维护，每个维护节点都能复制获得完整或部分记录的拷贝。跟传统的记账技术相比，基于区块链的分布式账本包括如下特点：

① 维护一条不断增长的链，只可能添加记录，而发生过的记录都不可篡改；

② 分布式，无需集中控制而能达成共识，实现上尽量采用分布式；

③ 通过密码学的机制来确保交易无法被抵赖和破坏，并尽量保护用户信息和记录的隐私性。

区块链开始引人注目与比特币的风靡密切相关。直至今日，人们对于电子货币的关注已经转向了对区块链技术及其应用的深入研究。可以把区块链的发展类比互联网本身的发展，未来会在互联网上形成一个比如叫作 Finance－internet 的东西，而这个东西就是基于区块链，它的前驱就是 Bitcoin，即传统金融从私有链、行业链出发（局域网）。Bitcoin 系列从公有链（广域网）出发，都表达了同一种概念——数字资产（Digital Asset），最终向一个中间平衡点收敛。

本质上，因为区块链的链与链之间具有隐私、安全、共识、自治、价值共享的特性，所以在技术层面上解决了互联网上的价值传递问题。同时，区块链又具有底层开源和改变业务规则、创新业务多方共识等逻辑，因此区块链是未来整个 IT 架构和互联网转型的重要支撑。Melanie Swan 在《区块链：新经济蓝图及导读》一书中提出了对区块链版本划分的方法，即按照区块链已经完成的以及将要完成的功能划分成区块链 1.0、2.0 和 3.0 三个阶段（如图 1-4 所示）。这种版本划分方式基本上反映了区块链技术成熟发展的大脉络，目前也得到了业界广泛的认可。

图 1-4　区块链发展三个阶段

1.2.1　区块链 1.0——数字货币

区块链 1.0 是以比特币为代表的虚拟货币的时代，代表了虚拟货币的应用，包括其支付、流通等虚拟货币的职能，主要具备的是去中心化的数字货币交易支付功能，目标是实现货币的去中心化与支付手段。比特币是区块链 1.0 最典型的代表，区块链的发展得到了欧美等国家市场的接受，同时也催生了大量的货币交易平台，实现了货币的部分职能，能够实现货品交易。比特币勾勒了一个宏大的蓝图，未来的货币不再依赖于各国央行的发布，而是进行全球化的货币统一。

区块链 1.0 只满足虚拟货币的需要，虽然区块链 1.0 的蓝图很庞大，但是无法普及到其他的行业中。区块链 1.0 时代也是虚拟货币的时代，涌现出了大量的山寨币等。在区块链 1.0 阶段，基于区块链技术构建了很多去中心化数字支付系统，很好地解决了货币和支付手段的去中心化问题，对传统的金融体系有着一定的冲击。

1.2.2　区块链 2.0——数字资产与智能合约

在比特币和其他山寨币的资源消耗严重、无法处理复杂逻辑等弊端逐渐暴露后，业界逐渐将关注点转移到了比特币的底层支撑技术区块链上，产生了运行在区块链上的模块化、可重用、自动执行脚本，即智能合约。这大大拓展了区块链的应用范围，区块链由此进入 2.0 阶段，业界也慢慢地认识到区块链技术潜藏的巨大价值。区块链技术开始脱离“数字货币”领域的创新，其应用范围延伸到金融交易、证券清算结算、身份认证等商业领域，涌现了很多新的应用场景，如金融交易、智能资产、档案登记、司法认证等等。

以太坊是这一阶段的代表性平台，它是一个区块链基础开发平台，提供了图灵完备的智能合约系统。通过以太坊，用户可以自己编写智能合约，构建去中心化的 DAPP。基于以太坊智能合约图灵完备的性质，开发者可以实现各种商业与非商业环境下的复杂逻辑，编程任何去中心化应用，例如投票、域名、金融交易、众筹、知识产权、智能资产等。目前在以太坊平台运行着很多去中心化应用，按照其白皮书说明，它们可以分为三种应用：第一种是金融应用，包括“数字货币”、金融衍生品、对冲合约、储蓄钱包、遗嘱这些涉及金融交易和价值传递的应用；第二种是半金融应用，它们涉及金钱的参与，但有很大一部分是非金钱的方面；第三种则是非金融应用，如在线投票和去中心化自治组织这类不涉及金钱的应用。

区块链 2.0 阶段，以智能合约为主导，越来越多的金融机构、初创公司和研究团体加入了区块链技术的探索队列，推动了区块链技术的迅猛发展。智能合约与货币相结合，对金融领域提供了更加广泛的应用场景。区块链相对于金融场景有强大的天生优势，简单来说，如果银行进行跨国转账，可能需要打通各种环境，货币兑换、转账操作、跨行问题等等，而区块链实现的点对点的操作，避免了第三方的介入，直接实现点对点的转账，提高了工作效率。以太坊的核心与比特币系统本身是没有本质的区别的，而以太坊的本质是智能合约的全面实现，支持了合约编成，让区块链技术不仅仅是发币，而提供了更多的商业、非商业的应用场景，也就是说，以太坊＝区块链＋智能合约。

区块链 2.0 更关注智能合约（ Smart Contract）所体现的业务价值。在区块链的背景下，智能合约当作是一种运行在区块链之上的通用计算模式，这样智能合约的内涵就不一定必须要和传统的合同概念相关联，反而可以是任何的计算机程序。智能合约实际上是通过高级编程语言把现实世界的业务逻辑在区块链上加以实现。智能合约通过在区块链上增加应用功能拓展了其适用范围和生存空间，如此就可以通过区块链来描述众多实现当中的业务场景。

当前，技术和产业处于区块链 2.0 阶段。在摩根士丹利公司的一份报告中提到了他们对技术在金融行业被采用的路线图展望，对区块链 2.0，其展望大致持续到 2025 年：

① 2014 年—2016 年，评估阶段。银行和其他金融基础设施中介机构对许可制的共享账本技术的效率、机会等进行评估。

② 2016 年—2018 年，对区块链进行概念原型验证测试。主要的测试目标是验证技术的可行性，将区块链技术和传统方式在性能、成本、速度、规模等方面进行对比。

③ 2017 年—2020 年，预计基于区块链的共享架构开始出现。

④ 2021 年—2025 年，在区块链技术证明有效的基础上，会有更多的金融资产转向区块链。

1.2.3 区块链 3.0——超越货币、经济和市场，各种行业分布式应用

区块链 3.0 是指区块链在金融行业之外的如法律、零售、物联、医疗等领域的应用场景，可以解决信任问题，不再依靠第三方来建立信用和信息共享，提高整个行业的运行效率和整体水平，满足更加复杂的商业逻辑。区块链 3.0 被称为互联网技术之后的新一代技术创新，足以推动更大的产业改革。区块链 3.0 可以涉及生活的方方面面，所以区块链 3.0 将更具有实用性，赋能各行业，不再依赖于第三方或某机构获取信任与建立信用，能够通过实现信任的方式提高整体系统的工作效率。

随着区块链技术的不断发展，区块链技术的低成本信用创造、分布式结构和公开透明等特性的价值逐渐受到全社会的关注，在物联网、医疗、供应链管理、社会公益等各行各

业中不断有新应用出现。在区块链 3.0 阶段，区块链的潜在作用并不仅仅体现在货币、经济和市场方面，更延伸到了政治、人道主义、社交和科学领域，区块链技术方面的能力已经可以让特殊的团体来处理现实中的问题。而随着区块链的继续发展，我们可以大胆构想，区块链技术或许将广泛而深刻地改变人们的生活方式，并重构整个社会，重铸信用价值。或许将来当区块链技术发展到一定程度时，整个社会中的每一个人都可作为一个节点，连接到个全球性的去中心化网络中，整个社会进入区块链时代，然后通过区块链技术来分配社会资源，或许区块链将成为一个促进社会经济发展的理想框架。

也可以说，区块链 1.0 是区块链技术的萌芽，区块链 2.0 是区块链在金融、智能合约方向的技术落地，而区块链 3.0 是为了解决各行各业的互信问题与数据传递安全性的技术落地与实现。现在我们所说的区块链 1.0、区块链 2.0、区块链 3.0，也许感觉这是种递进的演化，但事实上仅仅是应用范围的不同而已，从区块链 1.0 到区块链 3.0 都是平行的发展阶段，在各自的领域内发挥应有的作用。通过区块链技术，能够让人类生活在许多应用和工具中，进入“可编程”状态和智能状态，完成非常复杂的操作。

20 世纪 90 年代，信息技术的飞速发展改变了现代社会，数据计算、数据库应用等为互联网技术应用打下了基础，在深度和广度上拓展了人们的世界观。人们从对比特币的关注，到区块链技术在金融领域大显身手，进入 2015 年，区块链建立去中心化信用的尝试，已经不限于金融界，而被社会各个领域关注，特别是在中国目前社会的公信力普遍不足的情况下，区块链更能为社会管理提供一种全新的思路和技术选项。比特币的成功和金融领域的尝试性运用，使社会对区块链的关注度和投资热度急剧提升，区块链技术的发展进入黄金时期。

区块链飞速发展描绘了世界基于技术的统一愿景，整个社会有望进入智能互联网时代，形成一个可编程的社会。在这个信用已经成为紧缺资源的时代，区块链的技术创新作为一种分布式信用的模式，为全球市场的金融、社会管理、人才评价和去中心化组织建设等提供了一个广阔的发展前景。

互联网使得全球之间的互动越来越紧密，伴随而来的是巨大的信任鸿沟，未来将进入要真正的强信任背书的大数据时代。通过使用区块链技术，任何人都没有能力也没有必要去质疑数据的质量和真实性。区块链技术具有全新的理念和逻辑结构，并且它每天还在发展变化过程中，因此，随着区块链能够为信任提供价值的场景改变，它自身也将进入不同的阶段。或许未来的某一天，区块链可能还将迈进更新的阶段。

1.3 区块链的基本类型

为了适应不同的应用场景和需求，区块链根据准入机制可以分为：公有链（Public Blockchain)、联盟链（Consortium Blockchain）和私有链（Private Blockchain）三种基本类型。在实际应用中单一的某种区块链常常无法满足用户需求，就出现了多种类型的结合，比如私有链＋联盟链、联盟链＋公有链等不同组合形式。从链与链的关系来分，可以分为主链（Main Chain）和侧链（Side Chain)。此外，不同区块链还可以形成网络，网络中链与链的互联互通，产生互联链（Inter Chain）的概念。

1.3.1 公有链

所谓公有链是指像比特币系统这样的，完全的分布式（去中心化）、不受任何机构控制的区块链。全世界任何人都可以在任何时候加入、任意读取数据，任何人都能发送交易且交易能获得有效确认，任何人都能参与其中共识过程的区块链——共识过程决定哪个区块可被添加到区块链中和明确当前状态。公有区块链是最早的区块链，也是应用最广泛的区块链，各大Bitcoin系列的虚拟数字货币均基于公有区块链，世界上有且仅有一条该币种对应的区块链。作为中心化或者准中心化信任的替代物，公有链的安全由共识机制来维护——共识机制可以采取PoW或PoS等方式，将经济奖励和加密算法验证结合了起来，并遵循着一般原则：每个人从中可获得的经济奖励与对共识过程做出的贡献成正比。这些区块链通常被认为是完全去中心化的。共有链通常也称为非许可链（Permissionless Blockchain）。如比特币和以太坊等都是共有链。公有链一般适合于虚拟货币、面向大宗的电子商务、互联网金融等B2C、C2C或C2B等应用场景。

在公有链中，程序开发者无权干涉用户，所以区块链可以保护使用他们开发的程序的用户。从传统的经济学角度来看，的确难以理解为何程序开发者会愿意放弃自己的权限。然而，随着互联网崛起，协作共享的经济模式为此提供了两个理由：借用托马斯·谢林（Thomas Schelling）的话即“妥协是一种力量”。首先，如果你明确地选择做一些很难或者不可能的事情，其他人会更容易信任你并与你产生互动，因为他们相信那些事情不大可能发生在自己身上。其次，如果你是受他人或其他外界因素的强迫，无法去做自己想做的事，你大可说句“即使我想，但我也没有权力去做”的话语作为谈判筹码，这样可以劝阻对方不要强迫你去做不情愿的事。程序开发者们所面临的主要压力或者风险主要是来自政府，所以说“审查阻力”便是公有链最大的优势。

因此可见公有链的特点就是完全公开，公有链中每个参与者都有权利访问分布式账本每一条记录；不受任何组织机构监控监管，程序开发组织和人员无权干涉用户，区块链可以保护其用户；公有链依靠加密技术来保证其安全。

1.3.2 私有链

与公有链的完全去中心化不同的是，私有链存在着一个中心化控制区块链。私有链的写入权限由某个组织和机构控制。读取权限或者对外开放，或者被进行了任意程度的限制。相关的应用可以包括数据库管理、审计甚至是一个公司，尽管在有些情况下希望它能有公共的可审计性，但在很多情形下，公共的可读性似乎并非是必需的。保守的巨头（传统金融）都是想实验尝试私有区块链，而公有链的应用例如Bitcoin已经工业化，私链的应用产品还在摸索当中。

大多数人一开始很难理解私有链存在的必要性，认为其和中心化数据库没有太大的区别，甚至还不如中心化数据库的效率高。事实上，中心化和去中心化永远是相对的，私有链可以看作是一个小范围系统内部的公有链，如果从系统外部来观察，可能觉得这个系统还是中心化的，但是以系统内部每一个节点的眼光来看，其实当中每个节点的权利都是去中心化。而对于公有链，从某种程度来看也可以看作是地球上的私有链，只有地球人的电脑系统才可以接入。因此，私有链完全是有其存在价值的。私有链的巨大优势就是，由于对于P2P这样的网络系统而言，系统内部的处理速度往往取决于最弱的节点，而私有链所有的节点和网络环境都是完全可以控制的，因此能够确保私有链在处理速度方面远远优于公有链。

私有链和公有链另外一个巨大的区别就是，一般公有链肯定在内部会有某种代币，而私有链却是可以选择没有代币的设计方案。对于公有链而言，如果要让每个节点参与竞争记账，必定需要设计一种奖励制度，鼓励那些遵守规则参与记账的节点，而这种奖励往往就是依靠代币系统来实现的。但是对于私有链而言，基本上都是属于某个机构内部的节点，对于这些节点而言，参与进行记账本身可能就是该组织或者机构上级的要求，对于他们而言本身就是工作的一部分，因此并不是一定需要通过代币奖励机制来激励每个节点进行记账。所以，我们也可以发现，代币系统并不是每个区块链必然需要的。考虑到处理速度及账本访问的私密性和安全性，私有链可能更适合商业应用，越来越多的企业在选择区块链方案时，也会更多地倾向于选择私有链技术。

1.3.3 联盟（行业）链

联盟链是指其共识过程受到预选节点控制的区块链，由某个群体内部指定多个预选的节点为记账人，每个块的生成由所有的预选节点共同决定（预选节点参与共识过程），其他接入节点可以参与交易，但不过问记账过程（本质上还是托管记账，只是变成分布式记账，预选节点的多少，如何决定每个块的记账者成为该区块链的主要风险点），其他任何人可以通过该区块链开放的API进行限定查询。这些区块链可视为部分去中心化。比如R3 CEV就是一个典型的联盟链系统。

联盟链仅限于联盟成员参与，区块链上的读写权限、参与记账权限按联盟规则来制定。由40多家银行参与的区块链联盟R3和Linux基金会支持的超级账本（Hyperledger）项目都属于联盟链架构。联盟链是一种需要注册许可的区块链，其共识过程由预先选好的节点控制。一般来说，它适合于机构间的交易、结算或清算等B2B场景。例如在银行间进行支付、结算、清算的系统就可以采用联盟链的形式，将各家银行的网关节点作为记账节点，当网络上有超过2/3的节点确认一个区块，该区块记录的交易将得到全网确认。联盟链可以根据应用场景来决定对公众的开放程度。由于参与共识的节点比较少，联盟链一般不采用工作量证明的挖矿机制，而是多采用权益证明或PBFT（Practical Byzantine Fault Tolerant）、RAFT等共识算法。联盟链对交易的确认时间、每秒交易数都与公共链有较大的区别，对安全和性能的要求也比公共链高。

联盟链网络由成员机构共同维护，网络接入一般通过成员机构的网关节点接入。联盟链平台应提供成员管理、认证、授权、监控、审计等安全管理功能。如2015年成立的R3联盟，旨在建立银行同业的一个联盟链，目前已经吸引了40多个成员，包括世界著名的银行（如摩根大通、高盛、瑞信、巴克莱、汇丰等），IT巨头（如IBM、微软）。

联盟链的特点是，其可以做到很好的节点间的连接，只需要极少的成本就能维持运行，提供迅速的交易处理和低廉的交易费用，有很好的扩展性（但是扩展性随着节点增加又会下降），数据可以有一定的隐私。当然缺点也很明显，联盟链也意味着这个区块链的应用范围不会太广，缺少比特币的网络传播效应，而且联盟链容易造成权力集中。由于节点少，并且需要预选节点进行记账，不能完全解决信任问题，一旦运用不当则容易造成权力集中，甚至引发安全问题。

上述私有链和联盟链这类每个节点都需要许可才能加入的区块链系统也称为许可链（Permissioned Blockchain）。

1.3.4 混合链和复杂链

随着区块链技术变得越来越复杂，区块链的技术架构开始不仅仅简单地分为公有链、私有链等架构，而是这之间的界限逐渐开始模糊。在区块链的系统中，不再是所有节点都有着简单的一模一样的权限，而是开始有不同的分工。有些节点可能只能查看部分区块链数据，有些节点能够下载完整的区块链数据，有些节点负责参与记账。而随着系统日益复杂，其中不同的角色，以及不同的权限等级会变得更多。其实我们在授权股份证明（Delegated Proof of Stake，DPoS）这样的共识机制中，已经能够看到这种趋势开始出现，并不是每个节点都参与记账，而是获得投票数量最多的受托人（Delegated）才开始进行记账，这样的受托人就是典型的角色划分。如果今后央行采用区块链技术发行人民币，肯定会选择类似于混合链这样的技术。

1.3.5 侧链

侧链协议本质上是一种跨区块链解决方案。通过这种解决方案，可以实现数字资产从第一个区块链到第二个区块链的转移，又可以在稍后的时间点从第二个区块链安全返回到第一个区块链。其中第一个区块链通常被称为主区块链或者主链，其他区块链则被称为侧链（如图 1－5 所示）。最初，主链通常指的是比特币区块链，而现在主链可以是任何区块链。侧链协议被设想为一种允许数字资产在主链与侧链之间进行转移的方式，这种技术为开发区块链技术的新型应用和实验打开了一扇大门。严格来说侧链不是区块链的一种类型，它只是在现实应用中，开发者对区块链的一种延伸（扩展），而特别取了个绰号。

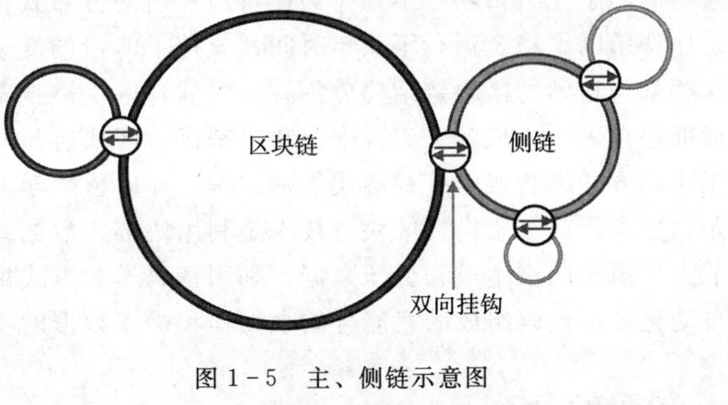

图 1－5 主、侧链示意图

比特币是大家公认的公共链，目前市场上公开的虚拟货币系统，绝大多数都是基于比特币系统进行规则修改或扩展而来。但比特币的设计规则决定了比特币有一定的局限，且已十分固定，难以做出较大修改和扩展。例如平均每 10 分钟出一个区块，每个区块受 1MB 大小限制，这使得大概每秒才能确认 7 笔交易，这种交易速度在很多场景下不能满足业务需求。因此，通过侧链来提升效率，扩展比特币功能是一个非常有效的做法。这类以比特币平台为基础，使用新的规则、发布新的虚拟货币，能和比特币区块链进行交互，并能与比特币挂钩的区块链就是侧链。简单来说，就是在某个主链外面，开发一个私有的小链，这个私链与主链之间有交互。主链和私链之间可以做币的转换。侧链目前主要适用于代币发行。比如，闪电网络把很多交易放在侧链，只有在做清算时才用上主链，这样一来可以极大地提升交易速率，又不会增加主链的存储负担。

1.3.6 互联链

互联链是各种不同的区块链之间的互联互通所形成的一个更大的生态区块链，作为一个全新的概念，目前还没有被普遍接受，因此相关的架构设计和标准化工作也没有开始。针对特定领域的应用可能会形成各种垂直领域的区块链，这些区块链会有互联互通的需求，这样这些区块链也会通过某种互联互通协议连接起来。与互联网一样，这种区块链上的互联互通就构成互联链，形成区块链全球网络。比如，现在的支付系统很多是竖井型，互不连接。如果在同一个国家、同一家银行或者支付网络，支付还相对容易，但是如果用户尝试在不同支付网络间支付，就没有那么容易了。比如，从支付宝余额转钱到微信钱包余额里，虽然两者可以通过银行连接，但是这些连接都需要人工干预，交易的确认缓慢。就像互联网的出现是为了解决不同电脑之间信息联通一样，互联链的出现就是提供实现不同区块链互联互通的统一架构和标准协议。

可以预见，随着区块链技术的充分发展和在各领域的广泛应用，未来将会形成一个巨大的互联链。如电商平台公有链＋物流公有链＋物流联盟链＋银行联盟链＋……，它们之间的相互协作、通信、共识，就是一个典型的互联链。

1.4 区块链的定义

区块链技术最早应用于比特币项目中，作为比特币背后的分布式记账平台，在无集中式管理的情况下，比特币网络稳定运行了八年时间，支持了海量的交易记录，并且从未出现严重的漏洞，这些都与巧妙的区块链结构分不开。目前，区块链技术自身仍然在飞速发展，相关规范和标准还在进一步成熟、完善中。狭义来讲，区块链是一种按照时间顺序将数据区块以顺序相连的方式组合成的一种链式数据结构，并以密码学方式保证的不可篡改和不可伪造的分布式账本。广义来讲，区块链技术是利用块链式数据结构来验证与存储数据、利用分布式节点共识算法来生成和更新数据、利用密码学的方式保证数据传输和访问的安全、利用由自动化脚本代码组成的智能合约来编程和操作数据的一种全新的分布式基础架构与计算方式。

不同组织或机构给出的区块链定义如下：

（1）维基百科给出的定义为：

A blockchain, originally block chain, is a distributed database that maintains a continuously-growing list of data records hardened against tampering and revision. It consists of data structure blocks—which hold exclusively data initial blockchain implementations, and both data and programs in some of the more recent implementations—with each block holding batches of individual transactions and the results of any blockchain executables.

Each block contains a timestamp and information linking it to a previous block.

简而言之，区块链是一个分布式的账本，区块链网络系统无中心地维护着一条不停增长的有序的数据区块，每一个数据区块内都有一个时间戳和一个指针，指向上一个区块，一旦数据上链之后便不能更改。该定义中，将区块链类比为一种分布式数据库技术，通过维护数据块的链式结构，可以维持持续增长的、不可篡改的数据记录。

（2）中国区块链技术与产业发展论坛给的定义为：

区块链是分布式数据存储、点对点传输、共识机制、加密算法等计算机技术的新型应用模式。

（3）数据中心联盟给出的定义为：

区块链是一种由多方共同维护，使用密码学保证传输和访问安全，能够实现数据一致存储、无法篡改、无法抵赖的技术体系。典型的区块链是以块链结构实现数据存储的。

一般地，我们可以理解为，区块链实质上是由多方参与共同维护的一个持续增长的分布式数据库，是一种分布式共享账本（Distributed Shared Ledger）。区块链通过智能合约维护着一条不停增长的有序的数据链，让参与的系统中任意多个节点，通过密码学算法把一段时间系统内的全部信息交流数据计算和记录到一个数据块（Block）中，并且生成该数据块的指纹用于链接（Chain）下一个数据块和校验，系统中所有的参与节点共同认定记录是否为真，从而保证区块内的信息无法伪造和更改。其核心也就在于通过分布式网络、时序不可篡改的密码学账本及分布式共识机制建立交易双方之间的信任关系，利用由自动化脚本组成的智能合约来编程和操作数据，最终实现由信息互联向价值互联的进化。

1.5 区块链的特点

区块链作为一个可以引领信任的机器，能够通过运用哈希算法、数字签名、时间戳、分布式共识和经济激励等手段，在节点无需互相信任的分布式系统中建立信用，实现点对点交易和协作，从而为中心化机构普遍存在的高成本、低效率和数据存储不安全等问题提供了解决方案。近年来，伴随着国内外研究机构对区块链技术的研究与应用，区块链的应用前景受到各行各业的高度重视，被认为是继大型机、个人电脑、互联网、移动社交网络之后计算范式的第五次颠覆式创新，是人类信用进化史上继血亲信用、贵金属信用、央行纸币信用之后的第四个里程碑。它被视为下一代云计算的锥形，有望彻底重塑人类社会获得形态，并实现从现在的信息互联网到价值互联网的转变。

区块链技术具有分布式、去中心化、可靠数据库、开源可编程、集体维护、安全可信、交易准匿名等诸多特点，可由以下渐进逼近的方式加以定义：①一个分布式的链接账本，每个账本就是一个区块；②基于分布式的共识算法来决定记账者；③账本内交易由密码学签名和哈希算法保证不可篡改；④账本按产生时间顺序链接，当前账本含有上一个账本的哈希值，账本间的链接保证不可篡改；⑤所有交易在账本中可追溯。

（1）分布式（去中心化）结构

区块链数据的存储、传输、验证等过程均基于分布式的系统结构，与传统集中记账方式不同，整个网络不依赖一个中心化的硬件或管理机构。区块链的账本不是存储于某一个数据库中心，也不需要第三方权威机构来负责记录和管理，而是分散在网络中的每一个节点上，每个节点都有一个该账本的副本，全部节点的账本同步更新。作为区块链的一种部署模式，公有链中所有参与节点的权利和义务都是均等的，系统中的数据块由整个系统中具有维护功能的节点来共同维护，任一节点停止工作都不会影响系统整体的运作。

（2）集体维护

区块链系统的数据库采用分布式存储，任一参与节点都可以拥有一份完整的数据库拷贝，任一节点的损坏或失去都不会影响整个系统的运作，整个数据库由所有具有记账功能的节点来共同维护。一旦信息经过验证并添加至区块链，就会永久地存储起来，除非能够同时控制住系统中超过51%的节点，否则单个节点上对数据的修改是无效的。参与系统的节点越多，数据库的安全性就越高。

（3）时序不可篡改

区块链采用了带有时间戳的链式区块结构存储数据，从而为数据添加了时间维度，具有极强的可追溯性和可验证性；同时又通过密码学算法和共识机制保证了区块链的不可篡改性，进一步提高了区块链的数据稳定性和可靠性。

（4）开源可编程

区块链系统通常是开源的，代码高度透明公共链的数据和程序对所有人公开，任何人都可以通过接口查询系统中的数据。区块链平台还提供灵活的脚本代码系统，支持用户创建高级的智能合约、货币和去中心化应用。例如，以太坊平台提供了图灵完备的脚本语言，供用户来构建任何可以精确定义的智能合约或交易类型。

（5）安全可信

区块链技术采用非对称密码学原理对交易进行签名，使得交易不能被伪造；同时利用哈希算法保证交易数据不能被轻易篡改，借助分布式系统各节点的工作量证明等共识算法形成强大的算力来抵御破坏者的攻击，保证区块链中的区块以及区块内的交易数据不可篡改和不可伪造，因此具有极高的安全性。通过数学原理和程序算法，确保系统运作规则公开透明，实现交易双方在不需要借助第三方权威机构信用背书下通过达成共识，能够在去信任的环境自由安全地交换数据，使得对人的信任改成了对机器的信任，任何人为的干预不起作用。

（6）开放性

区块链是一个开放的、信息高度透明的系统，任何人都可以加入区块链，除了交易各方的私有信息被加密外，所有数据对其上每个节点都公开透明，每个节点都可以看到最新的完整的账本，也能查询到账本上每一次交易。

（7）准匿名性

由于节点之间的交换遵循固定的算法，其数据交互是无需信任的（区块链中的程序规则会自行判断活动是否有效），因此交易对手无须通过公开身份的方式让对方对自己产生信任，对信用的累积非常有帮助。区块链系统采用与用户公钥挂钩的地址来做用户标识，不需要传统的基于PKI（Public Key Infrastructure）的第三方认证中心（Certificate Authority，CA）颁发数字证书来确认身份。通过在全网节点运行共识算法，建立网络中诚实节点对全网状态的共识，间接地建立了节点间的信任。用户只需要公开地址，不需要公开真实身身份，而且同一个用户可以不断变换地址。因此，在区块链上的交易不和用户真实身份挂钩，只是和用户的地址挂钩，具有交易的准匿名性。

正是因为有以上特点，区块链才不同于传统集中记账方式，并将得到金融领域更大的关注，甚至引起了各个领域的相关机构和行业的浓厚兴趣。

1.6 区块链技术平台

目前，全球有数个区块链技术平台，其中比特币（Bitcoin）、以太坊（Ethereum）、瑞波（Ripple）和 Linux 基金会的开源项目超级账本（Hyperledger Fabric）比较有代表性。此外，还有比特股（Bitshare）、恒星（Stellar）、R3 Corda 等国外区块链技术以及布比等国内一些公司研发的区块链应用平台。

1.6.1 比特币

比特币（Bitcoin）是最早、全球使用最广泛的区块链技术，具有最完全的去中心化、最多分布节点、最公平等特点。

比特币提出了一个不需要信用中介的数字货币系统，通过数字签名（Digital Signature）使得在线支付能够直接由一方发起并支付给另外一方，中间不需要通过任何的金融机构。同时为了防止双重支付（Double Spending，双花），它提出了一种采用工作量证明机制的点对点网络来记录交易的公开信息，该网络通过随机散列（Hashing）对全部交易加上时间戳（Time），将它们合并入一个不断延伸的基于随机散列的工作量证明（Proof of Work，PoW）的链条作为交易记录，形成的交易记录将不可更改。只要诚实的节点能够控制绝大多数 CPU 的计算能力，就能使攻击者难以改变交易记录。节点之间的工作，大部分是彼此独立的，只需要很少的协同。每个节点都不需要明确自己的身份，可以随时离开网络，若想重新加入网络也非常容易。节点通过自己的计算力进行投票，表决它们对有效区块的确认，它们不断延长有效的区块链来表达自己的确认，并拒绝在无效区块之后延长区块以表示拒绝。可以说，比特币包含了一个点对点数字货币系统所需要的全部规则和激励措施。

在比特币这种去中心化的公有区块链系统中，在相互间没有信任基础的前提下需要有一种完成点对点交易的共识机制。比特币发行的共识机制基于工作量证明算法（PoW），使用过程基于点对点支付和全局记账，货币有效性基于追溯验证算法。挖矿过程就是把系统中没有记录的现有交易打包到区块里，通过系统提供的计算挖矿难度的随机数不断遍历，最先达到条件的会获得记录区块的权利。随后节点将该区块记录通过网络发布广播，全网其他节点在验证该区块满足条件，同时区块记录的交易符合规定后，分别把该区块记录的信息更新到自己节点的区块链上，从而形成全网账本的共识。

比特币区块链核心技术的框架采用 C＋＋语言开发，共识算法采用 PoW 算法，工作量证明获得记账权，容错 50%，实现全网记账，公网性能 TPS 小于 7，开源地址为 https：//github. com/bitcoin。比特币发行并运行到现在，说明了区块链技术在数字货币领域的可行性，但其并不能完全代表区块链技术，它只有唯一的数字资产（比特币），而且没有图灵完备的编程语言平台，允许开发人员建立更广泛的分布式账本系统应用。

比特币区块链推出的时间比较早也不够强大，比如不支持智能合约，现在当人们提到“区块链”时，往往已经与比特币网络没有直接联系了，除非特别指出是承载比特币交易系统的比特币区块链，但比特币仍是区块链最早也是截至目前数字货币方面最大并且在全球各地经常提及的应用。在比特币源代码基础上，照搬或进行较小改动之后，还出现了一些区块链技术体系，其中包括一些山寨币，例如彩色币（染色币）等，还有一些以比特币为基础的比特币侧链等。

1.6.2 以太坊

以太坊是一个通用的数字代币平台，它通过一套图灵完备的脚本语言（Ethereum Virtual Machine Code，EVM 语言）建立应用，采用多种编程语言实现协议（编程并不需要直接使用 EVM 语言，而是使用类似 C 语言、Python、Lisp 等高级语言，再通过编译器转成 EVM 语言），采用 Go 语言编写的客户端作为默认客户端（即与以太坊网络交互的方法，支持其他多种语言的客户端）。以太坊 ETH 的开源地址：https：//github.com/ethereum。

以太坊的核心目标是智能合约，它可以看作是一个以太坊系统里的自动代理人。它有一个自己的以太币地址，当用户向合约地址发送一笔交易后，该合约就会被激活，然后根据交易中的额外信息，合约运行自身的代码，最后返回一个结果，这个结果可能是从合约地址发出的另外一笔交易。需要指出的是，以太坊中的交易不只是发送以太币而已，它还可以嵌入相当多的额外信息。如果一笔交易是发送给合约的，那么这些信息就非常重要，因为合约将根据这些信息来完成自身的业务逻辑。智能合约的引入对区块链 2.0 有着极大的推动作用，而作为早期推动智能合约的区块链平台，以太坊一度为广大区块链社区所看好。智能合约配合友好的界面和一些额外的小支持，可以让用户基于合约搭建各种千变万化的 DApp 应用，这样使得开发人员开发区块链应用的门槛大大降低。

以太坊合并了很多对比特币用户来说十分熟悉的特征和技术，同时也进行了很多修正和创新。比特币区块链纯粹是一个关于交易的列表，而以太坊的基础单元是账户。以太坊区块链跟踪每个账户的状态，所有以太坊区块链上的状态转换都是账户之间价值和信息的转移。账户分为两类：

① 外部账户，由私人密码控制；

② 合约账户，由它们的合约编码控制，只能由外部账户“激活”。

对于大部分用户来说，两者的基本区别在于：外部账户是由人类用户掌控——因为他们能够控制私钥，进而控制外部账户。而合约账户则是由内部编码管控，如果它们是被人类用户控制的，那也是因为程序设定了它们被具有特定地址的外部账户所控制，进而被持有私钥控制外部账户的人控制着。

以太坊迭代周期比较快，使得依赖于以太坊特别是以太坊公网的商业应用比较容易受到攻击。The DAO（The Distributed Autonomous Organization，去中心化自治组织）是区块链业界最大的众筹项目，它在短时间内就募集了价值 1.3 亿美元的数字货币。2016 年 6 月 17 日，由于其编写的智能合约存在重大缺陷，运行在以太坊公有链上的 The DAO 智能合约遭遇攻击，导致 300 多万以太币资产被分离出 The DAO 资产池。在黑客风波结束及所有的以太币被解锁，返还所有以太币后关闭了 The DAO，所有筹集的资金退还给众筹人，The DAO 也就此解散。从万众瞩目的众筹开始，到受到攻击资金泄漏，最后解散退回以太币，整个事件发生在短短 3 个月的时间里，如同流星一样划过，留下众多的思考和启示。

1.6.3　瑞波

瑞波（Ripple）是一个开放源码的点到点支付网络，它可以轻松、廉价、安全、跨国界地进行转账。转账对象可以是互联网上的任何一个人，无论他在世界的哪个地方；被转账的可以是清算货币、虚拟货货币、数字资产或任意一种有价值的资产。

瑞波使用的共识机制是 RPCA，可以通过特殊节点的投票，在很短的时间内对交易进行验证和确认。瑞波客户端不需要下载区块链，它在普通节点上舍弃掉已经验证过的总账本链，只保留最近已验证的总账本和一个指向历史总账本链，因而同步和下载总账本的工作量很小。

作为世界上第一个开放的支付网络，瑞波于 2015 年下半年对外公布了其 InterLedger 协议项目，该项目的目标就是打造全球统一的支付标准，创建统一的网络金融传输协议。通过瑞波支付网络可以转账任意一种货币，包括美元、欧元、人民币、日元或者比特币，简便、易行、快捷，交易确认在几秒内完成，交易费用几乎是零，没有所谓的跨行异地以及跨国支付费用。而且由于是 P2P 软件，所以没有任何个人、公司或政府操控瑞波，任何人都可以创建一个账户。

目前，瑞波币和以太坊之间正在争夺世界第二大加密货币的地位，胜负尚未决出。2017 年早期，瑞波网络已实现在 3.7 秒内能够完成 7 万笔交易。瑞波公司为其瑞波共识账本（RCL）和互联账本协议（ILP）引入了新的功能（托管和支付通道），这提高了瑞波（XRP）的交易吞吐量，这些改进使得瑞波网络的可扩展性达到了 Visa 的级别，也就是其易吞吐量将可与 Visa 抗衡。

1.6.4　区块链商用平台：超级账本

超级账本（Hyperledger）是 Linux 基金会的区块链项目，致力于发展跨行业的商用区块链平台技术。超级账本项目自创立伊始便吸引了众多行业的领头羊，包括金融业、银行、互联网行业、运输业、制造业等。目前，超级账本项目在全球拥有超过 100 个成员，包括 Cisco、IBM、Intel、J. P. Morgan、荷兰银行、SWIFT 等。基于区块链技术、智能合约及其他相关技术，超级账本项目致力于建立新一代的分布式账本交易应用平台，从而在简化商业流程和法律事务的同时，建立起商业信任、透明、审查能力。旗下的 Hyperledger Fabri1c 子项目是以 IBM 早期捐献出的 Open Blockchain 为主体搭建而成，当时 IBM 共向 Hyperledger 贡献了 44000 行开源代码。

Hyperledger Fabric 是一个带有可插入各种功能模块架构的区块链实施方案，目标是打造成一个由全社会共同维护的开源超级账本。开源地址是 https：//github.com/hyperledger/fabric。Fabric 的主要框架核心开发语言是 Go 语语言，其更适合于联盟链。早在 2016 年 IBM 宣布，计划提供开源代码并持续向超级账本项目（Hyperledger Project）贡献区块链代码。IBM 将提供经过 IBM 测试与认证的超级账本区块链代码，以及在多种技术平台上进行安装的方法，以便开发者可以在容器（Container）内执行超级账本的代码，并开始快速构建商品溯源、贸易融资、信用证、供应链以及企业贷款等区块链网络。

Hyperledger是对传统区块链模型的革新，在某种程度上是允许创建授权和非授权的区块链。Hyperledger还通过提供一个针对身份识别、可审计，隐私安全和健壮的模型，使得缩短计算周期、提高规模效率和响应各行各业的应用需求成为可能。

利用超级账本平台，用户可以轻松地搭建起企业级的区块链网络。在这个网络中，每名成员都可以访问实时更新、加密过的账本，并能查询及发起交易。一旦交易经过共识流程的验证，它就会立即加入网络中所有的账本中，并且不能更改。交易结果迅速、私有、保密且易于审计。另外，早期的超级账本还定义了协议规范：Open Blockchain Protocol Specification，并以此建立了区块链平台 Hyperledger Fabric，可以用于一系列 B2B 和 B2C 交易相关的行业案例中。为了满足这些功能及要求，Hyperledger Fabric 的实现利用了下述概念：

① 智能合约（Smart contracts）

② 数字资产（Digital assets）

③ 记录存储系统（System of Record Repositories/Stores）

④ 基于共识的去中心化网络（Decentralized Consensus-based Network）

⑤ 可插拔的共识算法及共识模型（Pluggable Consensus Algorithms/Models）

⑥ 加密安全机制（Cryptographic Security）

这些概念和功能让 Hyperledger Fabric 架构结合了三个范畴：成员管理、区块链和智能合约。这三个范畴是按逻辑划分的，而不是在物理上对独立过程、地址空间或（虚拟）机器的组件分割。

（1）成员管理服务

成员管理提供了诸多服务，包括身份管理、网络隐私、保密及审查。对于非准入型区块链，参与者不需要提供认证许可，所有的节点都平等地发起交易、验证交易及累积账本。也就是说，在非准入型区块链中没有身份的区别。成员管理服务结合 PKI 技术和去中心化共识，将非准入型区块链转变为准入型区块链。在准入型区块链中，参与者通过注册获取身份认证许可（注册证书），并且通过参与类型区分类别。通过使用身份认证许可，用户可以向交易认证中心（TCA）申请伪名认证许可。只有使用这样的许可信息（即交易证书）用户才可以发起交易。此外，交易证书在区块链上永久存在，审查人员可以此追溯交易。

（2）区块链服务

通过建立在 HTTP/2 上的 P2P 协议，区块链服务管理分布式账本。账本上的数据结构被高度优化，从而支持对世界状态复制的高效哈希算法。此外，在部署智能合约时，还可以指定不同的共识算法，如 PBFT、RAFT、PoW 和 PoS 等。

（3）智能合约

智能合约在 Fabric 中称为链码，链码服务为链码在验证节点上的执行提供了安全轻量级的沙盒。执行环境是一个“锁定”且安全的容器及一组签名镜像，包含安全操作系统和链码语言、运行时、SDK 层。链码语言包括 Go、Java 和 Node.js。此外，可以根据需求来启用其他语言。在网络中，验证节点与链码可以发出事件。目前已经预置了一些事件类型，链码还可以发出用户自定义事件。

1.6.5 区块链技术平台对比

不同区块链技术平台各具特色，前面提到的共识机制、是否有智能合约功能和适用场景等都是进行比较的主要内容。

(1) 智能合约

1995年，跨领域法律学者和密码学家 Nick Szabo 首次提出了“智能合约”(Smart Contract) 这一术语。当一个先编好的条件被触发时，智能合约执行相应的合同条款。从本质上讲，这些智能合约的工作原理类似于计算机程序的 if-then 语句，智能合约只是以这种方式与真实世界的资产进行交互，以太坊和 Hyperledger Fabric 等以智能合约为核心的区块越来越受到重视。

(2) 适用场景

作为典型的三种类型的区块链，公有链对所有人开放，任何人都可以参与，比特币就是最典型的公有链；联盟链仅对特定的组织团体开放；私有链仅对单独的个人或实体开放。在非数字货币之外的场景中引入区块链技术时，使用哪种区块链，需要对多因素进行权衡决策，短期内，主流金融机构仍难以接纳公有链。共识算法的对比见表 1-1 所列。

表 1-2 共识算法对比

名称	共识算法	适用场景	开发语言	智能合约
比特币	PoW	公有链	C++	否
以太坊	PoW+PoS	公有链/联盟链	Go	是
瑞波	RPCA	公有链/联盟链	C++	否
超级账本	PBFT 为主	联盟链	Go	是

1.7 区块链技术风险

作为一种极其巧妙的分布式数据存储、点对点传输、共识机制、加密算法等计算机技术集成应用体系，区块链技术被认为是对现有模式的颠覆式创新，并正在全球范围引起一场新的技术革新和产业变革。作为一把双刃剑，区块链既前景广阔，蕴含机遇，同时也充满挑战，面临诸多风险。本节将简要地从区块链的安全隐患、技术风险以及发展的瓶颈与陷入的困境等方面加以说明，以让我们更加客观、全面、冷静而理性地思考区块链技术。

1.7.1 安全隐患

关于安全隐患，主要从私钥安全、错误的实现和协议被攻击三个方面加以说明。

(1) 秘钥安全

区块链密钥技术的特点是不可逆、不可伪造，但前提是私钥是安全的。秘钥安全问题看似老生常谈，其实在区块链世界里还有特别的意义。在区块链体系中，私钥是每个用户自己生成并且自己负责保管的，理论上没有第三方的参与，所以私钥一旦丢失，便无法对账户的资产做任何操作。多重签名某种程度上能解决一部分问题，但实施起来非常复杂，而且要设计与之相配套的非常复杂的密钥管理和使用体系。

对于普通用户，或者没有太多技术经验的企业用户，会觉得补私钥可能和补身份证或者营业执照差不多，但事实上这根本就不可能，所以私钥的安全非常重要，但遗憾的是国际通用的多因素认证体系实施得并不好。多因素体系最常见的维度包括：

① 知识：知识指的是密码这类能被记忆的知识。

② 资产：资产包括门禁卡、令牌、手机、密码键盘、智能卡等。

③ 本征：本征包括指纹、虹膜、DNA、声纹等。

仅仅使用一种维度因素的认证方式叫单因素认证，目前早已经被业界认为是不安全的，所以与支付相关的应用除了密码以外，至少也得发一个验证码到手机，这就是对手机这一资产的因素验证。但进行大部分资产的因素验证并不具有理论上要求的可信环境，或者称之为终端安全，这就大大提高了私钥暴露的风险。比如，严格来说大部分手机都不算可信的计算环境，但是因为太方便了，所以大家做了很多妥协。这在保护低价资产的时候还可以忍受，但往往大家用区块链都是些重要价值的业务。

即便采用包含本征因素内在的三因素认证，也仍然无法根本解决密钥安全问题。事实上，安全领域专家对使用本征因素存在非常多的争议，主要的反对理由就是，大部分本征类别是生物特征，一旦泄露将很难更改。试想一旦我们的指纹落入不法分子手里，可能将终身都会受到其困扰，从以往的经验上来看，这种事情的大规模发生只是早晚的问题。

综上所述，可见：①密钥的补发与管理和区块链的分布式是冲突的；②密钥的认证需要可信的计算环境在很大程度上是缺失的。

（2）错误的实现

即便是理论上很完备的算法，也会有各种实现上的错误。由于区块链大量应用了各种密码学技术，属于算法高度密集工程，出现错误也是在所难免的。

历史上这类事情有很多，比如 NSA 对 RSA 算法实现埋入缺陷，使其能够轻松破解别人的加密信息。一旦爆发这种级别的漏洞，可以说区块链整个大厦的基础将轰然倒塌，不会有一个幸存者。即便我们乐观一点，假设没有人或者机构存心搞鬼，也存在工程实现上的非主观缺陷。比如 OpenSSL 的心脏出血漏洞（Heartbleed Bug），SSL 协议是使用最为普遍网站加密技术，而 OpenSSL 则是开源的 SSL 套件，由世界上最优秀的算法工程师做的被最广泛应用的加密算法库，并为全球成千上万的 web 服务器所使用。OpenSSL 尚且如此，我们如何能确保未来区块链使用这么多加密算法后还能独善其身呢？

假设基础类库和服务都没有问题，将其零漏洞地整合到应用中也是一件几乎不可能实现的任务。比如 blockchain. info 被爆没有正确生成随机数，导致严重的安全问题；以太坊 DAO 合约漏洞致使业务还没有开展的时候，准备的钱已经不见了。更加可怕的事实是，技术风险已经超过业务风险成为区块链的主要风险。以往金融机构也是涉及业务风险和技术风险，虽然也重视技术风险，但是整个体系的建设还是围绕着防范业务风险展开。但是从区块链现在最成熟的应用比特币来说，目前比特币交易所遭遇的最大的危机都来自技术风险而不是业务风险。

曾经世界上最大的交易所 Mt. Gox 倒闭就是因为黑客攻击导致巨额资产损失。就在最近，世界知名交易所 Bitfinex 也因为多重签名缺陷导致 12 万个比特币（6800 万美元）的损失。所以我们有理由相信，未来在区块链上这种技术风险的防范一定是流程中的重中之重。

（3）协议被攻击

比特币成功与它强大的算力基础分不开，而目前其他的区块链应用的算力都尚无法与比特币相比，难以有足够的算力来保证系统的稳定性，理论上也越容易受到比如51%算力攻击这样的在基础协议层面的攻击。Krypton平台最近就遭到这种攻击，而且这种攻击方法被认为是一个有效的攻击以太坊的手段。这种事情并不是偶发，而是接连发生。如果51%算力攻击蔓延下去，那么区块链所标榜的“不可篡改”将不复存在，任何基于区块链的信任应用都将土崩瓦解。除了这种已知的攻击方法，随着黑客技术的进步，可以预测攻击协议的其他手段也会层出不穷。由于区块链本身的分布式特性导致其进行整体升级非常困难，所以一旦发现有效的攻击手段，可能在很长的一段时间内，对区块链系统都会造成持续不断的负面影响，那是一种难以彻底清除的梦魇。

1.7.2 生态圈不成熟

区块链技术不能独立于其他关联技术而独立发展，这和云计算类似。亚马逊的云计算大规模商用的时候已经有了数十个服务，区块链目前还没有完整的生态社区。虽然目前有很多非常强大的公司联盟、开源组织的支持，但是生态体系的建设不是一朝一夕的事情。

区块链再好也得有一系列为其服务的基础设施，比如适用于区块链的数据库和存储方案，为区块链加速的网络服务，提高安全性的硬件密钥的广泛应用等等。互联网于20世纪70年代产生，90年代Email作为其第一个成功的应用被广泛使用，其间经历的时间比大部分人预想的都要长。构筑完善的生态系统，不但要求技术上的各种突破，也需要人们改变一些思维定式，并不是那么容易的。

目前的区块链应用生态还很小，想要形成具有规模的生产力还必须假以时日。少数进展比较快的项目，比如IPFS、BigChainDB等都还处于非常早期的阶段，能够达到商用还有很长的路要走。

1.7.3 性能瓶颈

原来大家讲区块链是可以低成本快速转账，但从比特币的实际应用来看性能是困扰其发展的最大瓶颈。现在的比特币交易只能达到每秒7笔交易，相对于VISA公布的每秒44万笔交易相差实在太多。虽然也有些新的区块链技术号称能够做到每秒几万笔交易，但是基本上都是基于实验室环境或者不能进行大规模应用。很显然，性能会极大地制约区块链的应用场景。

纽约证券交易所（New York Stock Exchange，NYSE）核心系统要求在每秒百万级别，上海证券交易所和深圳证券交易所在每秒几十万笔级别，物联网要求在每秒几千上万级别，这也就是为什么现在国外的区块链创新都围绕在一些鉴定、存证等要求处理速度不高的场景。目前市面充斥着各种性能评测报告，但多数都没有具体测试方法和实验参数，导致很难验证，不得不说这是一个非常遗憾的事实。目前比特币的交易网络有大量交易需要等待5～6小时才能被确认，对于提升其性能的方法也存在很大的争议。其根本原因就是在分布式、一致性保证的前提下，性能被牺牲掉。“多、快、好”的完美方案是不存在的，我们选择了“多”（分布式）和“好”（一致性），就不得不放弃“快”（性能）。由于性能瓶颈，导致了比特币转账费用持续攀升，如何应对这类问题，也必将是其他区块链应用绕不开的主题之一。

1.7.4 智能合约困境

有一种极端观点甚至认为，智能合约就是潘多拉魔盒，它的出现只是噩梦的开始。

现在的智能合约是图灵完备的，也就是理论上它的计算能力和我们用的计算机是完全等价的，所以它会带来非常大的好处，这是区块链技术质的飞跃，但同时也会带来与之相对应的灾难。比如计算机出现后出现了计算机病毒，智能合约理论上一样存在智能合约病毒，这种病毒可以通过感染修改其他合约的方式来实现合约作者意图之外的功用。这并非耸人听闻的科幻小说，相信这一天不久就会到来，其影响一定会远远超过计算机病毒。另外智能合约很难与人的真实意图完美对应，理论上也不存在这样的系统。智能合约的编写需要专门的技术，相信短时间内这方面的人才会非常短缺。由于智能合约在编写上的困难性，会导致一批衍生机会，比如智能合约律师，负责验证智能合约与法律的衔接问题；智能合约保险，一旦智能合约不能表达产权人的真实目的可以获得一定的赔偿。

正确性验证与证明（Validation and Verfication），某种程度上能解决问题，但其缺点是不成熟，实施成本巨大，所以也有待新的技术突破。现阶段智能合约有非常大的限制，就是升级非常困难。一旦发现合约漏洞，将很难通过升级的方式来解决问题。以太坊因为DAO事件，无奈采取硬分叉策略是大家都不愿意看到的。

现实的合同基本上都有一条“未尽事宜协商解决”，那么智能合约的协商解决如何定义，目前智能合约在这方面还有很多值得研究和探讨的课题，预计未来的智能合约也会变得非常复杂，甚至一般的程序员都很难理解。

1.8 区块链项目概览

从目前主流的区块链项目来看，区块链项目主要为四类：币类、平台类、应用类和资产代币化。币类主要充当区块链资产领域的“交换媒介”，交换媒介指一般等价物，比如以前的黄金、银票等。平台类项目是指建立技术平台，用于满足各种区块链应用开发，可以降低在区块链上开发应用的门槛。应用类项目范围比较广泛，涵盖金融、社交、游戏、产权保护等诸多领域，也是目前区块链资产增长最快的领域。资产代币化项目是指实物资产的区块链映射，也就是实物资产上链，目前不超过10个品种。

1.8.1 全球区块链项目分布

据前瞻产业研究院发布的《区块链行业商业模式创新与投资机会深度分析报告》统计数据显示，截至2018年2月，全球区块链项目合计1286个。图1-6所示为其按国别分布情况，其中美国占36.00%，排名第一；英国项目占14.30%，排名第二；中国仅占4.60%，但居全球第三位。

在区块链项目类型分布方面（如图1-7所示），全球范围内金融领域以35.00%居首

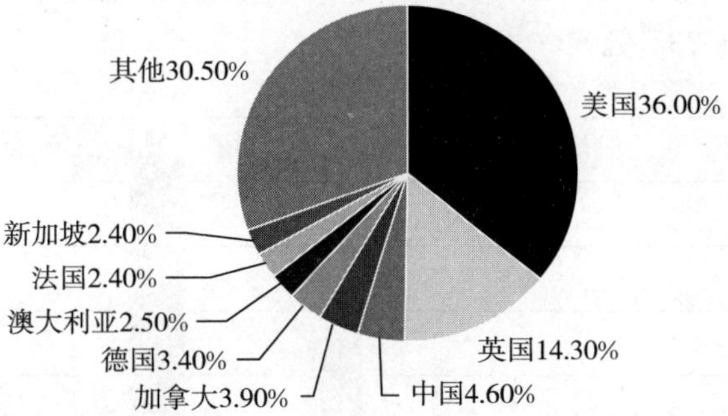

图 1－6　全球区块链项目按国别分布情况（截至 2018 年 2 月）

位，信息与通信领域占 30.70%，位居第二，底层技术与基础设施居第三位，其后分别为文娱、能源、教育等细分场景。

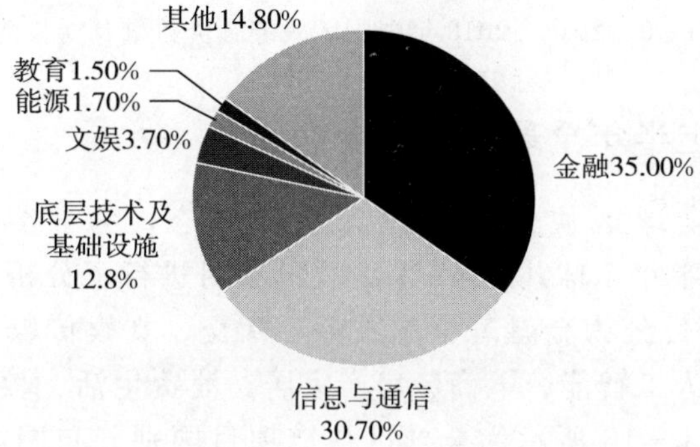

图 1－7　全球区块链项目类型分布情况

就国内区块链行业而言，2013—2017 年中国区块链项目数量如图 1－8 所示。从 2013 年开始逐年走高，2017 年受到政策监管等原因数量出现缩减，但获投数量和平均融合额逐渐走高。

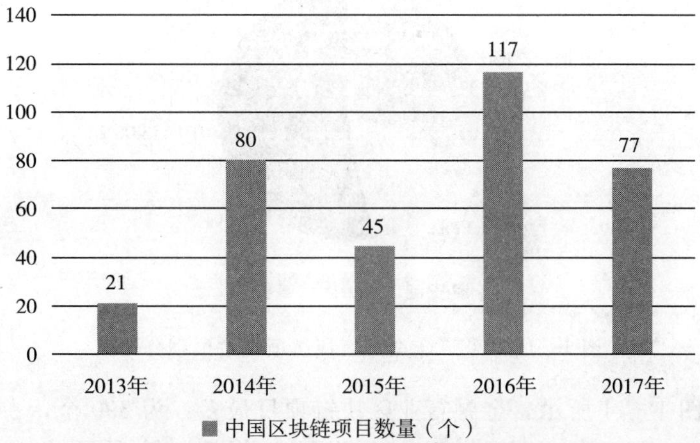

图 1－8　2013—2017 年中国区块链项目数量

从区块链投融资情况来看（图 1－9），2017 年投资数量达到 54 个，达到近年最高，区块链融资金额达到 0.235 亿元。

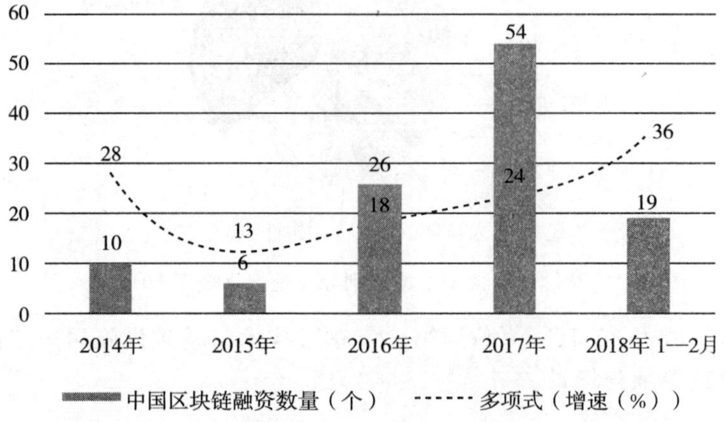

图 1－9　2014—2018 年中国区块链融资数量及增长情况

1.8.2　2018 年上半年全球区块链生态图谱

为了全方位呈现全球区块链行业图谱最新动态，为业界提供索引，链塔智库 BlockData 对 2018 年上半年全球共 1061 个区块链项目进行了分析。在该图谱中，链塔智库将全球各类区块链项目分为金融、企业服务、社交、文娱传媒、硬件、物流、医疗健康、汽车交通、旅游、人工智能、电商、房产家居、消费生活、教育、农业、VR、工具、无人机十八个类别。图 1－10 所示为全球区块链项目国别分布图，结果显示：2018 年在 1061 个全球区块链项目中，中国（包括港澳台）区块链项目数为 563 个，占总数的 53.06％，从数量上较以往有了很大提升，由占比 4.6％排名第三跃居全球第一位；美国区块链项目 161 个，占总数的 15.17％，屈居第二；中美两国的全球区块链项目总数为 724，占比 68.23％。显示 2018 年上半年，中国地区区块链行业有了更强劲的发展。

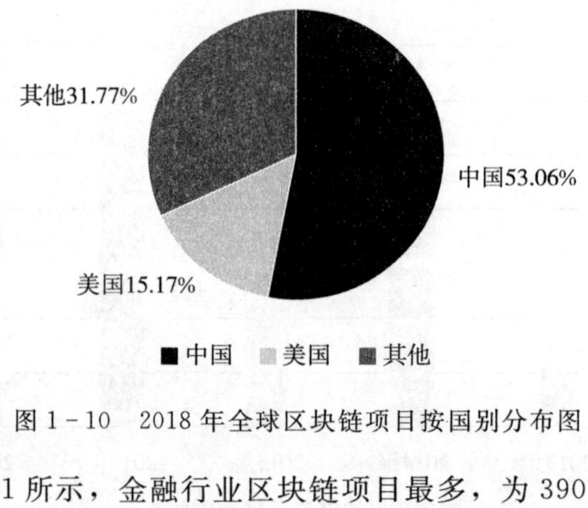

图 1－10　2018 年全球区块链项目按国别分布图

按类别分如图 1－11 所示，金融行业区块链项目最多，为 390 个，占总数的 36.76％，与以往金融行业占比相当（图 1－7）；企业服务类区块链项目共 354 个，占总数的 33.36％。金融类和企业服务类区块链项目合计 744 个，占整体的比例高达 70.12％。其他

16 个类别合计共 317 个区块链项目，占比不到 30%，这也反映出全球区块链创业项目高度集中在金融和企业服务领域这一现状。根据链塔智库每日入库信息来看，这一状况还将持续下去。

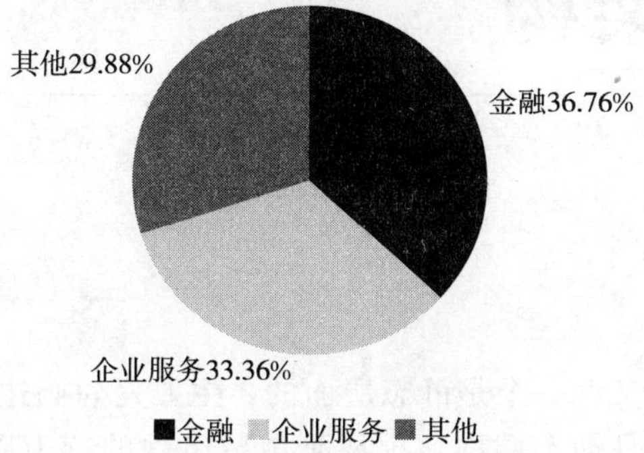

图 1-11　2018 年全球区块链项目按行业类别分布图

2 区块链架构

架构有两个层面的涵义：一个是静态层面的，主要是勾画边界、结构、组件以及组件之间的关联关系；另一个是动态层面，主要是规范组件的行为以及组件之间的交互协议。根据一个IT系统的架构，可以界定该系统的功能特性和一些非功能特性。

架构设计要考虑不断变化和恒久不变两个方面。一个有长久生命力的系统都有一个设计高明的架构，其精髓在于架构能支持系统功能的变化、发展、演化，允许系统功能不断变化，也就是架构必须提供的灵活性。而系统对易用性、安全性、稳定性和性能却应该是恒久不变的，因此IT架构的设计必须强调非功能特性，其中开放性、可扩展性、可移植性、可维护性、灵活性、安全性、性能（响应时间、吞吐率、并发数等）最为重要。比特币出现短短几年后，从中衍生出多种代币和应用，可以窥见其架构设计的安全、巧妙、灵活和可扩展性。

区块链因应用场景的不同而有不同的架构。在《区块链：新经济蓝图及导读》一书中，作者 Melanie Swan 提出一个按区块链应用范围和发展阶段来划分的概念，把区块链应用分为区块链1.0、2.0和3.0。区块链1.0的典型应用是以比特币为代表的虚拟货币，也就是与转账、汇款和数字化支付相关的密码学货币应用。区块链2.0支撑智能合约应用，合约是经济、市场和金融的区块链应用的基石。区块链2.0应用包括股票、债券、期货、货款、抵押、产权、智能财产和智能合约。区块链3.0应用是超越货币、金融和市场范围的去中心化应用，特别是在政府、健康、科学、文化和艺术领域的应用。

区块链也会因部署模式的不同而有不同的架构，如公共链、联盟链、私有链。多种区块链架构的出现也使得链与链之间的集成、整合成为挑战，因此互联链（Interledger）的概念也应运而生。本章首先介绍区块链的基础架构，然后分别对区块链1.0、2.0和3.0的架构逐一加以剖析。

2.1 基础架构

一般说来，区块链系统由自下而上的数据层、网络层、共识层、激励层、合约层和应用层组成，基本架构如图2-1所示。该模型中，基于时间戳的链式区块结构、分布式节点的共识机制、基于共识机制的经济激励和灵活可编程的智能合约是区块链技术最具代表性的创新点。其中数据层、网络层和共识层是构建区块链应用的必要元素，否则将不能称为真正意义上的区块链。而激励层、合约层和应用层则不是每个区块链应用的要素，有部分的区块链应用并不完整地包含着这些层结构。

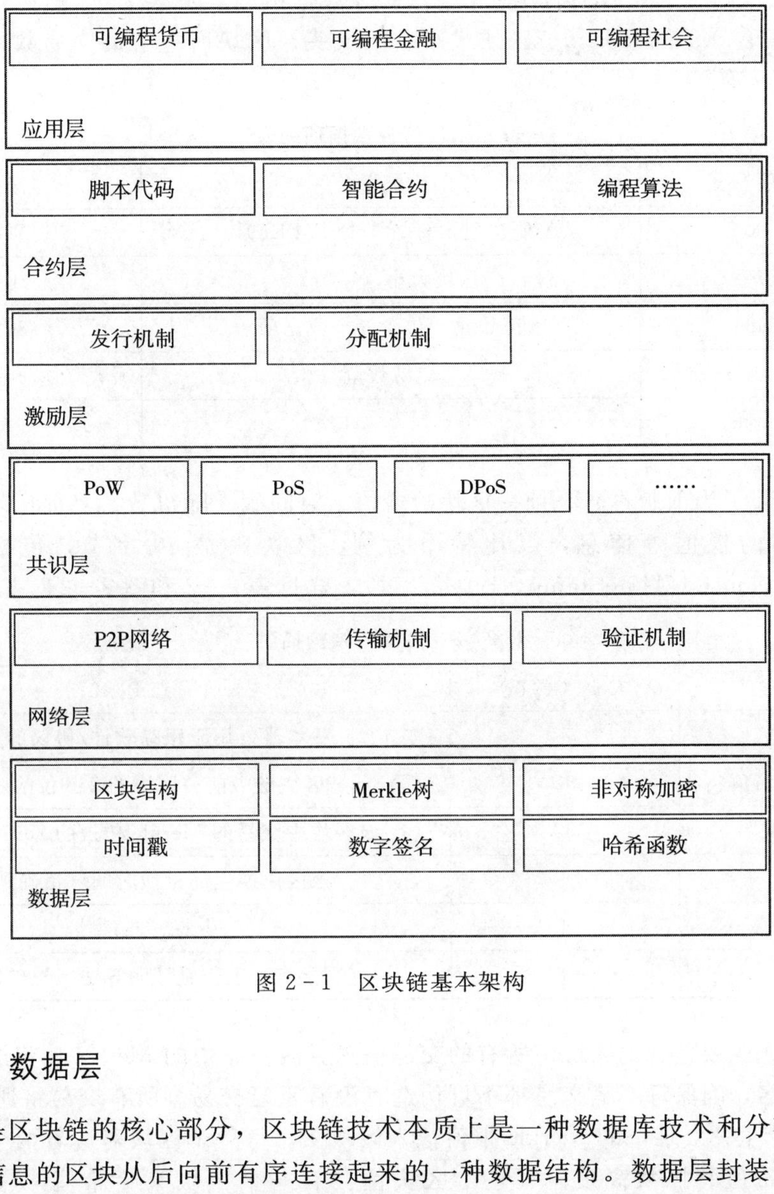

图 2-1　区块链基本架构

2.1.1　数据层

数据层是区块链的核心部分，区块链技术本质上是一种数据库技术和分布式账本，是由包含交易信息的区块从后向前有序连接起来的一种数据结构。数据层封装了底层数据区块以及相关的数据加密和时间戳等基础数据和基本算法，这是整个区块链技术中最底层的数据机构，其中大多数技术都已被发明数十年，并在计算机领域使用了很久，无须担心其中的安全性，因为如果这些技术出现安全性上的巨大漏洞，则意味着全球金融技术都会出现严重的问题。该层涉及的技术主要包括：区块结构、Merkle 树、非对称加密、时间戳、数字签名和哈希函数等。

（1）区块结构

在区块链网络中，所有的数据都以区块的形式被永久记录，而每个区块又以单独的文件保存在各个节点本地磁盘上。区块结构如图 2-2 所示，由区块头和区块体两部分组成。

一个区块由三类元数据组成，一类是引用前一区块的哈希值数据，用于与其进行连接；一类包括难度值、时间戳和随机数，与工作量证明算法（挖矿竞争）相关；还有一类是Merkle根，区块体中Merkle树的根节点。部分数据项列表见表2-1所列，包括被称为“魔法数”的常数0xD9B4BEF9、区块大小、区块头、区块所包含的交易数量及部分或所有的近期新交易等。

表2-1 区块数据项列表

数据项	描述	长度
Magic no	魔法数，总是0xD9B4BEF9	4字节
Blocksize	区块大小（字节）	4字节
Blockheader	区块头，包含6个数据项	80字节
Transaction counter	交易数量	1～9字节
Transactions	交易列表（非空）	许多交易

区块头封装了当前版本号、前一区块哈希值、时间戳、随机数、当前区块的目标哈希值、Merkle树的根值等信息，以比特币为例，区块头是80字节，包括PrevBlock、MerkleRoot、Nonce、TimeStamp、Bits等字段，详见表2-2和图2-2。

表2-2 区块头结构描述

字段	大小（字节）	描述
版本	4	版本号，用于跟踪软件/协议的更新
前一区块哈希值	32	区块链中前一区块的256位哈希值
Merkle根	32	该区块中交易的Merkle树根的256位哈希值
时间戳	4	该区块产生的近似时间（精确到秒）
目标哈希值	4	挖矿难度
随机数	4	用于实现工作量证明算法（挖矿机制）

区块体中则主要包含此区块中所有的交易信息。区块体中的Merkle树将会对每一笔交易进行数字签名，确保每一笔交易都不可伪造且没有重复交易。所有交易将通过Merkle树的Hash过程产生一个唯一的Merkle根值记入区块头。每一个区块对应着两个值来识别区块：区块头哈希值和区块高度。每一个区块都会有一个区块头哈希值，这是一个通过SHA256算法对区块头进行二次哈希计算而得到的32字节的数字指纹。例如，比特币的第一个区块的头哈希值为000000000019d6689c085ae165831e934ff763ae46a2a6c172b3f1b60a8ce26f（图1-1）。区块头哈希值可以唯一标识区块链上的区块，并且任何节点通过对区块头进行简单的哈希计算都可以得到该区块头的哈希值。区块头哈希也包含在区块的整体数据结构中，但是区块头的数据和区块体的数据并不一定一起存储，为了检索效率起见，在实现中可以将二者分开存储。除了通过头哈希值来识别区块，还可以通过区块高度来对区块进行识别。与头哈希值不同的是，区块高度并不能唯一地标识一个区块。由于区块链存在着分叉情况，所以可能存在2个或2个以上区块的区块高度相等。

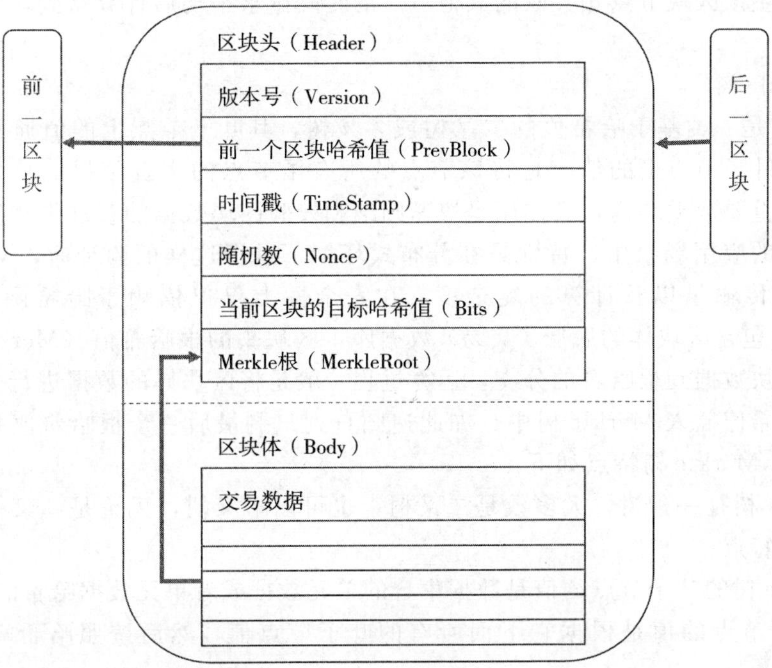

图 2-2 区块结构

PrevBlock：每一个区块都有一个名字，即区块 ID，区块 ID＝SHA256（区块头信息），而 PrevBlock 就是当前区块的上一个区块的 ID，即当前区块的产生是基于上一个区块的 ID 建立的。显然，对于当前区块而言，PrevBlock 是已知的。

MerkleRoot：Merkle 树是一种哈希二叉树，使用它可以快速校验大规模数据的完整性。在比特币网络中，使用 MerkleTree 这种算法和数据结构，将当前区块所有交易记录最终压缩和归纳成一个统一的哈希值，即 Merkle 根值（MerkleRoot）。这个计算过程详见 Merkle 树相关内容，显然 MerkleRoot 根据已知的交易记录可轻易得到，并且结果明确，区块体中任何一笔交易记录的改变都会使得区块头中的 MerkleRoot 发生翻天覆地的改变。

Difficulty & Bits：难度（Difficulty）是对实现某给定目标难易程度的量化表征，比如说掷骰子，可以规定掷到小于等于数字 6 的难度为 1，显然这几乎是没有任何难度的，100％会掷到一个数字满足这个条件；掷到小于等于 3 的难度就是 4，小于等于 1 的难度则是 6。比特币协议中也有类似的规则，首先定义了一个 64 位的十六进制常数，在当时全网算力的条件下，10 分钟左右的哈希运算会找到一个数字小于等于这个整数。作为比特币的缔造者，规定了那个时间点、全网拥有的算力找到那个数字的难度是 1；后续以此为标准，根据变化中的全网算力，动态调整一个与之匹配且成正比的 Difficulty 难度值，来尽可能保证全网 10 分钟运算找到符合要求的数字。调整的周期约每两周一次，即每 2016 个区块被挖出来之后就调整一次 Difficulty 值。

Bits 是与 Difficulty 对应的另外一种数据表现形式，两者本质上具有相同含义。因此，当全网算力已知，Difficulty 和 Bits 即可由之确定。

Nonce：从 0 到 N，一个只使用一次的随机数，用于实现工作量证明算法。

TimeStamp：当前区块产生的近似时间戳，在一个去中心化的区块链世界里，这个时间戳是根据产生该区块节点相关联的其他节点的时间戳求平均后计算得到，不完全等同于国际标准。

（2）Merkle 树

Merkle 树是一类基于哈希值的二叉树或多叉树，其叶子节点上的值通常为数据块的哈希值，而非叶子节点上的值，是将该节点的所有子节点的组合结果的哈希值。Merkle 树是区块链的重要数据结构，其作用是快速归纳和校验区块数据的存在性和完整性。在处理完整性验证的应用场景中，特别是在分布式环境下进行这样的验证时，Merkle 树会大大减少数据的传输量以及计算的复杂度，在安全性上仅仅依赖于哈希函数的安全性。Merkle 树通常包含区块体的底层（交易）数据库，区块头的根哈希值（MerkleRoot）以及所有沿底层区块数据到根哈希的分支，运算过程一般是将区块体的数据进行分组哈希，并将生成的新哈希值插入 Merkle 树中，如此递归直到只剩最后一个根哈希值并记为区块头的 Merkle 根。Merkle 树特点如下：

① Merkle 树是一种树，大多数是二叉树，也可以多叉树，无论是几叉树，它都具有树结构的所有特点；

② Merkle 树的叶子节点的值是数据集合的单元数据或者单元数据哈希值；

③ 非叶子节点的值是根据它下面所有的叶子节点值，然后按照哈希算法计算而得出的。

区块链中的 Merkle 树用于存储交易信息，每个交易两两配对，构成 Merkle 树的叶子节点，进而生成整个 Merkle 树。Merkle 树有诸多优点，首先是极大地提高了区块链的运行效率和可扩展性，使得区块头只需包含根哈希值而不必封装所有底层数据；其次是 Merkle 树可支持“简化支付验证”协议，即在不运行完整区块链网络节点的情况下，也能够对（交易）数据进行检验，使得用户可以通过从区块头得到的 Merkle 树根和别的用户所提供的中间哈希值列表去验证某个交易是否包含在区块中。利用一个节点出发到达 Merkle 树的根所经过的路径上存储的哈希值，可以构造一个 Merkle 证明，验证范围可以是单个哈希值这样的少量数据，也可以是验证可能扩至无限规模的大量数据。提供中间哈希值的用户并不需要是可信的，因为伪造区块头的代价很高，而中间哈希值如果伪造的话会导致验证失败。

如图 2-3 所示为一个 Merkle 哈希树，节点 A 的值必须通过节点 C、D 上的值计算而得到。叶子节点 C、D 分别存储数据块 001 和 002 的哈希值，而非叶子节点 A 存储的是其子节点 C、D 的组合的哈希值，这类非叶子节点的哈希值被称作路径哈希值，而叶子节点的哈希值是实际数据的哈希值。

若 C、D、E 和 F 存储了一组数据块的哈希值，当把这些数据从张三传输到李四后，为验证传输到李四的数据完整性，只需要验证张三和李四上所构造的 Merkle 树的根节点值是否一致即可。如果一致，表示数据在传输过程中没有发生改变。假如在传输过程中，E 对应的数据被人篡改，通过 Merkle 树很容易定位找到（因为此时，根节点、B 和 E 所对应的哈希值都发生了变化），定位的时间复杂度为 0（log（n））。比特币的轻量级节点所采用的 SPV 验证就是利用 Merkle 树这一优点。

为验证数据块 003 所对应的交易包含在区块中，除了 Merkle 树根外，用户只需要节点 A 对应的哈希值 Hash（C，D）以及节点 F 所对应的哈希值 Hash（004）。除了数据块

003 外，他并不需要其他数据块所对应的交易明细。通过 3 次哈希计算，用户就能够确认数据块 003 所对应的交易是否包含在区块中。实际上，若区块包含图 2-3 所对应的 Merkle 树，且区块所包含的 4 个交易的容量均达到最大值，下载整个区块可能需要超过 400000 个字节，而下载两个哈希值加上区块头部仅需要 120 个字节，可以减少很大的传输量。

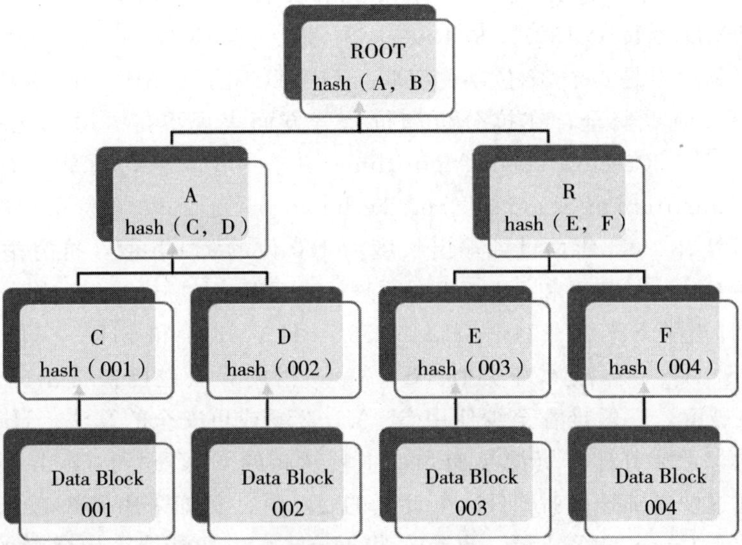

图 2-3 Merkle 哈希树

（3）Hash 函数与数字签名

为保证存储于区块链中的信息的安全与完整，区块及区块链的定义和构造中使用了包含密码哈希函数和椭圆曲线公钥密码技术在内的大量现代密码学技术，同时，这些密码学技术也被用于设计基于工作量证明的共识算法并识别用户。

哈希函数（Hash function）又称散列函数，是一类数学函数，可以在有限合理的时间内，将任意长度的输入（Pre-image）通过 Hash 算法变换成固定长度的输出，该输出称为哈希值（或 Hash 值、散列值）。这种转换是一种压缩映射，也就是散列值的空间通常远小于输入的空间，不同的输入可能会散列成相同的输出，所以不可能从散列值来确定唯一的输入值。所有 Hash 函数都有如下一个基本特性：如果两个 Hash 值是不相同的（根据同一函数），那么这两个 Hash 值的原始输入也是不相同的。这个特性是 Hash 函数具有确定性的结果。但另一方面，Hash 函数的输入和输出不是一一对应的，如果两个 Hash 值相同，两个输入值很可能是相同的，但不绝对肯定二者一定相等（可能出现哈希碰撞）。输入一些数据计算出 Hash 值，然后部分改变输入值，一个具有强混淆特性的 Hash 函数会产生一个完全不同的 Hash 值。典型的 Hash 函数都有无限定义域，比如任意长度的字节字符串和有限的值域，比如固定长度的比特串。在某些情况下，Hash 函数可以设计成具有相同大小的定义域和值域间的一一映射，这类 Hash 函数也称为排列。可逆性可以通过使用一系列的对于输入值的可逆“混合”运算而得到。

以哈希函数为基础构造的哈希算法，在现代密码学中扮演着重要角色，常用于实现数据完整性和实体认证，同时也构成多种密码体制和协议的安全保障。碰撞是与哈希函数相关的重要概念，体现着哈希函数的安全性。所谓碰撞，是指两个不同的消息在同一个哈希函数作用下，具有相同的哈希值（多对一）。哈希函数的安全性是指在现有的计算资源（包括时间、空间、资金等）下，找到一个碰撞是不可行的。

MD5 和 SHA-1 是目前应用最广泛的 Hash 算法，而它们都是以 MD4 为基础设计的。MD4（RFC 1320）是 MIT 的 Ronald L. Rivest 在 1990 年设计的。MD 是 Message Digest（消息摘要）的缩写，输出为 128 位，适用在 32 位字长的处理器上用高速软件实现，已被证明不够安全。MD5（RFC 1321）是 Rivest 于 1991 年对 MD4 的改进版本。它对输入仍以 512 位分组，其输出是 4 个 32 位字的级联，与 MD4 相同。MD5 比 MD4 更为复杂，计算速度要慢一点，但更安全，在抗分析和抗差分方面表现更好。MD5 已被证明不具备"强抗碰撞性"。SHA（Secure Hash Algorithm）并非一个算法，而是一个 Hash 函数族，NIST（National Institute of Standards and Technology）于 1993 年发布其首个实现。目前知名的 SHA1 算法在 1995 年面世，输出长度为 160 位的 Hash 值，抗穷举（Brute-force）性更好。SHA-1 设计时基于和 MD4 相同原理，也不具备"强抗碰撞性"。为了提高安全性，NIST 还设计出了 SHA-224、SHA-256、SHA-384 和 SHA-512 算法（统称为 SHA-2），跟 SHA-1 算法原理类似。SHA-3 相关算法也已被提出。目前，MD5 和 SHA-1 已经被破解，一般推荐至少使用 SHA2-256 或更安全的算法。Hash 算法一般都是计算敏感型的，意味着计算资源是瓶颈，主频越高的 CPU 运行 Hash 算法的速度也越快。因此可以通过硬件加速来提升 Hash 计算的吞吐量。例如采用 FPGA 来计算 MD5 值，可以轻易达到数十 Gbps 的吞吐量。也有一些 Hash 算法不是计算敏感型的。例如 scrypt 算法，计算过程需要大量的内存资源，节点不能通过简单地增加更多 CPU 来获得 Hash 性能的提升。这样的 Hash 算法经常用在避免算力攻击的场景。

SHA256 是构造区块链所用的主要密码哈希函数。无论是区块的头部信息还是交易数据，都使用这个哈希函数去计算相关数据的哈希值，以保证数据的完整性。同时，在比特币系统中，基于寻找给定前缀的 SHA256 哈希值，设计了工作量证明的共识机制；SHA256 也被用于构造比特币地址，即用来识别不同的用户。SHA256 是一个 Merkle-Damgard 结构的迭代哈希函数，其计算过程分为两个阶段：消息的预处理和主循环。在消息的预处理阶段，主要完成消息的填充和扩展填充，将所输入的原始消息转化为 n 个 512 比特的消息块，之后对每个消息块利用 SHA256 压缩函数进行处理，SHA256 的计算流程如图 2-4 所示。这个计算流程是一个迭代计算的过程，当最后 1 个消息块（第 n 块）处理完毕以后，最终的输出值就是所输入的原始消息的 SHA256 值。

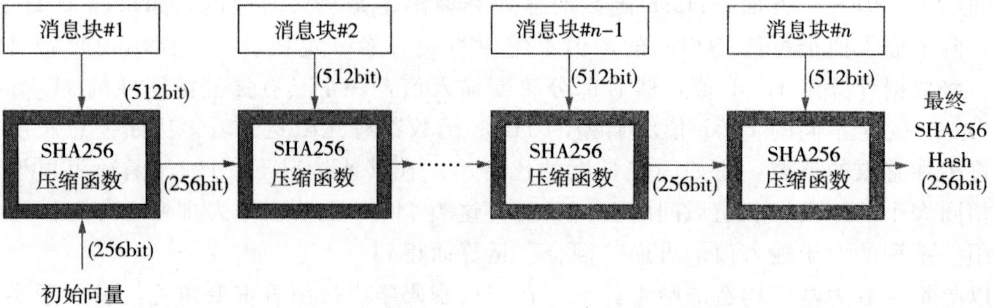

图 2-4 SHA256 计算流程

在比特币系统中，SHA256 算法的一个主要用途是完成 PoW 计算。按照比特币的设计初衷，PoW 要求节点数和算力值大致匹配，因为需要通过 CPU 的计算能力来进行投票。然而随着人们对 SHA256 的计算由 CPU 逐渐升级到 GPU，到 FPGA，直至到 ASIC 矿机，这使得节点数和 PoW 算力也渐渐失配。解决这个问题的一个思路是引入另外的一些哈希函数来实现 PoW。crypt 算法最早用于基于口令的密钥生成，该算法进行多次带参数的 SHA256 计算，即基于 SHA256 的消息认证码计算，这类计算需要大量的内存支持。采用 crypt 算法进行 PoW 计算，将 PoW 计算由已有的拼算力在一定程度上转化为拼内存。能够使得节点数和 PoW 的计算力的失配现象得到缓解。莱特币就是采用 crypt 算法完成 PoW 计算的。

SHA3 算法是 2012 年 10 月由 NIST 所选定的下一代密码哈希算法。在遴选 SHA3 算法过程中人们提出了一系列的候选算法，包括了 BLAKE、Grostl、JH、Keccak、Skein、ECHO、Luffa、BMW、Cubehash、SHAvite、SMID 等，最后胜出的是 Keccak 算法。达世币（DASH，原名暗黑币，Dark Coin）定义了顺序调用上述 11 个哈希算法的 X11 算法，并利用这个算法完成 PoW 计算。同样，由于采用了 X11 算法，使得节点数和 Pow 的计算力能够保持一定程度上的匹配。

哈希函数具有抗碰撞性、原像不可逆、难题友好性等特点。

1）抗碰撞性

碰撞是与哈希函数相关的重要概念，所谓碰撞是指两个不同的消息在同一个哈希函数作用下，具有相同的哈希值。哈希函数 H 的抗碰撞性是指寻找两个能够产生碰撞的消息在计算上是不可行的。值得注意的是找到两个碰撞的消息在计算上不可行，并不意味着不存在两个碰撞的消息。由于哈希函数把大空间上的消息压缩到小空间上，碰撞肯定存在。例如，如果哈希值的长度固定为 256 位，显然如果顺序取 1，2，…，2256＋1，这 2256＋1 个输入值，逐一计算其哈希值，肯定能够找到两个输入值，使得它们的哈希值相同。

一般，依据生日悖论，如果随机挑选其中的 2130＋1 个输入，则有 99.8%的概率可以发现至少一对碰撞的输入。然而，这样的计算非常耗时以至于计算不可行。对于哈希值长度为 256 位的哈希函数，要找到碰撞对，平均需要完成 2128 次哈希计算，如果计算机每秒能够进行 10000 次哈希计算，则需要约 1027 年才能完成这 2128 次哈希计算。

哈希函数的抗碰撞（collision-resistance）特性常被用来进行完整性验证。完整性是信息安全的三个基本要素之一，是指在传输、存储信息的过程中，信息不被未授权的篡改或篡改后能被及时发现。由于哈希函数的抗碰撞性，可以把哈希值作为原输入消息的指纹（因为很难找到另一个消息经哈希运算之后得到相同的哈希值）。如果原消息在传输过程中被篡改，那么运行哈希函数后得到的新哈希值就会和原来的哈希值不一样，这样很容易就能发现消息在传输过程中完整性受损。对区块链来说，哈希函数的抗碰撞性可以用来做区块和交易的完整性验证。在区块链中，某个区块的头部信息中会存储着前一个区块的信息的哈希值，如果能拿到前一个区块的信息，任何用户都可以比对计算出来的哈希值和存储的哈希值，来检测前一个区块的信息的完整性。

2）原像不可逆

原像不可逆指的是知道输入值，很容易通过哈希函数计算出哈希值；但知道哈希值，没有办法计算出原来的输入值。哈希函数的原像是不可逆的，这意味着依据哈希函数的输

出是不能计算出该哈希函数的输入的，即已知 H（m），试图计算出原始的 m 值在计算上是不可行的。更特别地，若对消息 m 进行哈希计算时，引入一个随机的前缀 r，依据哈希值 H（$r||m$），难以恢复出消息 m，这代表着该哈希函数值隐藏了消息 m。

3）难题友好性

通俗地说，难题友好性（Puzzle Friendliness）指的是没有便捷的方法去产生一满足特殊要求的哈希值。正式的定义是：一个哈希函数 H 称为难题友好的，如果对于每个 n 位的输出 y，若 k 是从一个具有较高不可预测性分布中选取的，不可能以小于 $2n$ 的时间找到一个 x，使 H（$k||x$）$=y$。这意味着如果有人想通过锁定哈希函数来产生一些特殊的输出 y，而部分输入值以随机方式选定，则很难找到另外一个值，使得其哈希值正好等于 y。

哈希函数的难题友好性构成了基于工作量证明的共识算法的基础。例如，给定字符串“blackchain”，并在这个字符串后面连接一个整数值串 x，对连接后的字符串进行 SHA256 哈希运算，要求得到的哈希结果（以十六进制的形式表示）以若干个 0 开头的。按照这个规则，由 $x=1$ 出发，递增 x 的值，我们需要经过 2688 次哈希计算才能找到前 3 位均为 0 的哈希值，而要找到前 6 位均为 0 的哈希值，则需进行 620969 次哈希计算。也就是说，没有更快捷的方法来产生一个满足要求的哈希结果。这样通过哈希运算得出的符合特定要求的哈希值，可以作为共识算法中的工作量证明。

Hash 函数可以应用在数字签名（摘要）、文件校正、鉴权协议等诸多信息安全领域。数字签名是 Hash 算法最重要的用途之一，通过 Hash 运算获取唯一的摘要值来指代原始完整的数字内容，利用 Hash 函数的抗碰撞性特点，数字签名（摘要）可以解决确保内容未被篡改过的问题。另外，使用一个 Hash 函数可以很直观地检测出数据在传输时发生的错误。在数据的发送方，对将要发送的数据应用 Hash 函数，并将计算的结果同原始数据一同发送。在数据的接收方，同样的散列函数被再一次应用到接收到的数据上，如果两次散列函数计算出来的结果不一致，那么就说明数据在传输的过程中某些地方有错误了。常见的校验算法有奇偶校验和 CRC 校验，这两种校验并没有抗数据篡改的能力，它们一定程度上能检测并纠正数据传输中的信道误码，但却不能防止对数据的恶意破坏。MD5 Hash 算法的“数字指纹”特性，使它成为目前应用最广泛的一种文件完整性校验和（Checksum）算法，不少 Unix 系统有提供计算 md5 checksum 的命令。

（4）非对称加密

非对称加密是现代密码学历史上一项伟大的发明，可以很好地解决对称加密中提前分发密钥的问题。顾名思义，非对称加密算法中，加密密钥和解密密钥是不同的，分别称为公钥（public key）和私钥（private key）。私钥一般需要通过随机数算法生成，公钥可以根据私钥生成。公开密钥是对外公开的，而私有密钥是保密的，其他人不能通过公钥推算出对应的私钥。每一个公开密钥都有其相对应的私有密钥，如果我们使用公开密钥对信息进行了加密，那么则必须有对应的私有密钥才能对加密后的信息进行解密；而如果是用私有密钥加密信息，则只有对应的公开密钥才可以进行解密。在区块链中，非对称加密主要用于信息加密、数字签名等场景。

非对称加密算法的优点是公、私钥分开，不安全通道也可使用。其缺点是处理速度（特别是生成密钥和解密过程）往往比较慢，一般比对称加解密算法慢 2～3 个数量级；同时加密强度也往往不如对称加密算法。非对称加密算法的安全性往往需要基于数学问题来保障，目前主要有基于大数质因子分解、离散对数、椭圆曲线等经典数学难题进行保护。代表算法包括：RSA、Diffie-Hellman 密钥交换、ElGamal、椭圆曲线（Elliptic Curve Crytosystems，ECC）、SM2 等系列算法。

① RSA：经典的公钥算法，1978 年由 Ron Rivest、Adi Shamir、Leonard Adleman 共同提出，三人于 2002 年因此获得图灵奖。算法利用了对大数进行质因子分解困难的特性，但目前还没有数学证明两者难度等价，或许存在未知算法在不进行大数分解的前提下解密。

② Diffie-Hellman 密钥交换：基于离散对数无法快速求解，可以在不安全的通道上，双方协商一个公共密钥。

③ ElGamal：由 Taher ElGamal 设计，利用了模运算下求离散对数困难的特性，被应用在 PGP 等安全工具中。

④ 椭圆曲线（Elliptic Curve Cryptography，ECC）：现代备受关注的算法系列，基于对椭圆曲线上特定点进行特殊乘法逆运算难以计算的特性。最早在 1985 年由 Neal Koblitz 和 Victor Miller 分别独立提出。ECC 系列算法一般被认为具备较高的安全性，但加解密计算过程往往比较费时。

⑤ SM2（ShangMi 2）：国家商用密码算法，由国家密码管理局于 2010 年 12 月 17 日发布，同样基于椭圆曲线算法，加密强度优于 RSA 系列算法。

非对称加密算法一般适用于签名场景或密钥协商，但不适于大量数据的加解密。目前普遍认为 RSA 类算法可能在不远的将来被破解，一般推荐可采用安全强度更高的椭圆曲线系列算法。

（5）时间戳

时间戳是指从格林尼治时间 1970 年 01 月 01 日 00 时 00 分 00 秒（北京时间 1970 年 01 月 01 日 08 时 00 分 00 秒）起至现在的总秒数，通常是一个字符序列，唯一地标识某一刻的时间。在比特币系统中，获得记账权的节点在链接区块时需要在区块头中加盖时间戳，用于记录当前区块数据的写入时间。每一个随后区块中的时间戳都会对前一个时间戳增强工作量证明，形成一个时间递增的链条。时间戳技术本身并没有多复杂，但在区块链技术中应用时间戳却是一个重大创新，时间戳为未来基于区块链的互联网和大数据增加了一个时间维度，使得数据更容易追溯，重现历史也成为可能。同时，时间戳可以作为存在性证明（Proof of Existence）的重要参数，它能够证实特定数据必然在某特定时刻是的确存在的，这保证了区块链数据库是不可篡改和不可伪造的，这也为区块链技术应用于公证、知识产权注册等时间敏感领域提供了可能。

2.1.2 网络层

网络层是区块链平台信息传输的基础，通过 P2P（peer-to-peer）的组网方式、特定的信息传播协议和数据验证机制，使得区块链网络中的每个节点都可以平等地参与共识与记账。下面对区块链平台网络层中的 P2P 网络架构、信息传输机制和数据验证机制进行简要介绍。

（1）P2P 网络架构

区块链网络一般采用的是基于互联网的 P2P 架构。P2P 网络是一种在对等者（Peer）之间分配任务和工作负载的分布式应用架构，是对等计算模型在应用层形成的一种组网或网络形式。在 P2P 网络中，每台计算机每个节点都是对等的，它们共同为全网提供服务。

而且，没有任何中心化的服务端，每台主机都可以作为服务端响应请求，也可以作为客户端使用其他节点所提供的服务。P2P 通信不需要从其他实体或 CA 获取地址验证，因此有效地消除了篡改的可能性和第三方欺骗。所以 P2P 网络是去中心化和开放的，这也正符合区块链技术的理念。

不同于传统的客户端/服务端（client/server，C/S）结构，P2P 网络中的每个节点都可以既是客户端也是服务端，因此也不适合使用 HTTP 协议进行节点之间的通信，一般都是直接使用 Socket 进行网络编程。P2P 主要存在四种不同的网络模型，也代表着 P2P 技术的四个发展阶段：集中式、纯分布式、混合式和结构化模型。不过需要指出的是，这里所说的网络模型主要是指路由查询结构，即不同节点之间如何建立连接通道。

最简单的路由方式就是集中式，即存在一个中心节点保存了其他所有节点的索引信息，索引信息一般包括节点 IP 地址、端口、节点资源等。集中式路由的优点就是结构简单、实现容易，但缺点也很明显，由于中心节点需要存储所有节点的路由信息，当节点规模扩展时，就很容易出现性能瓶颈。此外，也存在单点故障问题。

第二种路由结构是纯分布式的，移除了中心节点，在 P2P 节点之间建立随机网络，就是在一个新加入节点和 P2P 网络中的某个节点间随机建立连接通道，从而形成一个随机拓扑结构。新节点加入该网络的实现方法也有很多种，最简单的就是随机选择一个已经存在的节点并建立邻居关系。以比特币为例，是使用 DNS 的方式来查询其他节点，DNS 一般是硬编码到代码里的，这些 DNS 服务器就会提供比特币节点的 IP 地址列表，从而新节点就可以找到其他节点建立连接通道。新节点与邻居节点建立连接后，还需要进行全网广播，让整个网络知道该节点的存在。全网广播的方式就是，该节点首先向邻居节点广播，邻居节点收到广播消息后，再继续向自己的邻居节点广播，以此类推，从而广播到整个网络。这种广播方法也称为泛洪机制。纯分布式结构不存在集中式结构的单点性能瓶颈问题和单点故障问题，具有较好的可扩展性，但泛洪机制引入了新的问题，主要是可控性差的问题，包括两个较大的问题：一是容易形成泛洪循环，比如节点 A 发出的消息经过节点 B 到节点 C，节点 C 再广播到节点 A，这就形成了一个循环；另一个棘手问题则是响应消息风暴问题，如果节点 A 想请求的资源被很多节点所拥有，那么在很短时间内，会出现大量节点同时向节点 A 发送响应消息，这就可能会让节点 A 瞬间瘫痪。

第三种路由结构混合式其实就是混合了集中式和分布式结构，网络中存在多个超级节点组成分布式网络，而每个超级节点则有多个普通节点与它组成局部的集中式网络。一个新的普通节点加入，则先选择一个超级节点进行通信，该超级节点再推送其他超级节点列表给新加入节点，加入节点再根据列表中的超级节点状态决定选择哪个具体的超级节点作为父节点。这种结构的泛洪广播就只是发生在超级节点之间，就可以避免大规模泛洪存在的问题。在实际应用中，混合式结构是相对灵活并且比较有效的组网架构，实现难度也相对较小，因此目前包括比特币网络在内的较多系统都是基于混合式结构进行开发实现。

最后一种网络则是结构化 P2P 网络，它也是一种分布式网络结构，但与纯分布式结构不同。纯分布式网络是一个随机网络，而结构化网络则将所有节点按照某种结构进行有序组织，比如形成一个环状网络或树状网络。而结构化网络的具体实现上，普遍都是基于 DHT（Distributed Hash Table，分布式哈希表）算法思想。DHT 只是提出一种网络模型，并不涉及具体实现，主要想解决如何在分布式环境下快速而又准确地路由、定位数据的问题。具体的实现方案有 Chord、Pastry、CAN、Kademlia 等算法，其中 Kademlia 也是以太坊网络的实现算法，很多常用的 P2P 应用如 BitTorrent、电驴等也是使用 Kademlia。

在 P2P 网络中，可以抽象出两种空间：资源空间和节点空间。资源空间就是所有节点保存的资源集合，节点空间就是所有节点的集合。对所有资源和节点分别进行编号，如把资源名称或内容用 Hash 函数变成一个数值（这也是 DHT 常用的一种方法），这样，每个资源就有对应的一个 ID，每个节点也有一个 ID，资源 ID 和节点 ID 之间建立起一种映射关系。比如，将资源 n 的所有索引信息存放到节点 n 上，那要搜索资源 n 时，只要找到节点 n 即可，从而就可以避免泛洪广播，能更快速而又准确地路由和定位数据。当然，在实际应用中，资源 ID 和节点 ID 之间是无法做到一一对应的，但因为 ID 都是数字，就存在大小关系或偏序关系等，基于这些关系就能建立两者的映射关系。这就是 DHT 的核心思想。DHT 算法在资源编号和节点编号上就是使用了分布式哈希表，使得资源空间和节点空间的编号有唯一性、均匀分布式等较好的性质，能够适合结构化分布式网络的要求。

不同的区块链可能会使用不一样的网络模型，但基本原理是一样的，建立在 IP 通信协议和分布式网络的基础上，不依靠传统的电路交换，而是建立于网络通信之上，完全通过互联网去交换信息。在区块链网络中，所有的节点具有同等的地位，不存在任何特殊化的中心节点和层级结构，每个节点均会承担网络路由、验证数据区块等功能，以扁平式拓扑结构相互连通和交互，每个节点都需要承担网络路由、验证区块数据、传播区块数据等功能。网络的节点根据存储数据量的不同可以分为全节点和轻量级节点，全节点存储了从创世区块以来的所有区块链完整数据（比特币网络现在大约有几十 GB，且还在不断增长中）信息，并需要实时地参与区块链数据的校验和记录来更新区块链主链。全节点的优点是进行数据校验时不需要依靠别的节点，仅依靠自身就可以完成校验更新等操作，缺点是硬件成本较高。轻量级节点只需要存储部分数据信息，当需要别的数据时可以通过简易支付验证方式（Simplified Payment Verification，SPV）向邻近节点请求所需数据来完成验证更新。

（2）信息传输机制

在新的区块数据生成后，生成该数据的节点会将其广播到全网的其他节点以供验证。目前的区块链底层平台一般都会根据自身的实际应用需求，在比特币传输机制的基础上重新设计或者改进出新的传输机制，如以太坊区块链集成了所谓的“幽灵协议”，以解决因区块数据确认速度快而导致的高区块作废率和随之而来的安全性风险。比特币系统的传输协议步骤如下：

① 比特币交易节点将新生成的交易数据向全网所有节点进行广播；

② 每个节点都将收集到的交易数据存储到一个区块中；

③ 每个节点基于自身算力在区块中找到一个具有足够难度的工作量证明；

④ 当节点找到区块的工作量证明后，就向全网所有节点广播此区块；

⑤ 只有包含在区块中的所有交易都有效且之前未存在过，其他节点才认同该区块的有效性；

⑥ 其他节点接收该数据区块，并在该区块的末尾制造新的区块以延长链，而将被接收的区块的随机哈希值视为新区块的前序区块哈希值。

如果交易的相关节点是一个未与其他节点相连接的新节点，比特币系统通常会将一组长期稳定运行的“种子节点”推荐给新节点以建立连接，或者推荐至少一个节点连接新节点。此外，进行广播的交易数据并不需要全部节点都接收到，只要有足够多的节点做出响应，交易数据便可整合到区块链账本中，而未接收到完整交易数据的节点可以向临近节点请求下载缺失的交易数据。

（3）数据验证机制

在区块链网络中，所有的节点都会时刻监听网络中广播的交易数据和新产生的区块。在接收到相邻节点发来的数据后，会首先验证该数据的有效性，若数据有效则按接收顺序为新数据建立存储池来暂存这些数据，并且继续向临近节点转发；若数据无效则立即废弃该数据，从而保证无效数据不会在区块链网络中继续传播。验证有效性的方法是根据预定义好的标准，从数据结构、语法规范性、输入输出和数字签名等各方面进行校验。对于新区块的校验同理，某节点产生出新区块后，其他节点按照预定义的标准对新区块的工作量证明、时间戳等方面进行校验，若确认有效，则将该区块链接到主区块链上，并开始争取下一个区块的记账权。

2.1.3 共识层

共识层主要封装网络节点的各类共识算法。共识机制算法是区块链技术的核心技术，解决在没有中心控制的情况下，如何在互相没有信任基础的个体之间就交易的合法性等达成共识的问题。如何在分布式系统中高效地达成共识是分布式计算领域的一个重要研究课题。区块链的共识层的作用就是在不同的应用场景下通过使用不同的共识算法，在决策权高度分散的去中心化系统中使得各个节点高效地达成共识。

如果说共识是区块链的基础，那么共识机制就是区块链的灵魂，因为这决定了系统中各个节点的责任和义务，继而会影响整个系统的安全性和可靠性。目前已经有了十多种共识机制算法，最初比特币区块链选用了一种依赖节点算力的工作量证明共识（Proof of Work，PoW）机制来保证比特币网络分布式记账的一致性。之后随着区块链技术的不断演进和改进，研究者陆续提出了一些不过度依赖算力而能达到全网一致的算法，比如权益证明（Proof of Stake，PoS）机制、授权股份证明（Delegated Proof of Stake，DPoS）机制、实用拜占庭容错（Practical Byzantine Fault Tolerance，PBFT）算法等等。当然，没有一个算法是完美无缺的，每个算法都有其适用场景。下面我们对这几种共识算法进行简单介绍。

（1）PoW（工作量证明机制）

PoW 机制诞生于 1997 年 Adam Back 设计的 Hashcash 系统，它最初被创造出来用于预防邮件系统中漫天遍地的垃圾邮件。2009 年，中本聪将 PoW 机制运用于比特币区块链网络中，作为达成全网一致性的共识机制。从严格意义上讲，比特币中所采用的是一种可重复使用的 Hashcash 工作证明，使得生成工作证明量可以是一个概率意义上的随机过程。在该机制中，网络上的每一个节点都在使用 SHA256 哈希算法运算一个不断变化的区块头的哈希值。共识要求算出的值必须等于或者小于某个给定的值。在分布式网络中，所有的参与者都需要使用不同的随机数来持续计算该哈希值，直到达到目标为止。当一个节点得出了确切的值，其他所有的节点必须相互确认该值的正确性。之后，新区块中的交易将被验证以防欺诈。然后，用于计算的交易信息的集合会被确认为认证结果，用区块链中的新区块表示。在比特币中，运算哈希值的节点被称作“矿工”，而 PoW 的过程被称为“挖矿”。由于认证的计算是一个耗时的过程，所以也提出了相应的激励机制（例如向矿工授予一小部分比特币）。总的来说，工作量证明就是对于工作量的证明，每个区块加入链上，必须得到网络参与者的同意验证，矿工对它完成了相对应的工作量。PoW 的优点是完全的去中心化和分布式账簿，节点自由进出，避免了建立和维护中心化信用机构的成本。只要网络破坏者的算力不超过网络总算力的 50%，网络的交易状态就能达成一致。缺点也很明显，即消耗资源：挖矿行为造成了大量的资源浪费，激励机制也可造成矿池算力的高度集中，背离了当初去中心化设计的初衷。同时 PoW 达成共识的周期也比较长，比特币网络会自动调整目标值来确保区块生成过程大约需要 10 分钟，每秒交易量不超过 7 笔，因此它不太适合高频交易商业场景。

PoW 共识算法（挖矿）的数学本质是，为了创建一个新的块，必须通过暴力求解，找到满足特定要求（如不大于预先设定的某一数值）的 SHA256 哈希值。核心步骤如下：

Step1：根据以下公式，计算得到一个 Target 目标值：

$$Target=\frac{C}{Difficulty}$$

其中，C 为一预先给定的常量。

计算的结果 Target 最终也会是一个含有多个前导零的 64 位十六进制字符串。显然，当全网算力越大，意味着挖矿难度 Difficulty 越大，Target 也就越小，某种意义上意味着前导零更多（设想，要小于有两个前导零的 Target“00100”，简单粗暴的方法是找到拥有更多前导零的数即可，比如有 3 个前导零的“00011”）。在现有的算法中，当前 Target 值的求解并不需要每次执行上面那个计算公式，可直接根据上一个区块的 Target 值进行求解而来，两者计算出来的效果是一样的：

$$Target_{new}=\frac{T_{2016}}{1209600}\times Target_{prev}$$

其中：T_{2016} 是实际环境下产生 2016 个区块的时间总和；1209600 是按照比特币的标准“平均每 10 分钟出一个区块”产生 2016 个块所需要的秒数（2016×10×60＝1209600），这是一个固定常量；$Target_{prev}$ 是上一个区块周期内的 Target 值。

Step2：计算当前区块的 ID，使其满足以下公式：

SHA256（PrevBlock，MerkleRoot，Nonce，TimeStamp）≤Target

显然，在上述公式中，除了 Nonce 以外，其他的参数都是已知或者可以通过简单计算得到。哈希映射运算通常被设计成不能逆向计算的，唯一的求解办法就是去暴力破解。在比特币的世界里，挖矿即寻找新区块，实质是通过随机碰撞这个 Nonce，使得新区块的哈希值小于等于目标哈希值 Target。由于哈希函数的特性，使得找到这样的随机数只能靠穷举的方式进行，因而谁的计算能力越快、谁的算力越强，理论上就能越快找到该随机数，才能越快解决数学问题，也就是发现了新的区块。

PoW 机制的优点是完全的去中心化，节点自由进出。其缺点是：一方面矿池的出现，一定程度上违背了去中心化的初衷，同时也使得占比 51%的攻击成为可能，影响其安全性；另一方面每次达成共识需要全网共同参与运算，性能效率低。截至 2016 年 4 月，比特币网络的算力达到了 1300PHS，即每秒完成 13331 兆亿次 SHA256 运算，而最终这些计算没有任何实际意义或科学价值。在最不乐观的情况下，到2020年，比特币网络的耗电量将达到丹麦整个国家的水平。但是从另一方面来看，由于投入巨大，促使攻击比特币区块链代价极高，从来保证了系统的安全性，因而比特币也就是人类目前构建的最安全的数据库。

（2）PoS（权益证明机制）

PoS的思想源于Nick Szabo，并由Quantum Mechanic 2011年在bitcointalk首先提出。作为PoW的一种升级共识机制，用于解决其能耗问题，主要应用在Peercoin和以太坊等。它不要求证明者完成一定数量的计算工作，而是根据证明者所占代币的比例和时间，等比例地降低挖矿难度，从而加快寻找随机数的速度，因此节点记账权的获得难度与节点持有的权益成反比。简单来说，PoS就是把PoW由算力决定记账权变成由持有币数以及持有的时间来决定记账权。

基于拥有货币数量多的节点实施网络攻击的可能性更低的假设，PoS不需要节点在不受限制的空间中找到一个随机数，而是要求节点提供拥有一定数量的代币证明来获取竞争区块链记账权的一种分布式共识机制。如果单纯依靠代币余额来决定记账者必然使得富有者胜出，导致记账权的中心化，降低共识的公正性，因此不同的PoS机制在权益证明的基础上，采用不同方式来增加记账权的随机性来避免中心化。其中，Blackcoint使用随机选择来预测下一个创建者，而Peercoin则倾向于基于币龄来选择。Peercoin首次开创性地实现了真正的股权证明，它采用工作量证明机制发行新币，采用股权证明机制维护网络安全，这也是“虚拟货币”历史上的一次创举。同比特币网络要求证明人执行一定量的工作不同，该机制只需要证明人提供一定数量“数字货币”的所有权即可。在股权证明机制中，每当创建一个区块时，矿工需要创建一个称为“币权”的交易，这个交易会按照一定的比例预先将一些币发给矿工。然后股权证明机制根据每个节点持有代币的比例和时间，依据算法等比例地降低节点的挖矿难度，以加快节点寻找随机数的速度，缩短达成共识所需的时间。

与PoW机制相比，PoS机制在很大程度上减少了数学运算带来的能耗，效率也得到了相应的提升。但是缺点也很明显，由于挖矿成本接近于零，因此可能会遭受攻击，安全性有待验证，另外拥有代币数量达的节点获得记账权的概率更大，会使得网络的共识受少数富裕账户支配，从而失去公正性。且作为PoW的升级版本，PoS在本质上仍然需要网络中的节点进行挖矿运算，所以它同样难以应用于很多商业领域。

（3）DPoS（股份授权证明机制）

DPoS是一种新的保障区块链网络安全的算法，由比特股（Bitshares）项目组发明。在尝试解决PoW和PoS问题的同时，还能通过实施去中心化的民主方式，用以抵消中心化的负面效应。从某种角度来说，DPoS可以理解为多中心系统，兼具去中心化和中心化优势。其与PoW和PoS最大的不同就在于，DPoS不再需要挖矿了，而是类似于现代企业董事会投票的形式。持币者（股东）投票选举出一定数量的节点作为代表，代理他们进行区块的生成、验证和记账。每一个股东都可以参与投票选举代表，得到总同意票数中的前 N 个（N 通常定义为101）候选者可以当选为代表。持币者若想成为一名代表，需先用自己的公钥去区块链注册，获得一个长度为32位的特有身份标识符，股东可以对这个标识符以交易的形式进行投票，得票数前 N 位被选为代表。代表候选名单每个维护周期（1天）更新一次。代表们随机排列，轮流产生区块，收益（交易手续费）平分。每个代表按序有2秒的权限时间生成区块，若在给定的时间片不能生成区块，区块生成权限交给下一时间片对应的代表。如果代表提供的算力不稳定或计算机宕机等，股东可以随时通过投票更换这些代表。如果有的代表不老实生产区块，很容易被其他代表和股东发现，他将立即被踢出“董事会”，空缺位置由票数排名 $N+1$ 的代表自动填补。

DPoS 的优点在于大幅减少了参与区块验证和记账的节点数量，并且轮流进行记账，能够通过提供更好的软硬件环境来构建效率极高的区块链系统，从而缩短了共识验证所需要的时间（在理想环境下，可达秒级），降低网络运行成本和网络安全维护费用，提高交易效率。目前看来，DPoS 似乎是效率最高的区块链系统。缺点是整个共识机制还是依赖于代币的，然而很多商业应用是不需要代币存在的。

（4）PBFT（实用拜占庭容错算法）

PBFT 是一类分布式计算领域的容错技术，是一种解决分布式系统容错问题的通用方案。这个算法最初出现在 MIT 的 Miguel 和 Barbara Liskov 的学术论文中，初衷是为一个低延迟存储系统所设计，降低算法的复杂度，可以应用于吞吐量不大但需要处理大量事件的数字资产平台。

所谓“拜占庭将军问题”（Byzantine failures）是一个协议问题，拜占庭帝国军队的将军们必须全体一致的决定是否进攻某一支敌军。难点在于这些将军在地理上是分隔开来的，只能通过信使来传递消息，并且将军中可能存在叛徒，这些叛徒通过发布虚假信息来干扰其他将军的判断，影响一致性的达成。拜占庭将军问题就是要在将军互相不信任的情况下，达成共识。数学家设计的算法是让将军在接到上一位将军标有进攻时间的信件之后，写上同意或反对并盖上自己的图章，然后把信转发给其他所有的将军，在这样的信息周转之后，最后会出现一个盖有超过半数将军图章的信息链，以保证将军们在互不信任的情况下达成共识。莱斯利·兰伯特把拜占庭将军问题引入到点对点通信中。拜占庭假设是对现实世界的模型化，由于硬件错误、网络拥塞或断开以及恶意攻击，计算机和网络可能出现不可预料的行为。拜占庭容错协议必须处理这些失效，并且这些协议还要满足所要解决问题要求的规范。

在区块链技术出现之前，互联网上的信息拷贝是零成本的，数字资产具有无限可复制性，如果没有权威的第三方监督，数字资产可以随意更改甚至多次支付。为了解决这一个问题，区块链参照了经典的“拜占庭将军问题”的算法。它允许每个节点发布公钥，任何通过节点的消息都由节点签名，以验证其格式。验证过程分为三个阶段：预备、准备、落实。如果已经收到超过 1/3 不同节点的批准，服务操作将是有效的。使用 PBFT，区块链网络 N 个节点中可以包含 f 个拜占庭恶意节点，其中 $f=(N-1)/3$。换句话说，PBFT 确保至少 $2f+1$ 个节点在将信息添加到分布式共享账簿之前达成共识。目前，HyperLedger 联盟、中国 ChinaLedger 联盟等诸多区块链联盟都在研究和验证这个算法的实际部署和应用。

（5）混合证明机制

由于不同共识证明机制有着不同的优劣，有些系统选择采用多种共识机制的方式来取长补短。较为典型的就是以太坊采用了 PoW＋PoS 的共识机制。

2.1.4 激励层

激励层作为将经济因素引入区块链技术的一个层次，其存在的必要性取决于建立在区块链技术上的具体应用需求。该层主要出现在公有链中，因为在公有链中必须激励遵守规则参与记账的节点，并且惩罚不遵守规则的节点，才能让整个系统朝着良性循环的方向发展。所以激励机制往往也是一种博弈机制，让更多遵守规则的节点愿意进行记账。而在私有链中，则不一定需要进行激励，因为参与记账的节点往往是在链外完成了博弈，也就是可能有强制力或者有其他需求来要求参与记账。这里以比特币系统为例，对其激励层进行介绍。

在比特币系统中，大量的节点算力资源通过共识过程得以汇聚，从而实现区块链账本的数据验证和记账工作。在去中心化系统中，共识节点本身是自利的，其参与数据验证和记账工作的根本目的是最大化自身收益。所以，必须设计合理的激励机制，使得共识节点最大化自身收益的个体行为与区块链系统的安全性和有效性相契合，从而使大规模的节点对区块链历史形成稳定的共识。比特币采用 PoW 共识机制，在该共识中其经济激励由两部分组成：一是新发行的比特币；二是交易流通过程中的手续费。两者组合在一起，奖励给 PoW 共识过程中成功计算出符合要求的随机数并生成新区块的节点。因此，只有当各节点达成共识，共同合作来构建和维护区块链历史记录及其系统的有效性，当作奖励的比特币才会有价值。

（1）发行机制

在比特币系统中，新区块产生发行比特币的数量是随着时间呈阶梯形递减的。从创世区块起，每个新区块将发行 50 个比特币奖励给该区块的记账者，此后每隔约 4 年（21 万个区块），每个新区块发行的比特币数量减少一半，以此类推，一直到比特币的数量稳定在上限 2100 万为止。给记账者的另一部分奖励是比特币交易过程中产生的手续费，目前默认的手续费是 1/1000 个比特币。两部分费用会被封装在新区块的第一个交易（称为 Coinbase 交易）中。虽然现在每个新区块的总手续费与新发行的比特币相比要少得多，但随着时间推移，未来比特币的发行数量会越来越少，甚至停止发行，到那时手续费便会成为共识节点记账的主要动力。此外，手续费还可以起到保障安全性的作用，防止大量微额交易对比特币系统发起“粉尘攻击”。

（2）分配机制

随着比特币挖矿生态圈的成熟，“矿池”出现在人们的视野中。大量的小算力节点通过加入矿池而联合起来，相互合作汇集算力来提高获得记账权的概率，并共享生成新区块得到的新发行比特币和交易手续费奖励。据 Bitcoinminning. com 统计，目前已经存在 13 种不同的分配机制，主流矿池通常采用 PPLNS（Pay Per Last N Shares）、PPS（Pay Per Share）和 PROP（PRO Portionately）等机制。在矿池中，根据各个节点贡献的算力，按比例划分为不同的股份。PPLNS 机制在产生新的区块后，各合作节点根据其在最后 N 个股份内贡献的实际股份比例来分配奖励；PPS 则直接根据股份比例为各节点估算和支付一个固定的理论收益，采用此方式的矿池将会适度收取手续费来弥补其为各个节点承担的收益不确定性风险；PROP 机制则根据节点贡献的股份按比例地分配奖励。

2.1.5 合约层

合约层封装了各类脚本、算法和智能合约，是区块链可编程性的基础。比特币本身就具有简单脚本的编写功能，而以太坊极大地强化了编程语言言协议，理论上可以编写实现任何功能的应用。如果把比特币看成是全球账本的话，以太坊可以看作一台“全球计算机”，任何人都可以上传和执行任意的应用程序，并且程序的有效执行能得到保证。如果说数据、网络和共识三个层次作为区块链底层“虚拟机”，分别承担数据表示、数据传播和数据验证功能，合约层则是建立在区块链虚拟机之上的商业逻辑和算法，是实现区块链系统灵活编程和操作数据的基础。包括比特币在内的“数字加密货币”大多采用非图灵完备的简单脚本代码来编程控制交易过程，这也是智能合约的锥形。随着技术的发展，目前已经出现以太坊等图灵完备的可实现更为复杂和灵活的智能合约的脚本语言，使得区块链能够支持宏观金融和社会系统的诸多应用。

智能合约的概念可以追溯到1995年，是由密码学家尼克·萨博（Nick Szabo）提出的并进行如下定义的：“一个智能合约是一套以数字形式定义的承诺，包括合约参与方可以在上面执行这些承诺的协议。”其设计初衷是希望通过将智能合约内置到物理实体来创造各种灵活可控的智能资产。但由于计算手段的落后和应用场景的缺失，智能合约在当时并未受到研究者的广泛关注。区块链技术的出现对智能合约进行了新的定义并使其成为可能。智能合约作为区块链技术的关键特性之一，具有自治、自足和去中心化等要素，是运行在区块链上的模块化、可重用、自动执行的脚本，能够实现数据处理、价值转移、资产管理等一系列功能。合约部署的时候被虚拟机编译成操作码存储在区块链上，对应地会有一个存储地址。当预定的条件发生时，就会发送一笔交易（transaction）到该合约地址，全网节点都会执行合约脚本编译生成的操作码，最后将执行结果写入区块链。作为一种嵌入式程序化合约，智能合约可以内置在任何区块链数据、交易或资产中，形成可由程序自行控制的系统、市场或资产。智能合约不仅为金融行业提供了创新性的解决方案，同时也能在社会系统中的信息、资产、合同、监管等事务管理中发挥重要作用。

基于区块链技术的智能合约不仅可以发挥智能合约在成本效率方面的优势，还可以避免恶意行为对合约正常执行的干扰。智能合约可以应用到任何一种数据驱动的业务逻辑中，以太坊首先看到了区块链和智能合约的契合，发布了白皮书《以太坊：下一代智能合约和去中心化应用平台》，构建了内置有图灵完备编程语言的公有区块链，使得任何人都能够创建合约和去中心化应用。智能合约与区块链的结合，丰富了区块链本身的价值内涵，其特性有以下几点：

① 用程序逻辑中的丰富合约规则表达能力实现了不信任方之间的公平交换，避免了恶意方中断协议等可能性；

② 最小化交易方之间的交互，避免了计划外的监控和跟踪的可能性；

③ 丰富了交易与外界状态的交互，比如可信数据源提供的股票信息、天气预报等。

2.1.6 应用层

应用层封装了区块链的各种应用场景和案例。比如搭建在以太坊上的各类区块链应用就是部署在应用层，所谓可编程货币和可编程金融也将会搭建在应用层。该模型中，基于时间戳的链式区块结构、分布式节点的共识机制、基于共识机制的经济激励和灵活可编程的智能合约是区块链技术最具代表性的创新点。其中数据层、网络层和共识层是构建区块链应用的必要因素，否则将不能称为真正意义上的区块链。而激励层、合约层和应用层则不是每个区块链应用的必要因素，有部分的区块链应用并不完整地包含着这三层结构。

2.2 区块链 1.0 架构：比特币

区块链 1.0 的最典型也是最成功的应用是比特币区块链。比特币是第一个解决重复支付（双花）问题的去中心化虚拟货币系统。以下将以比特币为例剖析区块链 1.0 架构。

由于比特币是基于 P2P 架构的虚拟货币系统，因此它的架构和一般分布式架构有很大不同。从一个客户端/服务端（Clien/Server）、浏览器/服务端（BS 架构）或三层架构（3-Tier Architecture）等角度来看比特币架构，很容易感到困惑。比如说大多数比特币的软件，一般都叫客户端（Client），大家自然会想到一定有个服务端（Server）在后台。但其实在比特币里，服务端这个概念被弱化了，即使是看起来很像服务端的 bitcoind，也被称为没有界面的客户端。唯一被称为服务端的是在 bitcoin 里的 HTTP、JSON RPC 服务端。该组件只是用来提供对外 HTTP、JSON RPC 的服务接口。

比特币架构（如图 2-5 所示）总体分为两部分：一部分是前端，包括钱包（Wallet）或图形化界面；另一部分是运行在每个节点的后台程序，包括挖矿、区块链管理、脚本引擎以及网络管理等功能。

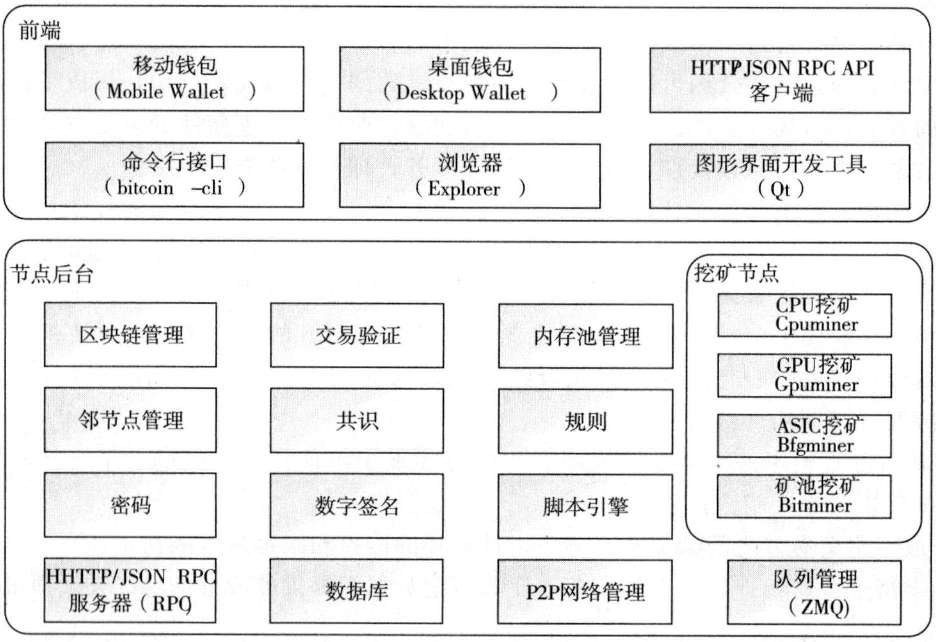

图 2-5　比特币架构

2.2.1 比特币网络

比特币网络中的节点主要有四大功能：钱包、挖矿、区块链数据库、网络路由，如图 2-6 所示。每个节点都会具备路由功能，但其他功能不一定都具备，不同类型的节点可能只包含部分功能，一般只有比特币核心（Bitcoin Core）节点才会包含所有四大功能。

所有节点都会参与校验和广播交易及区块信息，且会发现和维持与其他节点的连接。有些节点会包含完整的区块链数据库，包括所有交易数据，这种节点也称为全节点（Full Node）。另外一些节点只存储了区块链数据库的一部分，一般只存储区块头而不存储交易数据，它们会通过简化交易验证（SPV）的方式完成交易校验，这样的节点也称为 SPV 节点或轻节点（Lightweight Node）。钱包一般是 PC 或手机客户端的功能，用户通过钱包查看自己的账户金额、管理钱包地址和私钥、发起交易等。除了比特币核心钱包是全节点之外，大部分钱包都是轻节点。挖矿节点则通过解决工作量证明算法问题，与其他挖矿节点相互竞争创建新区块。有些挖矿节点同时也是全节点，即也存储了完整的区块链数据库，这种节点一般都是独立矿工（Solo Miner）。还有一些挖矿节点不是独立挖矿的，而是和其他节点一起连接到矿池，参与集体挖矿，这种节点一般也称为矿池矿工（Pool Miner）。这会形成一个局部的集中式矿池网络，中心节点是一个矿池服务器，其他挖矿节点全部连接到矿池服务器。矿池矿工和矿池服务器之间的通信也不是采用标准的比特币协议，而是使用矿池挖矿协议，矿池服务器作为一个全节点再与其他比特币节点使用主网络的比特币协议进行通信。

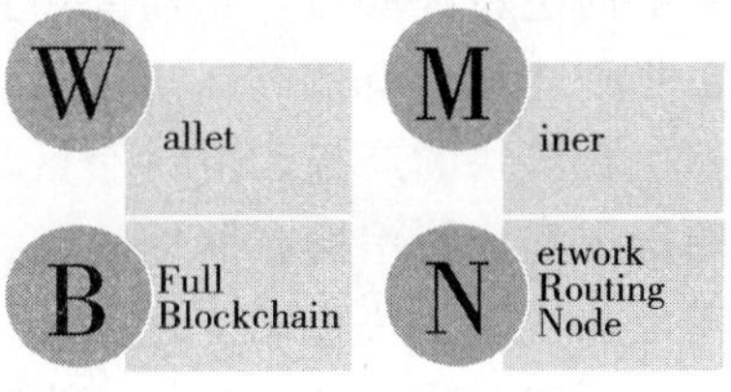

图 2-6 比特币网络节点四大功能

在整个比特币网络中，除了不同节点间使用比特币协议作为通信协议的主网络，也存在很多扩展网络，包括上面提到的矿池网络。不同的矿池网络可能还会使用不同的矿池挖矿协议，目前主流的具体矿池协议应该是 Stratum 协议，该协议除了支持挖矿节点，也支持瘦客户端钱包。一个包含了比特币协议主网络各种节点和 Stratum 网络，以及其他矿池网络的扩展比特币网络概图如图 2-7 所示。

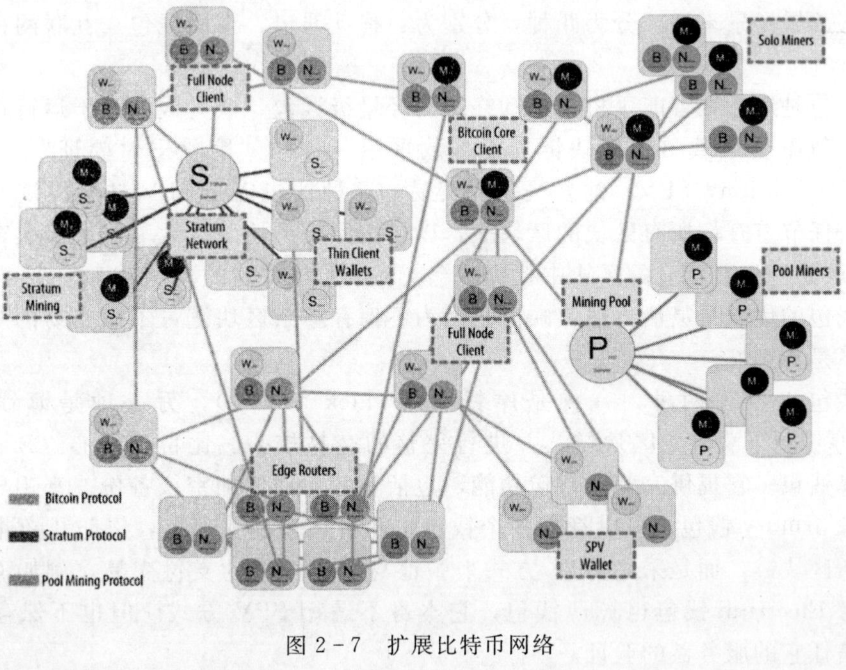

图 2-7 扩展比特币网络

矿工创建新区块后，是需要广播给全网所有节点的，当全网都接受了该区块，给矿工的挖矿奖励才算是有效的，这之后才好开始下一个区块 Hash 的计算。所以矿工必须最大限度缩短新区块的广播和下一个区块 Hash 计算之间的时间。如果矿工之间传播区块只采用上图所示的比特币协议网络，那无疑会有很高的网络延迟，所以，需要一个专门的传播网络用来加快新区块在矿工之间的同步传播，这个专门网络也叫比特币传播网络或比特币中继网络（Bitcoin Relay Network）。

2.2.2 比特币前端

（1）钱包

钱包保存用户的私钥数据库，并管理用户的余额，提供比特币交易（支付，转账）功能。钱包分为两种：非决定性钱包和决定性钱包。所谓决定性（Deterministic）指的是私钥是否由种子生成，如果是就叫“决定性”，反之就叫“非决定性”。

① 非决定性钱包（Nondeteministic Wallet）：该类钱包直接保存私钥，私钥数据保存在 Berkeley DB 上。非决定性钱包因为直接保存私钥，如果私钥被盗窃，钱包里的比特币就会被盗走，因此非决定性钱包的安全性不高。另外如果私钥比较多，该类钱包管理起来就比较麻烦，备份也不方便。而且比特币系统出于提倡隐私保护的缘故，不鼓励地址重用，因此虽然比特币核心带有一个非决定性钱包，但目前并不被推荐使用。

② 决定性钱包（Deterministic Wallet）：目前建议使用的一种钱包。该类钱包所有的私钥都由一个私钥种子（Seed）通过单向哈希算法生成，因此备份该类钱包非常容易，只要备份私钥种子，就可以利用种子一次性恢复所有的私钥。决定性钱包又分两种类型：类型 1 是普通决定性钱包，其私钥种子直接生成所有私钥；类型 2 是层级决定性钱包（Hierarchical Deterministic Wallet），它的私钥保存在一个树形结构，由一个总私钥生成父私钥，父私钥生成子私钥等。

钱包从部署场景来说，分为四种，分别为：移动钱包、桌面钱包、互联网钱包以及纸钱包。

移动钱包是运行在智能手机、移动终端的轻量级钱包。该类钱包由于运行在资源有限的环境，一般不会下载整条区块链，而多数采用一种叫“简化支付验证”（Simplified Payment Verification，SPV）的方法验证交易。这种钱包也叫 SPV 钱包。该方式依靠网络上的可信任节点查询所有区块的区块头，以及按照交易的确认数（相当于黑客攻击的难度），再有就是能否在相应的区块中找到该笔交易来验证支付的真伪。

移动钱包的优点是灵活方便，缺点是因为不保存整条区块链，不做交易的全验证，因此安全性不是特别好。

桌面钱包也分为两种，一种是厚钱包（Thick Wallet），另一种是薄钱包（Thin Wallet）。厚钱包下载整条区块链，并进行完整的交易校验。比特币核心（Bitcoin Core）就是一个厚钱包。它提供完整的钱包功能，包括签名、钱包加密、备份、密钥导入、导出等。另外像 armory 钱包，可以管理多个钱包，并将钱包离线保存，以防止攻击。薄钱包不下载整条区块链，而是采用 SPV 方式来验证与用户相关的支付交易，例如 Multibit 钱包。另外像 Electrum 钱包也算薄钱包，它本身不适用 SPV 方式，但也不保存完整区块链，而是信任它的服务器的验证。

厚钱包的优点是安全，缺点是有交易全验证的开销，适合于资金安全性要求高的场景。薄钱包的优点是灵活高效，但是安全性不高，适合于小额支付场景。

互联网钱包也不需要下载整条区块链。其优点是可以随时随地在任何地方、任何设备管理钱包。互联网钱包依托第三方平台提供对用户隐私的保护。互联网钱包也和桌面薄钱包一样有安全性不高的问题，但是使用起来更灵活方便。图 2-8 所示是 Blockchain. info 提供的互联网钱包。

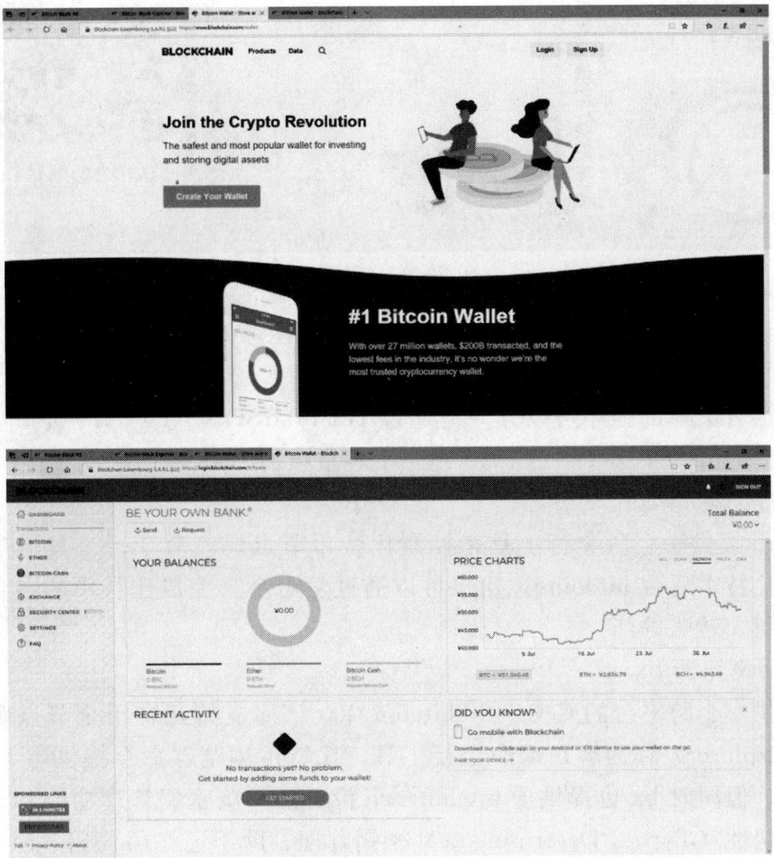

图 2-8　Blockchain. info 提供的互联网钱包

简单地说，比特币纸钱包就是将比特币的私钥和地址以二维码的形式打印在一张纸上来进行保存的方法。如果使用得当，纸钱包是最安全的一种储存比特币的方法之一。纸钱包用于将私钥进行冷备份，可以用于防范由于电脑或存储介质损坏所导致的私钥丢失。同时由于纸钱包离线存放，也能防范黑客通过网络攻击盗窃私钥，但也要防范纸钱包被人物理偷窃或复制。图 2-9 所示为一个纸钱包，左边的二维码是比特币的地址信息，右边是用户的私钥二维码。

(2) HTTP/ JSON RPC API

比特币提供 HTTP/ JSON RPC API 接口，供外部通过接口控制比特币节点。当运行比特币核心 bitcoin-qt 传入-server 选项时，或运行 bitcoind 时，比特币提供一个 HTTP/ JSON RPC 服务端，外部程序可以通过 JSON RPC API 来访问比特币节点。缺省情况下

图 2-9 纸钱包

该服务器只允许来自同一机器的客户端访问，开放给任意机器进行远程访问是非常危险的做法。

使用不同语言编写的程序可以方便地通过 HTTP/JSON RPC API 接口访问比特币节点。例如 Bitcoin-JSON-RPC-Client 是一个轻量级的 Java 客户端程序。

（3）命令行工具 bitcoin-cli

Bitcoin-cli 提供一个命令行工具来控制比特币节点。该命令行工具通过 JSON RPC API 接口访问比特币后台 bitcoind。用户可以通过发命令来完成比特币的各项功能，例如查询余额、支付、转账等。

（4）比特币浏览器 bx

比特币提供一个跨平台的 C++ libbitcoin 库，该库支持比特币全节点服务端和浏览器（BitCoin Explorer）作为客户端命令行工具。比特币浏览器命令提供与 bitcoin-cli 基本一样的功能。但同时 bx 也提供了 bitcoin-cli 没有的一些密钥管理功能和处理工具，包括对类型 2 决定性（Type 2 Deterministic）密钥管理、助于记忆的代码（Memonic Code）的密钥生成（例如用易于记忆的词汇作为私钥种子）、隐秘地址、支付和查询支持。

（5）图形开发工具（Qt）

比特币核心（Bitcoin Core）是比特币使用最广的客户端，它是使用 C++开源用户界面开发工具 Qt 所开发的桌面客户端。Qt 是一个跨平台的 C++图形用户界面应用程序框架。它提供给开发者建立图形用户界面所需的功能，广泛用于开发 GUI 程序，也可以用于开发非 GUI 程序。Qt 是完全面向对象的，很容易扩展，并且允许真正的组件编程。Qt 支持多种平台，包括 Microsoft Windows、GNU/Linux、Mac OS X、Android、iOS、WinCE、UNIX 家族等。

2.2.3 比特币节点后台

比特币节点后台负责参与比特币网络的通信互联，维护区块链，验证区块、交易，广播、转播传递区块交易信息。比特币的后台程序主要是由 bitcoind 及挖矿节点程序构成。

比特币核心 bitcoin-qt 实际上是包含前后端（除挖矿功能以外）的一体化节点。

（1）区块链管理

区块链管理涉及初始区块链下载、连接区块、断开区块、校验区块和保存区块，以及发现最长链条的顶区块。区块链管理的代码逻辑都在 main. cpp 程序中实现。

1）区块链下载

在比特币网络中，比特币全节点第一次加入网络运行时，先要下载并验证整条区块链。当区块链的容量不断增大时，要下载整条链的时间就会越来越长，在网速慢的环境下，甚至要几天时间才能完成整条链的下载。2014 年，比特币 0.10.0 版本正式发布一个新的初始区块链下载方式，叫“区块头先行”（Header First）。该方式可以大大提高初始区块链的下载速度。在该模式下，新的节点先从相邻节点下载所有的区块头。相对于一个 1MB 的区块来说，区块头只有 80 字节，下载更快捷。当它下载了所有的区块头之后，节点可以并行地从多个相邻节点同时并行下载不同区间的区块，大大地提升了整条区块链的下载速度。

2）区块链接收

现有节点在开启时会先将整个区块链的索引从 LevelDB 调进内存。需要注意的是，该区块链的索引不是单条的链，而可能是一个树，也就是说每个区块只有一个父区块，但可能有多个子区块，因为子区块形成暂时分叉，需要逐渐发现哪个子区块属于最长的链条。

按比特币的挖矿难度设计，在整个网络中新区块产生的速度被动态地调节在 10 分钟左右。一个节点接收到一个新区块，如果该区块包含的指向前区块的区块头 Hash 值与节点当前顶端区块 Hash 值相同时，该节点会尝试连接新接收的区块，并将其作为当前链条的最顶端区块，从而延伸节点所拥有的区块链。这是因为在区块链中，每个区块都保存有前个区块的区块头 Hash 值，并通过这个方式来链接区块。

3）区块链验证

在区块链管理中，连接区块函数 Connectblock（）是一个检测“双花”交易的关键。该函数对新接收的区块中的所有交易进行检测，验证是否每个交易的比特币来源都能在当前的“尚未花销的比特币”（Unspend Transaction Output，UTXO）记录中找到匹配。在网络延迟情况下，节点接收的区块可能不按顺序到达，这时有些交易的比特币来源可能在 UTXO 记录中暂时找不到，但当后面收到延迟到来的区块后，UTXO 记录会被更新，区块链条会链接起来。例如，假设节点当前的区块链顶端区块是 B1，由于网络延迟问题它先收到 B3，在验证 B3 中的交易的时候，有些交易的比特币来源可能在当前的 UTXO 记录中找不到。但当后面接收到 B2 后，UTXO 记录会被更新，如果 B2 和 B3 的交易都被校验后，当前的区块链条也从 B1 延展到 B2、B3，同时也会建立回滚记录并存放在磁盘中。回滚记录将用于断开现有区块。区块验证流程图如图 2-10 所示。

4）区块链重组

当节点发现网络中有一条不基于它当前区块链的更长区块链时，它需要断开现有的区块并对区块链进行重组。大部分重组只是一个区块的重组，多发生在不同矿工几乎同时挖到合法的区块时。比如有 A 和 B 区块，有些网络节点先接收 A，有些节点先接收 B，其后的链条会发生分叉，假如有 B 区块的链条变得更长，有 A 区块的网络节点都会很快通过断开 A、连接 B 来重组它的区块链。断开区块、重组区块链涉及 UTXO 更改，被断开的

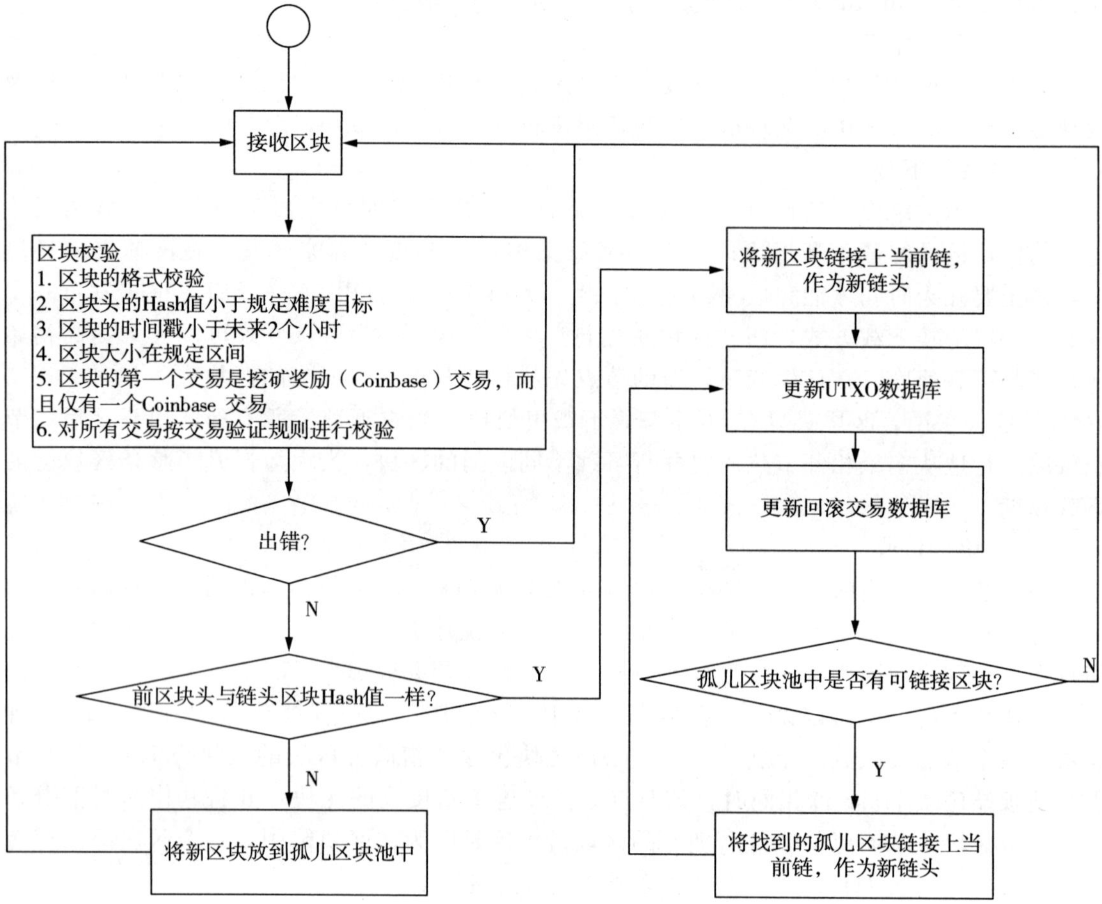

图 2-10　区块验证流程图

区块中交易会回退到交易内存池（Mempool），这个时候“回滚”记录就可以用来回滚断开区块中的交易。

（2）区块验证

交易验证模块会基于以下条件检查收到的比特币交易是否合规：

① 交易的格式是数据结构必须正确；

② 交易的输入和输出不能为空；

③ 交易的大小不能超过定义的区块最大值 MAX_BLOCK_SIZE；

④ 每个交易的输出，以及所有输出的合计，必须在一定范围内，也就是大于 0，小于 2100 万比特币；

⑤ 交易输入的哈希值不能为零，不应该转播挖矿奖励交易；

⑥ nLockTime 不大于 INT_MAX；

⑦ 交易的字节大小要不小于 100；

⑧ 交易的签名操作数要小于签名操作的上限；

⑨ 和收到的交易相匹配的交易必须能在当前交易池或是主链上某个区块中找到；

⑩ 对交易的每个输入，如果其对应的 UTXO 输出能在当前交易池中找到，该交易必

须拒绝（双花交易），因为当前交易池是未经记录在区块链中的交易，而交易的每个输入应该来自确认的 UTXO，如果在当前交易池中找到，那就是双花交易；

⑪ 对交易的每个输入，如果其对应的 UTXO 输出不能在主链或当前交易池中找到，该交易是一个孤儿交易，应将该交易放入孤儿交易池中；

⑫ 对交易中的每个输入，如果其对应的 UTXO 输出是一个挖矿奖励交易，该初始交易应该获得 100 个确认区块的确认；

⑬ 对交易中的每个输入，其对应的输出必须是 UTXO（存在且没被花掉）；

⑭ 用对应的输出交易来获得输入的值，检查每个输入的值及其合计，应该在允许的区间（0～2100 万比特币）；

⑮ 如果一个交易的输入合计小于输出总计，则拒绝该交易；

⑯ 如果交易的费用太低，则拒绝该交易；

⑰ 每个输入的解锁脚本（Unlocking Script）必须和相应输出的锁定脚本（Locking Script）共同验证交易的合规性。

比特币一个很大的创新就是依靠脚本来验证交易的合法性，即每一个即将要花掉的比特币都必须有相应的来源，这也是比特币平台设计的精髓。简单来说，比特币交易中的输入和输出都由脚本和数值组成。通过比特币的脚本引擎，在一个简单的堆栈式计算平台上执行。举个例子说明可能帮助理解。一个交易的输入部分的解锁脚本是＜sig＞＜ pubKey＞，而与其对应的 UTXO 的锁定脚本是 OP _ DUP OP _ HASH160＜pubKeyHash? ＞ OP _ EQUALVERIFY OP _ CHECKSIG。在最初的比特币实现中，是将解锁脚本和锁定脚本串起来一同执行，如果最后结果是逻辑值“真”（TRUE），则验证该交易的比特币来源是合法的。脚本具体执行过程如下：

① 由于是堆栈式计算引擎，因此作为数值的＜sig＞和＜pubKey＞相继入栈。当执行脚本 OP _ DUP 时，它将堆栈头的＜pubKey＞复制一份也压入堆栈。

② 脚本 OP _ HASHI60 执行，将把堆栈头的＜pubKey＞弹出，并用 HASH160 算法进行哈希处理，哈希结果放回堆栈。然后遇到＜pubKeyHash? ＞数值，该数值也被压入堆栈。

③ 脚本 OP _ EQUALVERIFY 把堆栈头端的两个哈希值都弹出，并进行比较。如果不一样，验证就出错，交易不合法。如果验证通过，堆栈只剩下＜sig＞和＜pubKey＞，最后脚本 OP _ CHECKSIG 将两者弹出，执行检查签名的脚本，验证该交易签名是否是由拥有该公钥用户用其私钥签的，如果是，交易就是合法交易，否则就是不合法交易。

由于将解锁脚本和锁定脚本串起来一同执行会产生安全风险，为防止恶意的解锁脚本将数值压入堆栈破坏锁定脚本，从 2010 年开始，不再将解锁脚本和锁定脚本串起来执行，而是分开执行，执行结果再复制到锁定脚本执行的堆栈。

(3) 内存池管理

比特币内存池管理也就是交易池管理。节点将通过验证的交易放在一个交易池中，准备放在一个挖到的区块中。当矿工挖到一个合格的区块后，他将按一定的优先级次序从交易池中选出交易放到区块中。优先级是交易中的输入对应的 UTXO 的“链龄”和交易额的大小来划分的。越老的 UTXO 交易以及交易额越大的交易优先级会高。优先（Priority）用以下公式计算：

Priority＝Sum（Valueofinput×InputAge）/（TransactionSize）

在此公式中，输入的值是按比特币基础单位（Satoshi）计算，1 个 Satoshi 等于一亿分之一个比特币。UTXO 的链龄以已在链上记录该交易的区块为起点，按后面有多少个区块来计算，也就是计量该区块在区块链的“深度”。交易的大小以字节为单位。要成为高优先级交易，一般来说优先级值要高于 57600000，这个优先级相当于 1 个比特币交易额的交易，已有一天（24 小时）的“链龄”（相当于已有 144 个区块的确认），交易长度有 250 个字节。比特币区块中的前 50K 字节保留给高优先级的交易。高优先级的交易费即使是零都会被包括进区块链的优先区域。

当区块填满后，剩下的交易会留在内存池，等待下一个区块的到来。随着它们的链龄的逐渐增加，它们以后被选中的概率也会逐渐增加。在内存池的比特币的交易不会过期，对于一个交易费用为零的交易，最终也会因为其对应的 UTXO 链龄的逐渐增加而被包括在区块链上。但是内存池的交易不保存在硬盘上，当挖矿节点重启时，内存池的交易会被清空。所以也会出现一种情况，就是一个低优先级的交易由于挖矿节点在网络离开而不存在于任何挖矿节点的内存池中。因此，如果在一定时间内一个交易一直不能被矿工包括在区块链上，钱包软件需要重新发送该交易，并附上较高的交易费。

比特币节点也会维护所谓孤儿交易池。如果一个交易的输入相对应的 UTXO 不能被找到，也就是没有父交易，会被当作孤儿交易，暂时放在孤儿交易池。当父交易来到后，该孤儿交易会被从孤儿交易池移到内存池。

（4）邻节点管理

当一个新比特币节点做初始启动（Bootstrap）的时候，它需要发现网络中的其他节点，并与至少一个节点连接。一般是与一个已知的节点在 8333 端口建立 TCP 连接。握手流程发送一个版本信息，包括：P2P 协议版本、本节点支持的服务、当前时间、对方节点 IP 地址、本节点 IP 地址、比特币软件版本以及本节点当前区块链的长度。对方节点收到握手信息后会回复一个收到确认的信息。

那么新节点如何发现其相邻节点呢？

第一个办法是用一些“DNS 种子”查询 DNS。“DNS 种子”是提供比特币节点地址的 DNS 服务器。比特币核心带有 5 个不同的“DNS 种子”。DNS 种子可提供稳定的比特币节点地址。

第二个办法是直接把一个已知的邻节点作为种子节点，然后通过它发现更多的邻节点。当发现新的邻节点后，新节点一般将断开和种子节点的连接。新节点将其地址信息发给邻节点，邻节点会继续将新节点的地址转发给它们的邻节点，这样新的节点会在网络上被其他节点知道，并保持其在网络上连接畅通。另外新节点将发 getaddr 信息给邻节点，邻节点收到后将把所知的地址信息发送给新节点。新节点一般会维持与 8 个邻节点的连接。新节点启动结束后，它会记住最近连上的邻节点的地址。当它重新启动时，它能够很快地完成和已知邻节点的连接。如果以前的邻节点都连不上，它会重新开始初始启动流程。用户也可以通过提供一个固定 IP 地址列表来替换比特币系统自管理邻节点的流程。

如果一个连接上一段时间内没有信息交互，节点会定期发一些信息去维护连接。如果一个节点和邻节点的连接在超过 90 分钟里没有联系，该邻节点会被认为下线，节点会寻找一个新的邻节点来进行连接。因此，无需中心控制，网络节点可以自由加入或离开网络，即比特币网络能动态地调节节点的连接，以保证比特币网络的正常运行。

（5）共识管理

比特币里广义的共识管理（Consensus）应该包括挖矿、区块验证和交易验证规则，但这些功能实现目前分散在不同的程序中。由于比特币的关键是在陌生 P2P 环境建立共识机制，因此共识管理至关重要。目前比特币的开源社区也意识到共识管理的模块化非常重要，因为不同的比特币实现可以简单重用共识管理模块，以保障验证规则的一致性。未来共识模块将从比特币核心中分离出去，作为独立的模块。这样未来共识逻辑的改变也不会对比特币核心带来影响。目前在比特币 0.12.0 版本中，一部分共识管理的代码已经移到 consensus 子目录。可以预见，未来更多的共识管理逻辑将移到该子目录，成为可插拔的共识模块。

比特币的共识管理必须支持前向兼容，即使过去版本有缺陷（Bug）也要保持，否则比特币网络会出现分叉。

目前在 consensus 子目录的共识程序有 consensus. *、merkle. *、params. * 和 validation. *。

（6）规则管理

比特币的共识规则是所有节点都必须遵守的规则，而每个节点可以采用一些共识规则以外的个性化规则。这部分的规则由规则管理模块实现，目前放在 policy 子目录中。一个个性化规则的例子是将交易存放内存池的规则。比如一个节点可以拒绝保存、中转大于 200KB 的交易。这个规则和共识规则不会产生矛盾。如果一个实施该规则的节点，收到一个包含大小为 200KB 的交易的区块，它不会拒绝该区块，只不过它不会保存或中转大小为 200KB 的交易。另外像对交易费用的一些规则，也可通过规则模块来管理。

（7）密码模块

密码模块主要是处理比特币地址，采用 RIMEMD 和 SHA256 算法以及 Base58 编码来生成比特币地址。目前代码放在 crypto 的子目录中。比特币的公钥是通过私钥产生的，然后采用 SHA256 和 RIPEMD160 对公钥进行处理，最后通过 Base58 编码形成比特币地址。例如对一个公钥 K，首先进行 SHA256 哈希处理，然后再对哈希值进行 RIPEMD160 哈希处理，得出一个 160 位（20 个字节）的结果，最后经过 Base58 Check 编码，形成可读的字符串地址。Base64 编码主要用于基于文本的系统传送二进制数据，例如在邮件里发的附件都要进行 Base64 编码。Base58Check 采用 Base58 编码，同时加入校验码，以防止出现不小心写错地址的情况。Base58 是 Base64 的子集，过滤了一些容易引起混淆的字符、例如 0（数字零）、O（大写 o）、l（小写 L）、I（大写 i），以及“+”和“/”等符号。

Base58Check 的校验码对地址信息进行双重 SHA256 哈希处理，并取前 4 位做校验码，加在比特币地址的后面，因此比特币地址带有校验信息，可以防止人为错误。

（8）签名模块

比特币采用椭圆曲线数字签名算法（ECDSA）来实现数字签名以及生成公钥。ECDSA 是一种非对称加密算法，是基于椭圆曲线离散对数问题的计算困难性的一种公钥密码的方法。secp256k1 曲线是由国际上最著名的椭圆曲线密码技术公司 Certicom 所推荐的椭圆曲线，具有比其他曲线更高的安全性能。原来大部分的比特币 scp256k1 ECDSA 实现是依赖于 OpenSSL 库，后来由于 OpenSSL 库可能会带来共识模块的 Bug，因此在 2015 年以后，比特币开源社区发布了基于 scp256k1 的 ECDSA 专有实现 C 库，并放在 secp256k1 子目录中。

（9）脚本引擎

比特币的脚本语言是一种专门设计的、与“Forth”类似的、基于堆栈的编程脚本语言。基于堆栈的语言的指令只按顺序执行一次，也就是说没有循环或跳转指令。因此，比特币的脚本语言不是图灵完备的语言，它没有能力计算带复杂功能的任务，这也是比特币从安全性和稳定性角度专门设计的，防止提交一个可能有死循环的脚本。作为一个虚拟货币系统，这样的设计已经足够满足需求，同时还有很大的空间去扩展能力。而另一方面，以太坊的设计从一开始就是一个基于区块链的编程平台，不仅仅局限于虚拟货币，因此以太坊的虚拟机（EVM）支持图灵完备的编程语言。但以太坊会用 Gas（燃料）机制来防止出现死循环的脚本，也就是说，提交脚本必须提供一定的 Gas，相当于必须有少量的以太币来保证脚本的运行，当 Gas 用完，智能合约里的脚本也就不能继续执行。

比特币的脚本语言非常小，只能有 256 个指令，每个指令是一个字节长。这 256 个指令中，75 个是保留指令，15 个已废弃。但比特币通常使用的指令不多，见表 2-3。很多指令在比特币网络上不能执行，因为每个节点可以有自己的脚本白名单，只允许运行白名单上的指令。

表 2-3　常用比特币脚本指令表

指　令	功能描述
OP_DUP	将堆栈头上的内容复制一份并压入堆栈
OP_HASH160	弹出堆栈头内容，先用 SHA256 对其做哈希处理，再用 RIPEMD-160 对结果做第二次哈希处理，结果压入堆栈
OP_EQUALVERIFY	弹出堆栈头的两项内容，如果两个内容一样，返回“真”值，否则返回“假”值
OP_CHECKSIG	用输入的公钥检查输入的签名，如果签名符合，返回“真”值，否则返回“假”值
OP_CHECKMULTISIG	用提供的多个公钥检查多重签名的正确性

脚本引擎是校验交易的平台，从对解锁脚本（unlocking script）和锁定脚本（locking script）的自动执行校验可以看出该引擎的重要作用。另外脚本引擎也可以用来实现合约。像以太坊的虚拟机（EVM）实际上可以看成是比特币脚本引擎的扩展，它增加了图灵完备的运算能力。因此，新版本的比特币将脚本引擎放在 script 子目录中，将来可以变成可插拔引擎，使得在不影响原有比特币的代码的基础上，引入新的功能更强大的引擎成为可能。

目前 script 子目录里有 interpreter.*、script.* 和 standard.* 程序。Script.h 定义了脚本命令，interpreter.cpp 解析、评估和校验脚本命令，standard.h 定义了标准的交易。

2.3 区块链 2.0 架构：以太坊

比特币的区块链架构主要围绕支持虚拟货币的实现，虽然它有一定的灵活性，但用来支撑虚拟货币以外的应用场景还显得非常局限。近年来，随着区块链技术逐渐引起 IT 业界的关注并逐渐成为独立于比特币的一个平台架构，区块链技术的重要性越来越受到重视。区块链 2.0 的概念也随之产生。其核心理念是把区块链作为一个可编程的分布式信用基础设施支撑智能合约应用，以与过去比特币区块链作为一个虚拟货币支撑平台区别开来。具体来说就是，不仅仅把区块链作为一个去中心化的虚拟货币和支付平台，而是通过增加链上的扩展性功能，把区块链的技术范围扩展到支撑一个去中心化的市场，交易内容可以包括房产的契约、权益及债务凭证、知识产权，甚至汽车、艺术品等。

以太坊（Ethereum）是区块链 2.0 的代表性应用，其目标是打造成一个运行智能合约的去中心化平台（Platform for Smart Contract），平台上的应用按程序设定运行，不存在停机、审查、欺诈、第三方人为干预的可能。以太坊提供了一条公开的区块链，并制定了面向智能合约的一套编程语言 Solidity。智能合约开发者可以在其上使用官方提供的工具来开发支持以太坊区块链协议的应用。以太坊的设计主要还是以比特币架构为基础，因此下面将只对和比特币架构不同的几个主要方面做重点介绍。

2.3.1 以太坊网络

和比特币一样，以太坊的节点也具备钱包、挖矿、区块链数据库、网络路由四大功能，也同样存在很多不同类型的节点，除了主网络之外也同样存在很多扩展网络。与比特币不同的是，比特币主网的 P2P 网络是无结构的，但以太坊的 P2P 网络是有结构的。以太坊的 P2P 网络主要采用了 Kademlia（Kad）算法实现，Kad 是一种分布式哈希表（DHT）技术，使用该技术，可以实现在分布式环境下快速而又准确地路由、定位数据的问题。

在 Kad 网络中，每个节点都具有一个唯一的节点 ID。另外，也会计算不同节点之间的距离，但这个距离不是物理上的距离，而是逻辑上的距离，是通过对两个节点 ID 进行异或运算（符号为^）得到的，即 A、B 两节点之间的距离的计算公式为：D（A，B）= A.ID^B.ID。异或运算有一个重要的性质：假设 a、b、c 为任意三个数，如果 $a\hat{}b = a\hat{}c$ 成立，那就一定 $b = c$。因此，如果给定一个结点 a 和距离 L，那就有且仅有一个结点 b，会使得 D（a，b）= L。通过这种方式，就能有效度量 Kad 网络中不同节点之间的逻辑距离。

在异或距离度量的基础上，Kad 可以将整个网络拓扑组织成如图 2－11 所示的一个二叉前缀树，每个 NodeID 会映射到二叉树上的某个叶子。

映射规则主要是：

① 将 NodeID 以二进制形式表示，然后从高到低对每一位的 0 或 1 依次处理；

② 二进制的第 n 位就对应了二叉树的第 n 层；

③ 如果该位是 0，进入左子树，是 1 则进入右子树（反过来也可以）；

④ 全部位都处理完后，这个 NodeID 就对应了二叉树上的某个叶子。

在这种二叉树结构下，对每个节点来说，离它越近的节点异或距离也是越近的。接

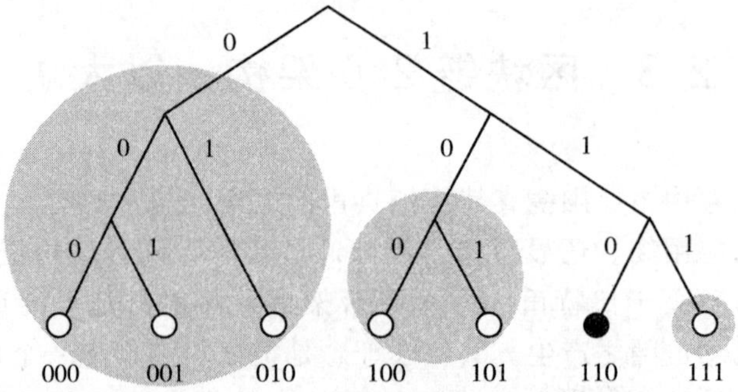

图 2-11　二叉前缀树

着，可以按照离自己异或距离的远近，对整棵二叉树进行拆分。拆分规则是：从根节点开始，将不包括自己的那颗子树拆分出来，然后在包含自己的子树中，把不包括自己的下一层子树再拆分出来，以此类推，直到只剩下自己。以图 2-11 的 110 节点为例，从根节点开始，由于 110 节点在右子树，所以将左边的整颗子树拆分出来，即包含 000、001、010 这三个节点的这颗子树；接着，到第二层子树，将不包含 110 节点的左子树再拆分出来，即包含 100 和 101 这两个节点的子树；最后，再将 111 拆分出来。这样，就将 110 节点之外的整个二叉树拆分出了三颗子树。

完成子树拆分后，只要知道每个子树里面的其中一个节点，就可以进行递归路由实现整颗二叉树所有节点的遍历。但在实际场景下，由于节点是动态变化的，所以一般不会只知道每个子树的一个节点，而是多个节点。因此，Kad 中有一个叫 K-桶（K-bucket）的概念，每个桶会记录每颗子树里所知道的多个节点。其实，一个 K-桶就是一张路由表，如果拆分出来有 m 棵子树，那对应节点就需要维护 m 张路由表。每个节点都会各自维护自己的 m 个 K-桶，每个 K-桶里记录的节点信息一般会包括 NodeID、IP、Endpoint、与 Target 节点（即维护该 K-桶的节点）的异或距离等信息。以太坊中，每个节点维护的 K-桶数量为 256 个，这 256 个 K-桶会根据与 Target 节点的异或距离进行排序，每个 K-桶保存的节点数量上限是 16。

在以太坊的 Kad 网络中，节点之间的通信是基于 UDP 的，另外设置了 4 个主要的通信协议：

① Ping：用于探测一个节点是否在线；

② Pong：用于响应 Ping 命令；

③ FindNode：用于查找与 Target 节点异或距离最近的其他节点；

④ Neighbours：用于响应 FindNode 命令，会返回一个或多个节点。

通过以上 4 个命令，就可以实现新节点的加入、K-桶的刷新等机制。

不同结构的 P2P 网络，会有不同的优点和缺点。比特币网络的结构明显容易理解，实现起来也相对容易得多，而以太坊网络引入了异或距离、二叉前缀树、K-桶等，结构上复杂不少，但在节点路由上的确会比比特币快很多。另外，不管是比特币还是以太坊，其实都只是一种或多种协议的集合，不同节点其实可以用不同的具体实现。比如，比特币就有用 C++实现的 Bitcoin Core，还有用 Java 实现的 BitcoinJ；以太坊也有用 Go 语言实现的 go-ethereum，也有用 C++实现的 go-ethereum，还有用 Java 实现的 Ethereum (J)。

2.3.2　账户设计

比特币区块链没有账户的概念。每个用户的余额都是从他们在区块链上的UTXO上计算出来的。而以太坊（图2-12）则有两种类型的账户：一种是外部所有账户（EOA），另一种是合约（Contract）账户。外部所有账户就是我们一般意义上的用户账户，它由私钥控制。合约账户是一种特殊的可编程账户，合约存在以太坊区块链上，它是代码和数据的集合。合约账户受代码控制并由外部所有账户激活。合约账户的地址是在创建合约时由合约创建者的地址和该地址发出过的交易数量计算得到。两类账户的唯一区别是：外部所有账户没有代码，人们可以通过创建和签名一笔交易从一个外部所有账户发送消息。每当合约账户收到一条消息，合约内部的代码就会被激活，允许它对内部存储进行读取、写入、发送其他消息和创建合约。

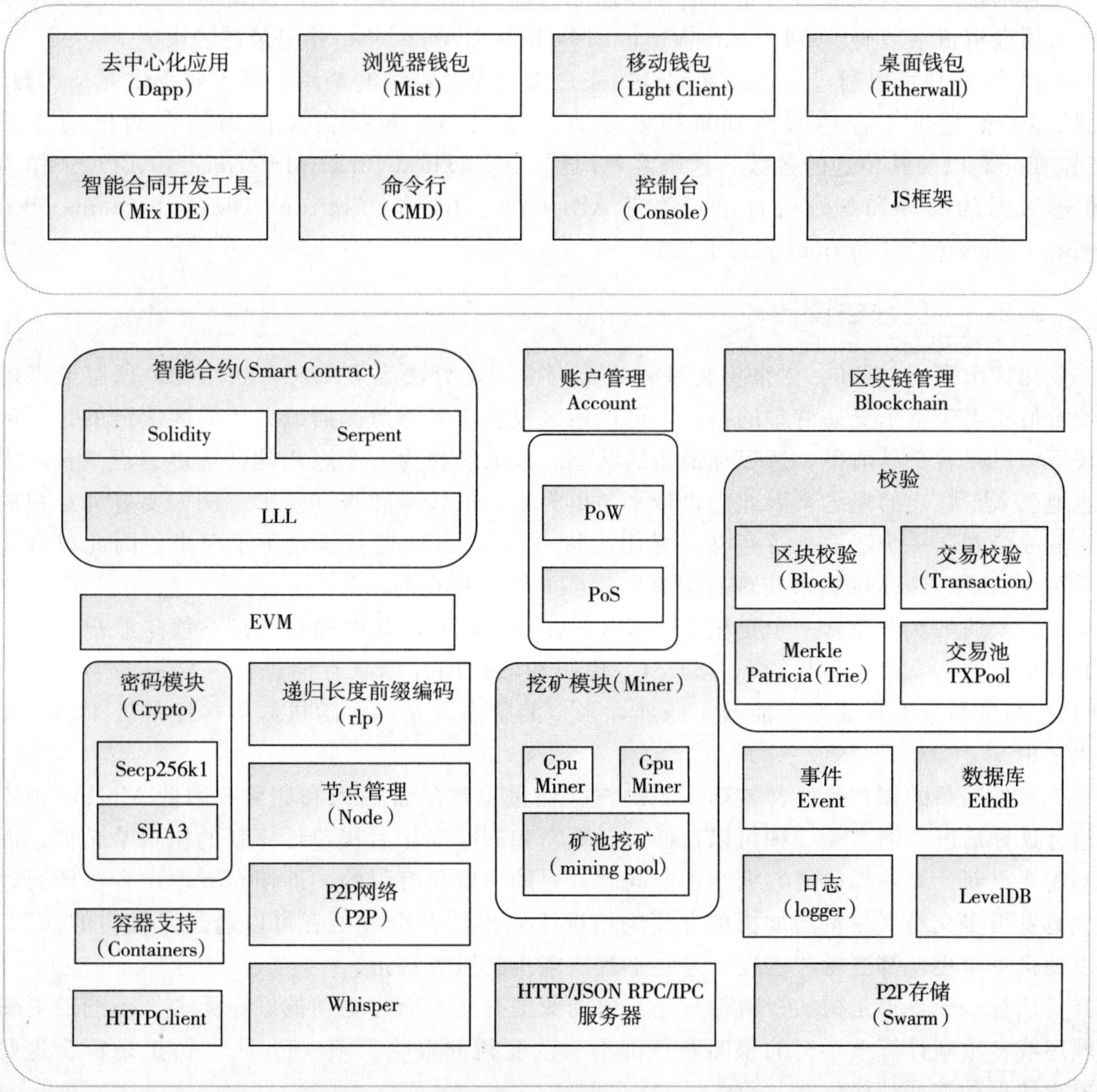

图2-12　以太坊架构

以太坊的设计是将区块链作为一个通用的管理对象状态转换的去中心化平台，账户就是有状态的对象。外部所有账户的状态就是余额，而合约账户的状态可以是余额、代码执行情况，以及合约的存储。以太坊网络的状态就是所有账户的状态，该状态由每个区块的交易来更新，同时需在全网形成共识。用户和以太坊区块链的交互需要通过对账户的交易来实现。

每个以太坊的EOA账户由一对公、私钥定义。EOA账户由它们的地址来做索引。取公钥的后20位作为地址，这和比特币的地址不一样。每个公私钥对被编码存放在一个密钥文件（Keyfile）中。密钥文件采用JSON格式，可以用文本编辑器打开来看。密钥文件的私钥都是用在建立账户时输入的口令来加密的。密钥文件存在以太坊节点的数据目录中的keystore子目录中。密钥文件需要经常备份，否则如果失掉密钥文件，账户里的以太币也就无法找回了。

合约账户可以执行图灵完备的计算任务，也可在合约账户之间传递消息，合约编译成以太坊虚拟机字节码（Ethereum Virtual Machine Bytecode），并记录在区块链上。

EOA账户可以通过发送交易到合约账户来实现对合约的调用。这需要提供几个参数，例如EOA地址、合约账户地址以及数据。数据部分包括需要调用的合约里的方法（method）以及其传递的参数。这个需要用到Application Binary Interface（ABI）来作为传递数据的编码和解码的标准。关于ABI详见：https：//github. com/ethereum/wiki/wiki/Ethereum－Contract－ABI。

2.3.3 区块链设计

比特币采用Merkle树来将交易的哈希值按一定算法组成二叉树状结构，顶层节点的哈希值相当于整个交易清单的指纹，可以用来校验交易清单。而以太坊的区块链的每个区块不但保存着交易清单，还保存最新的状态。以太坊作为一个通用的区块链编程平台，大胆地引入了账户的概念，因此它也带来了更为复杂的校验和查询需求。例如要查询账户的余额或者判断一个账户是否存在，光用比特币的Merkle树就满足不了要求。因此以太坊采用Merkle Patricia树来实现对交易和状态的校验和查询。

以太坊的状态包含一个键值表（Key－value Map），其中键是地址，值是账户里声明的变量，包括余额、随机数（Nonce）、代码和账户的存储（存储也以一棵树的形式来组织）。与交易数据只能增不能改不一样，账户的状态（余额、随机数等）经常处于动态变化之中。

另外，新的账户也经常被插入，键在存储里也被经常插入和删除。因此Merkle树不适合这种情况，而需要一种可以在插入、更新和删除操作后快速计算新的树根哈希值，而不需要重新计算整棵树的数据结构。同时，树的深度是有限的，即使在有攻击者试图通过故意发很多交易来尽量增加树的深度的情况下，不然一个攻击者可以通过操纵树的深度，以使得每个更新都变得非常慢，来对平台实施拒绝服务攻击。

还有一个要求是树的根哈希只是与树的数据有关，而与更新的顺序无关。不同的更新顺序或者重新计算整个树的根哈希值都不会改变树的根哈希值。Patricia树正是符合这些要求的一种数据结构。

简单来说，以太坊的账户的状态由键值表（Key－Value Map）来表示，在Patricia树里，键被编码成向下访问树的路径。在以太坊的 Patricia 里，每个节点有 16 个子节点，所以路径用十六进制来编码。例如，键“dog”的十六进制编码是 6461567，所以要访问键“dog”所对应的值，就必须先从根节点开始，向下到第 6 个节点，然后再由该节点向下到第 4 个节点，以此类推，一直到最后。

在区块链的区块头中，不像比特币那样仅仅存放一个交易清单的 Merkle 树根哈希值，而是存放了 3 个根哈希值：一个是交易的 Merkle 根哈希值，一个是状态的根哈希值，还有一个是收据的根哈希值。此外，不同于比特币，以太坊区块链中的每个区块保存区块链号和区块难度。

2.3.4 PoW 机制

以太坊的 PoW（工作量证明）算法叫 Ethash 算法，该算法主要寻找一个随机数作为输入，使得运算结果小于一个特定的难度门槛。PoW 机制的前提是，不存在比逐个试更好地找到该随机数的方法，同时验证结果必须非常方便且成本小。由于哈希运算的结果是均匀分布的，所以可以保证，通常找到该随机数的时间取决于难度门槛。这样的话可以通过控制准度来控制在网络上找到一个新区块的时间。以太坊是通过动态调控难度来达到平均每 15s 在全网中找到一个新区块的。每 15s 的“心跳”基本上是全网更新系统状态的节奏，并保证当攻击者的计算能力不超过全网的计算能力的一半时，攻击者无法改写交易记录或进行分叉。网络上的矿工的挖矿收入期望直接反映他们拥有的算力，或哈希速率在整个网络中的占比。

相对于比特币的工作量证明机制依靠的仅仅是 CPU 计算难度，以太坊的 Ethash 工作量证明机制加入内存难度，使得它具有抵抗单凭哈希运算优化的 ASIC 挖矿机的属性。内存难度是通过在算法设计中要求选择由随机数和区块头决定的一部分固定资源，这些资源一般是几个 GB 的数据，叫“有向无环图”（DAG）。每 30000 个区块后需要有个全新的 DAG。这相当于一个 125 小时的窗口，或 5.2 天，称为一个 epoch。这个图需要一段时间才能生成。因为 DAG 只和区块链深度相关，因此可以提前生成。如果没有现成的，以太坊的客户端需要等生成了 DAG 后才能产生新的区块。这样的话在每个 epoch 转换的时候，如果客户端不预先生成 DAG，网络就会出现大规模的延迟。当一个矿工节点第一次启动时，需要等 DAG 生成之后才能开始挖矿。

以太坊的 Ethash 算法可以在较慢的 CPU 环境中进行哈希运算，但在挖矿节点上可以通过增加内存和带宽来提升挖矿速度。对内存的高要求使得大型矿的矿主没有太大的比较性超线性收益；对带宽的高要求使得用堆超快的计算单元来共享存储的方法并不能带来更好的收益。这样对矿池挖矿来说没有太多好处，因此以太坊从设计上希望避免出现像比特币那样的矿池算力集中化的问题。

类似比特币，以太坊的挖矿静态收益将随着时间推移而逐渐减少，未来矿工的收益将主要依靠发送交易的用户支付的“燃料”来获取收益，其矿工奖励制度也较比特币更为复杂。

以太坊采用幽灵（Greedy Heaviest Observed Subtree，GHOST）算法来构建区块链，严格来说，以太坊的区块链不是一个链条，而像一棵树。在以太坊平台，不提供“燃料”的交易不会被执行，也不会被包含在区块链上。以太坊的交易费用按以下公式计算：

$$\text{Totalcost}=\text{gasUsed}\times\text{gasPrice}$$

其中，gasUsed 是执行该交易所消耗的燃料，燃料的价格由用户和矿工决定。一般来说，在用户建一个交易的时候，可以提一个燃料价格。在以太坊发布的第一版本 Frontier 中，以太坊客户端的默认燃料价格是 0.05e12 wei，大约是一亿分之五个以太币。矿工一般不会接受低于普遍价的燃料价格。

2.3.5 计算和图灵完备

以太坊一个主要创新是图灵完备的计算环境——以太坊虚拟机（EVM）。EVM 是智能合约的独立运行环境，合约代码在其内部运行，对外是完全隔离的，甚至不同合约之间也只有有限的访问权限。这就意味着在 EVM 上可以做所有的能想得到的计算，包括无限循环。EVM 指令包括一个一个 JUMP 的跳转指令，可让程序跳回前面的程序代码，也可以像条件判断语句那样做条件跳转，当满足一定条件时将程序跳转到另一个地方执行。另外，一个合约可以调用其他合约，这提供了潜在的递归调用的功能。这就很自然地会导致一个问题：一个搞破坏的用户能否通过强制矿工或全节点进入死循环而将他们基本关掉呢？这个其实也是一个“停机问题”，也就是说，通常没有任何办法去判定一个程序是否会停机。以太坊怎么解决这个问题呢？它首先要求每个交易要给出最大的计算步骤，交易的发起人要提供 Gas 作为交易费以供矿工把交易加进区块。如果实际运行超过了该最大计算步骤，计算将被终止，而交易费会归挖到区块的矿工所有。因此以太坊采用经济的方法来保证以太坊平台的安全。

以太坊网络的每个节点都运行 EVM 并执行合约代码，因此以太坊就像一个并行运行的“世界电脑”，在所有的节点上同时进行账户的状态转换，并形成网络层面对所有账户状态的共识。虽然这种 P2P 的运行方式并不是最高效的，但却是最有安全保障的。

2.3.6 EVM 高级语言

比特币不提供高级语言的支持，以太坊则提供高级语言让用户编写智能合约。以太坊的高级语言最后会编译成在 EVM 中执行的 EVM 字节码，部署在以太坊区块链上。以太坊提供三种编程语言，分别为：Solidity、Serpent 和 LLL。

① Solidity 类似 Javascript 语言，是目前以太坊上最流行的智能合约编程语言；

② Serpent 类似 Python 编程语言，它结合了低级语言的效率和易用的编程方式，用 LLL 语言进行编译。

③ LLL 是 Lisp Like Language 的简称，顾名思义是一个像 Lisp 的语言。它有些像汇编语言，设计得非常简约，基本上就是在 EVM 上的一个微小的封装。

2.4 区块链 3.0 架构

区块链 3.0 涉及在金融行业之外的政府、法律、零售、物联、医疗等诸多应用场景，因此安全性的考虑会更为突出。另外区块链 3.0 也需要图灵完备的智能合约平台，同时对网络和共识算法的性能、每秒交易数（TPS）都有比较高的要求。因此，区块链 3.0 架构是分布式架构，但可以不是完全去中心化的架构，最有可能是在不同场景下的混合架构，也就是在部分场景，特别在需要消费者参与共识过程的环境下可能用去中心化架构；而在很多企业使用场景，可能半中心化（例如联盟链场景）或者部分中心化（私有链场景）更合适。

目前业界还没有一个成熟的区块链 3.0 平台，图 2－13 所示是一个通用的区块链 3.0 架构。

图 2－13 区块链 3.0 通用架构

虽然像 NameCoin、Factom 等应用已属于区块链 3.0 的应用，但成熟的支撑区块链 3.0 应用的平台还不多见。超级账本（HyperLedger）中的 Fabric 项目是基于 IBM 开源的 Open Blockchain 平台。Open Blockchain 平台定位于企业市场，是一个平台化设计，支持插件式共识算法的更换，以智能合约设计为中心，主要支持商用场景，其设计已接近区块链 3.0 的架构。

区块链 3.0 的应用场景很多，下面简单介绍一些典型应用。

（1）自动化采购

采购方希望订立一个自动化的供货流程，追踪合约执行过程，并根据指定条件自动完成全额支付、部分支付、补贴、罚款。在此过程会涉及多个采购方、供货方、物流、银行等，需要对每一批次商品的供货过程有完整记录。通过采用区块链的方案，实现多方共同记账、共同监管，实现效率和透明度以及提高抗风险能力。

（2）智能化物联网应用

未来智能设备能够通过智能物联网代替人处理一些日常工作。例如汽车可以自动订购汽油、预定检修服务或清洗服务。冰箱可以自动化订购商品，甚至空调和冰箱可以谈判如何错峰用电。通过区块链的方案，可以在一个分布式的物联网建立信用机制，利用区块链的记录来监控、管理智能设备，同时利用智能合约来规范智能设备的行为。

（3）供应链自动化管理

客户希望知道购买的商品的供应链信息，例如消费者希望知道食品的生产、加工、经销、仓储、运输过程以及原材料的来源等，整机集成商希望知道部件的厂商、渠道来源等。采用区块链的方案，可以登记每个商品的出处，提供一个共享的全局账本，追踪溯源所有引起变化的环境。这对生产过程、市场渠道的管理，以及政府监管都会有所帮助。

（4）虚拟资产兑换、转移

在游戏或某些行业，消费者会累积很多虚拟资产（点数、积分、奖励、装备、战力等），消费者希望能方便地将虚拟资产兑换或转移。比如游戏玩家希望游戏虚拟资产能从一个游戏转移到另一个游戏，或者玩家之间能够相互兑换这些虚拟资产。采用区块链的方案，可以实现虚拟资产的公开、公正的转移，不受第三方影响，自动到账。

（5）产权登记

包括不动产、动产、知识产权、物权、租赁使用权益、商标、执照、许可、各类票据、证书、身份、名称登记等在内的产权登记，都可以采用区块链技术来登记，以保障公正、防伪、不可篡改以及可审计等。

3 区块链工作原理

比特币区块链是一个分布式的 P2P 网络，网络中的矿工通过挖矿来完成创建区块、交易记账过程，维护网络的正常运行。

区块链 PoW 机制意味着，每一个新区块的形成，即所谓的“挖矿”，需要每个节点花费大量的算力、成本，而且随着后面难度的增加，对于算力的要求只会越来越高，对于每个节点而言所需要的成本也越来越大。显然，如果没有任何奖励，单一节点不会做这样一件花费成本、毫无利益可言的慈善。为了鼓励节点对区块链体系带来贡献，区块链给每一个维护体系做出贡献的节点（即矿工），给予两方面的奖励：①获得一定数量的比特币；②包含在该区块中所有交易记录的交易费。

由此可推断，如果比特币的价值为 0，区块的交易费也为 0，可以预想到，区块链的整个体系将会瞬间崩溃，因为巨额的维护成本将让矿工们无利可图。而从另一个角度来说，如果忽略交易的佣金，那么比特币的价值，理论上应该至少等于挖矿的平均成本，即找到一个新区块的平均成本，再除以找到这个新区块所带来的新的比特币的数量。假设找到一个新区块能产生 25 个新的比特币，而找到这个新区块花费的算力成本为 1 万美元，理论上讲，均衡状态下比特币的价值应该等于 1 万美元/25＝400 美元，而比特币的价格将围绕着该价值上下波动，并受投资者的供给和需求影响。

本章以比特币区块链为例，详细介绍区块链的工作原理，包括交易、挖矿原理、挖矿难度调整及新区块的传播等。

3.1 交易

交易是完成比特币功能的核心概念。所谓交易是签过名的数据结构，多个交易可组成一个区块（Block），这些区块会在区块链网络中传播，一个区块会引用上一个区块，区块链就是由区块用某种方式组织起来的链条（Chain）。区块链包括成千上万个区块，而一个区块内又包含一个或多个交易，上下关联的交易组成了一个交易链，一个交易链内部可能又包含了多个交易。

3.1.1 基本交易过程

一条交易可能包括如下信息：

① 付款人地址：合法的地址，公钥经过 SHA256 和 RIPEMD160 两次 Hash，得到

160 位 Hash 串；

② 付款人对交易的签字确认：确保交易内容不被篡改；

③ 付款人资金的来源交易 ID：哪个交易的输出作为本次交易的输入；

④ 交易的金额：多少钱，与输入的差额为交易的服务费；

⑤ 收款人地址：合法的地址；

⑥ 收款人的公钥：收款人的公钥；

⑦ 时间戳：交易何时能生效。

网络中节点收到交易信息后，将进行如下检查：

⑧ 交易是否已经处理过；

⑨ 交易是否合法，包括地址是否合法、发起交易者是否是输入地址的合法拥有者、是否是 UTXO；

⑩ 交易的输入之和是否大于输出之和。

如果检查都通过，则将交易标记为合法的未确认交易，并在网络内进行广播。

用户可以从 blackchin info 网站查看实时的交易信息，图 3－1 所示为高度为 435281 区块信息，其中包含了 1515 个交易，部分交易列表如图 3－2 所示。

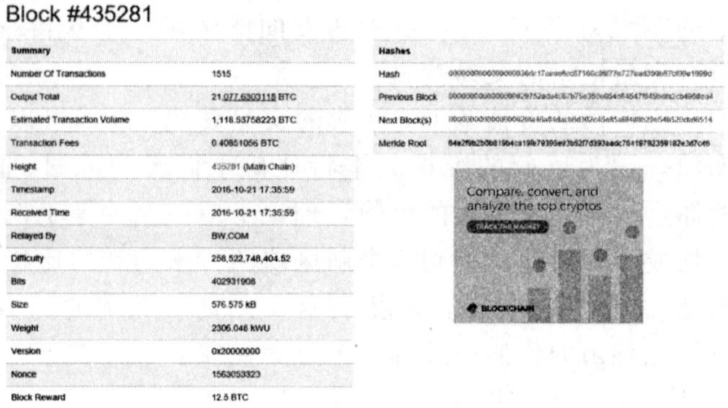

图 3－1　高度为 435281 区块信息

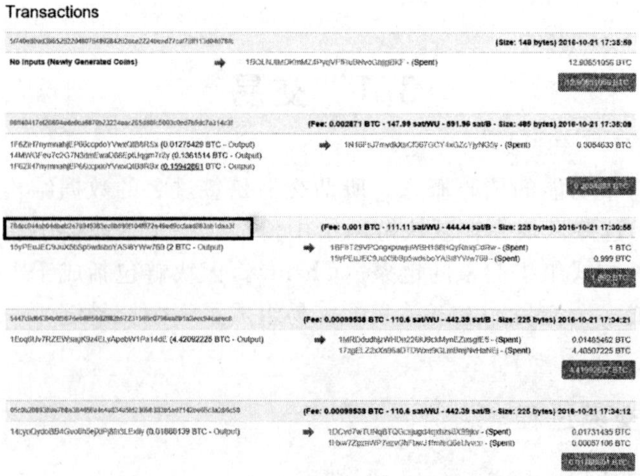

图 3－2　高度为 435281 区块部分交易信息

其中，78dcc044ab04dbeb2e78945383ec8b890f104f672e49ed9ccfaad883ab1daa3f 交易信息如图 3 - 3 所示。

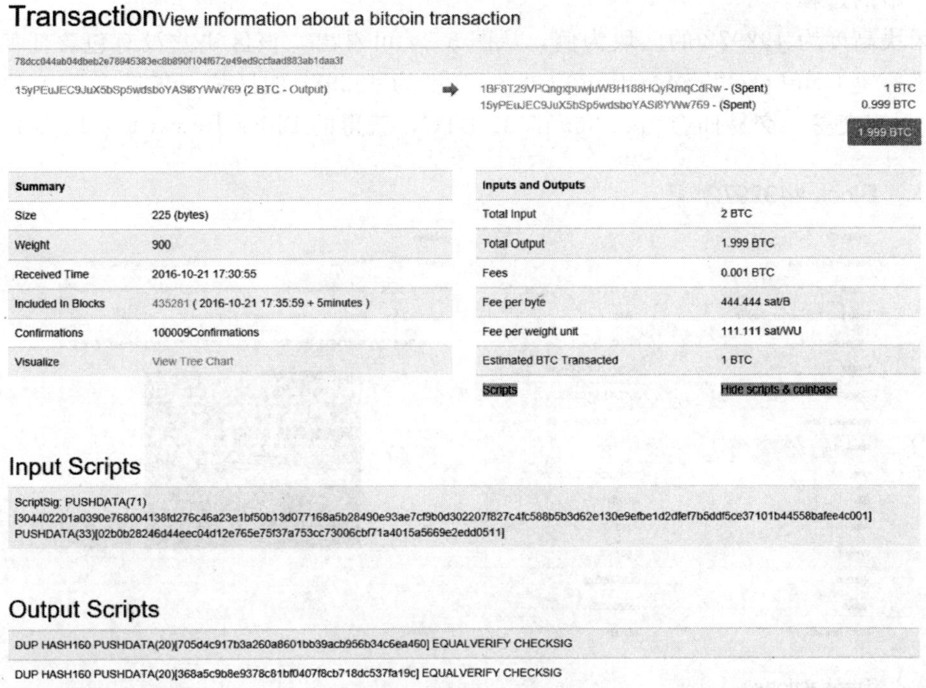

图 3 - 3　比特币交易信息

一个典型交易记录流程如下：

① 当 A 和 B 发生交易时，该笔交易记录将以一个“待确认”的状态保存在交易池（Transaction Pool）中，同时告知该笔交易将支付给矿工多少手续费；

② 矿工从上述的交易池中，根据交易记录的大小（Size）、交易的手续费等因素，选择出自己偏好的交易记录（也就意味着，如果一笔交易的 Size 太小、手续费过低，可能会导致该笔交易长时间处于“待确认”的状态），通过哈希函数形成 Merkle 根，包含在接下来要计算的哈希函数方程式里；

③ 基于 Merkle 根和其他变量，矿工通过算力来寻找随机数 Nonce，来计算新区块的哈希值，使得其小于等于目标哈希值；

④ 如果该矿工第一个找到了一个随机数 Nonce 满足前述条件，那么其产生的新区块将有“极大概率”被加入主链；

⑤ 如果该区块被加入主链，包含在这个区块的所有交易才会被确认，即交易完成；

⑥ 最后矿工获得新区块带来的比特币奖励，同时获得新区块中所有交易记录支付的手续费。

显然，矿工可以选择在区块中不包含任何交易，选择把一部分交易加入区块中，其动力主要来自交易带来的手续费，而其成本则来自于选择交易花费的时间、加入这些交易的 Merkle 根后对哈希函数计算的影响等。不包含其他交易的区块称之为 Empty Block。其实，Empty Block 并非完全没有交易记录，其包含一个交易，那就是 Coinbase

Transaction。Coinbase Transaction 是比特币交易中最为特殊的交易类型，指的是矿工挖矿，从而获得新的比特币奖励的交易（区别于买方和卖方之间的比特币交易），类似于央行增发货币的过程。

以区块高度为 492972 的区块为例，从图 3-4 可看出，该区块并没有包含任何交易记录（除了一笔 Coinbase Transaction 以外）。高度为 492973 的区块（如图 3-5）则区块包含了 1869 笔交易，交易佣金为 2.36957382 BTC，获得的 Block Reward 为 12.5 BTC。

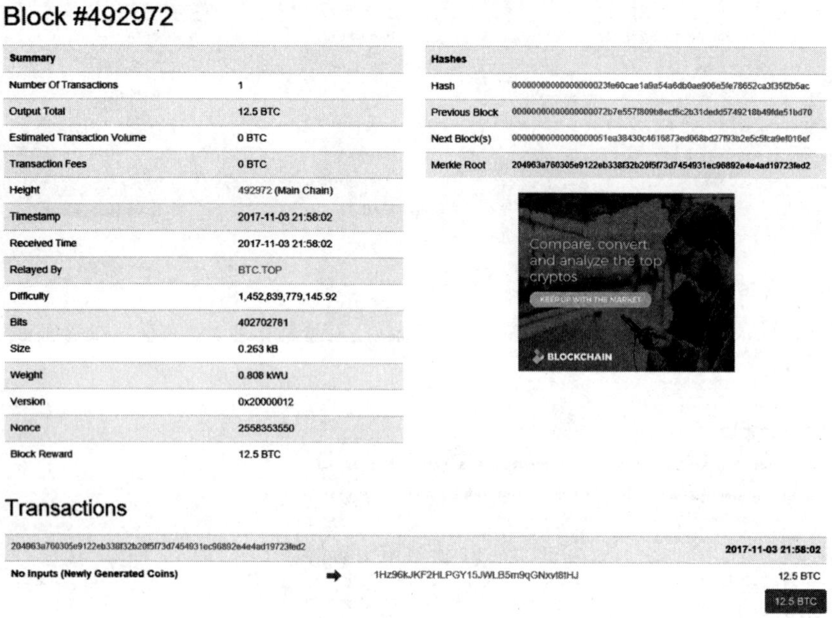

Block #492972

Summary	
Number Of Transactions	1
Output Total	12.5 BTC
Estimated Transaction Volume	0 BTC
Transaction Fees	0 BTC
Height	492972 (Main Chain)
Timestamp	2017-11-03 21:58:02
Received Time	2017-11-03 21:58:02
Relayed By	BTC.TOP
Difficulty	1,452,839,779,145.92
Bits	402702781
Size	0.263 kB
Weight	0.808 kWU
Version	0x20000012
Nonce	2558353550
Block Reward	12.5 BTC

Hashes	
Hash	00000000000000000023fe60cae1a9a54a6db0ae906e5fe78652ca3f35f2b5ac
Previous Block	00000000000000000072b7e557f809b8ecf6c2b31dedd5749218b49fde51bd70
Next Block(s)	00000000000000000051ea38430c4616873ed068bd27f93b2e5c5fca9ef016ef
Merkle Root	204963a760305e9122eb338f32b20f5f73d7454931ec96892e4e4ad19723fed2

Transactions

204963a760305e9122eb338f32b20f5f73d7454931ec96892e4e4ad19723fed2			2017-11-03 21:58:02
No Inputs (Newly Generated Coins)	➡	1Hz96kJKF2HLPGY15JWLB5m9qGNxvt8tHJ	12.5 BTC
			12.5 BTC

图 3-4　高度为 492972 的区块信息

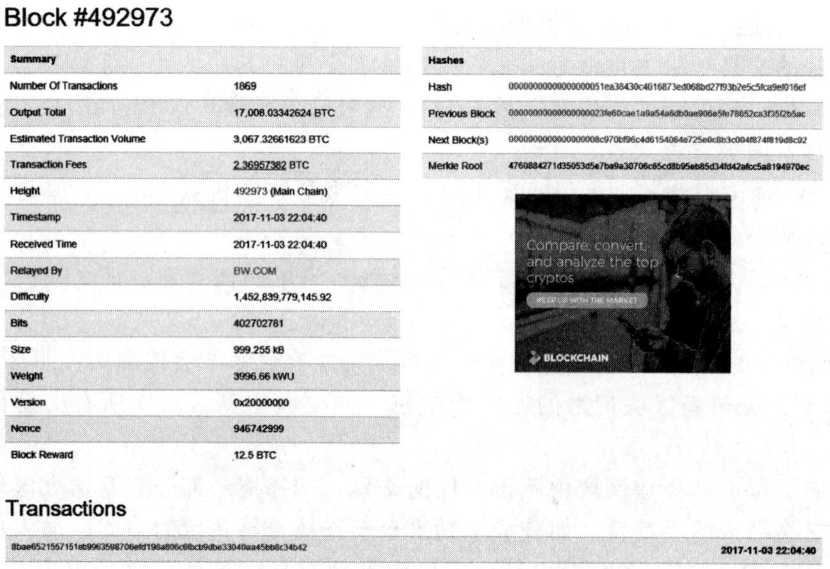

Block #492973

Summary	
Number Of Transactions	1869
Output Total	17,008.03342624 BTC
Estimated Transaction Volume	3,067.32661623 BTC
Transaction Fees	2.36957382 BTC
Height	492973 (Main Chain)
Timestamp	2017-11-03 22:04:40
Received Time	2017-11-03 22:04:40
Relayed By	BW.COM
Difficulty	1,452,839,779,145.92
Bits	402702781
Size	999.255 kB
Weight	3996.66 kWU
Version	0x20000000
Nonce	946742999
Block Reward	12.5 BTC

Hashes	
Hash	00000000000000000051ea38430c4616873ed068bd27f93b2e5c5fca9ef016ef
Previous Block	00000000000000000023fe60cae1a9a54a6db0ae906e5fe78652ca3f35f2b5ac
Next Block(s)	0000000000000000008c970bf96c4d6154064e725e0c8b3c004f874f819d8c92
Merkle Root	4760884271d35053d5e7ba9a30706c65cd8b95eb85d34fd42afcc5a8194970ec

Transactions

8bae6521557151eb9963598706efd196a806c6fbcb9dbe33040aa45bb8c34b42	2017-11-03 22:04:40

图 3-5　高度为 492973 的区块信息

不同时间每个区块平均交易量变化曲线如图 3－6 所示。

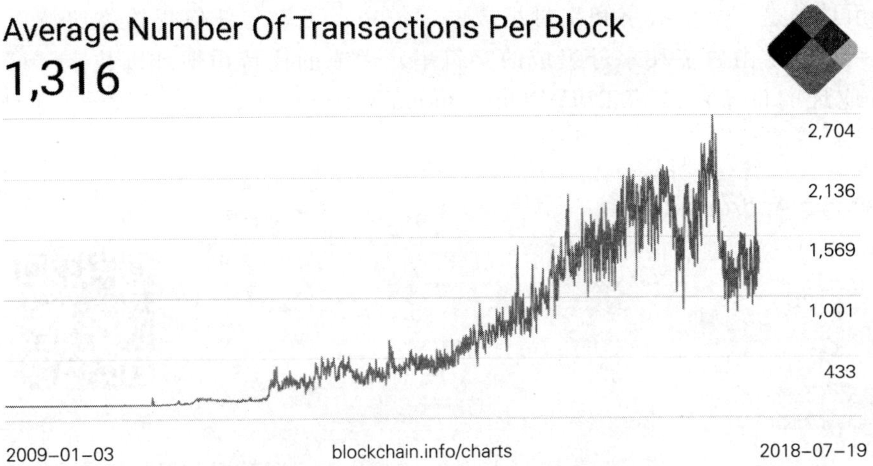

图 3－6　不同时间每个区块平均交易量变化曲线

每次发生交易，用户需要将新交易记录写到比特币区块链网络中，等网络确认后即可认为交易完成。每个交易包括一些输入和一些输出，未经使用的交易的输出（Unspent Transaction Outputs，UTXO）可以被新的交易引用作为合法的输入，被使用过的交易的输出（Spent Transaction Outputs，STO）则无法被引用作为合法输入。

一笔合法的交易，即引用某些已存在交易的 UTXO 作为交易的输入，并生成新的输出的过程。在交易过程中，转账方需要通过签名脚本来证明自己是 UTXO 的合法使用者，并且指定输出脚本来限制未来本交易的使用者（为收款方）。对每笔交易，转账方需要进行签名确认。并且，对每一笔交易来说，总输入不能小于总输出。总输入相比总输出多余的部分称为交易费用（Transaction Fee），为生成包含该交易区块的矿工所获得。目前规定每笔交易的交易费用不能小于 0.0001BTC，交易费用越高，越多矿工愿意包含该交易，也就越早被放到网络中。交易费用在奖励矿工的同时，也避免了网络受到大量攻击。

交易中金额的最小单位是“聪”，即一亿分之一（10^{-8}）比特币。

表 3－1 展示了一些简单的示例交易。更一般情况下，交易的输入、输出可以为多方。

表 3－1　简单的交易示例

交易	目的	输入	输出	签名	差额
T0	A 转给 B	他人向 A 交易的输出	B 账户可以使用该交易	A 签名确认	交易服务费＝输入－输出
T1	B 转给 C	T0 的输出	C 账户可以使用该交易	B 签名确认	交易服务费＝输入－输出
…	X 转给 Y	他人向 X 交易的输出	Y 账户可以使用该交易	X 签名确认	交易服务费＝输入－输出

需要注意，刚放进网络中的交易（深度为 0）并非是实时得到确认的。进入网络中的交易存在被推翻的可能性，一般要再生成几个新的区块才认为该交易被确认。

3.1.2 比特币地址

比特币地址是一个由数字和字母组成的字符串，可以与任何想给你比特币的人分享。由公钥（一个同样由数字和字母组成的字符串）生成的比特币地址以数字“1”开头，一个比特币地址的例子：1BF8T29VPQngxpuwjuWBH188HQyRmqCdRw，地址信息如图3-7所示。

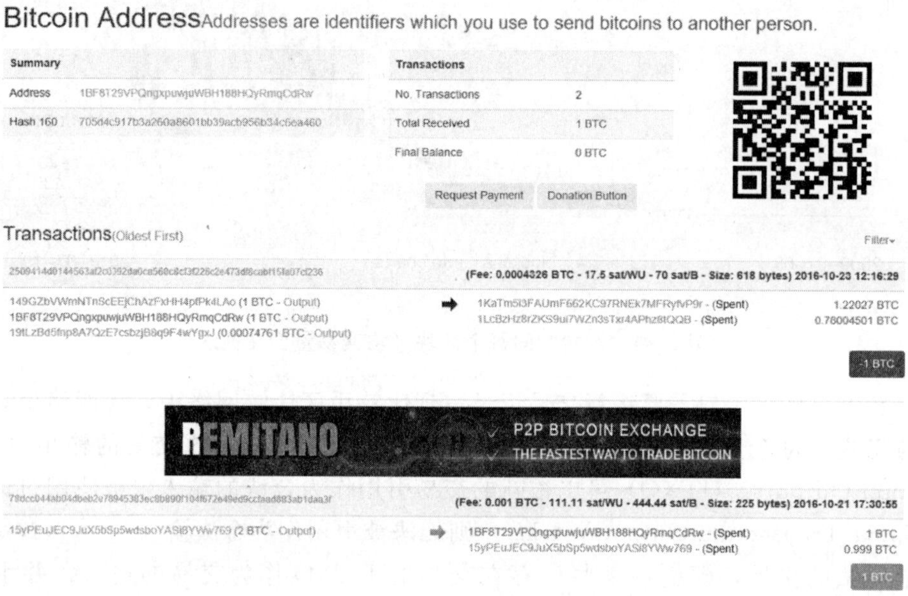

图3-7 比特币地址信息

在交易中，比特币地址通常是以收款方的形式出现。如果把比特币交易比作一张支票，那么比特币地址就是收款人，也就是我们要写入“收款人”一栏的内容。一张支票的收款人可能是某个银行账户，也可能是某个公司、机构，甚至是现金支票。支票不需要指定一个特定的账户，而是可以用一个普通的名字作为收款人，这使得它成为一种相当灵活的支付工具。与此类似，比特币地址的使用也使比特币交易变得很灵活。比特币地址可以代表一对公钥和私钥的所有者，也可以代表其他东西。

比特币地址是由公钥经过单向的Hash函数生成的。用户通常所见到的比特币地址是经过“Base58Check”编码的，这种编码使用了58个字符（一种Base58数字系统）和校验码，提高了可读性、避免了歧义，并有效地防止了在地址转录和输入中产生错误。Base58Check编码也被用于比特币的其他地方，例如私钥、加密的密钥和脚本Hash中，用来提高可读性和录入的正确性。

3.1.3 交易的本质

交易实质上就是包含一组输入列表和输出列表的数据结构，也可称之为转账记录，这其中就包括了交易金额、来源和收款人等信息。表3-2就是一个比特币交易的数据格式。

表 3-2 比特币交易数据格式

数据项	描述	大小（字节）
版本号	目前为1	4
输入数量	正整数	1～9
输入列表	每块的第一个交易的第一个输入称为“coinbase”	许多输入
输出数量	正整数	1～9
输出列表	块中的第一个交易的输出是花掉挖矿得到的比特币	许多输出
锁定时间	如果非0并且序列号小于0xFFFFFFFF，则是指块序号；如果交易已经终结，则是指时间戳	4

比特币区块链中，一个交易的输入是对其他交易输出的引用，通常列有多个输入。所有被引用的输出值相加，得出的总和值会在该交易A的输出中用到。

3.2 挖矿原理

挖矿是对确定新区块并获取比特币等数字货币运算过程的昵称，比特币的挖矿是基于P2P对等网络、数字签名来发起和验证交易的。由于其工作原理与开采矿物十分相似，因而得名。区块链PoW机制意味着，每一个新区块的形成，即所谓的“挖矿”，需要每个节点花费大量的算力、成本，而且随着后面难度的增加，对于算力的要求只会越来越高，对于每个节点而言所需要的成本也越来越大。

从数学的角度来讲，挖矿其实是求解满足如下含哈希函数不等式的Nonce值：

NewBlock＝SHA256（PrevBlock，MerkleRoot，Nonce，TimeStamp）⩽Target

其中：NewBlock是新区块的哈希值，计算这个哈希值的函数是Hash256。哈希函数的变量包括：时间戳（TimeStamp）、当前交易数据的Merkle根（MerkleRoot）、上一个区块的哈希值（PrevBlock）以及随机数（Nonce）等。

在上述公式中，除了Nonce以外，其他的参数都是已知或者可以通过简单计算得到。哈希映射运算通常被设计成不能逆向计算的，唯一的求解办法就是去暴力破解。在比特币的世界里，挖矿即寻找新区块，实质是通过随机碰撞找到随机数Nonce，使得区块N的哈希值NewBlock小于等于目标哈希值。Nonce随机数通常都不会相同，但是它以严格的线性方式在增长，从0开始，每次执行哈希时都会增长，当Nonce溢出时（此事经常发生），挖矿交易的extrance项就会增长，其将改变Merkle树的根节点。由于哈希函数的特性，使得找到这样的随机数只能靠穷举的方式进行，因而谁的计算能力越快、谁的算力越强，理论上就能越快找到该随机数，才能越快解决此数学问题，也就是发现了新的区块。

每一个比特币的节点都会收集所有尚未确认的交易，并且会将其归集到一个数据块中，这个数据块将和前面一个数据块集成在一起。矿工节点会附加一个随机调整数，并计算前一个数据块的SHA-256 Hash运算值。挖矿节点不断进行重复尝试，直到它找到的随机调整数使得产生的 Hash 值低于某个特定的目标为止。由于 Hash 运算是不可逆的，因此寻找到符合要求的随机调整数将会非常困难，需要一个可以预计总次数的不断试错的过程。这时，工作量证明机制就发挥作用了。当一个节点找到了符合要求的解，那么它就可以向全网广播自己的结果。其他节点就可以接收这个新解出来的数据块，并检验其是否符合规则。只要其他节点通过计算 Hash 值发现其确实满足要求，那么该数据块就是有效的，其他的节点就会接受该数据块，并将其附加在自己已有的链条之后。

以下的 Python 代码用于计算某一区块的 Hash 值，使用的是 2011 年 6 月区块号为 125552 的最小 Hash 值。

```
import hashlib
header _ hex = (" 01000000" +
" 81cd02ab7e569e8bca9317e2fe99f2de44d49ab2b8851ba4a308000000000000" +
" e320b6c2fffc8d750423db8bleb942ae710e951ed797f7affc8892b0f1fc122b" +
" c7f5a74d" +
" 2b9441a" +
" 42a14695")
header _ bin - = header _ hex. decode ('hex')
hash = hashlib. sha256 (hashlib. sha256 (header _ bin) . digest ()) . digest ()
hash. encode ('hex codec')
'1dbd981fe6985776b644b173a4d0385addc1aa2a829688d1e0000000000000000'
hash [:: -1] . encode ('hex _ codec')
'00000000000000001e8d6829a8a21adc5d38d0a473b144b6765798e61f98bdld'
```

3.3 挖矿难度调整机制

挖矿难度 Difficulty 是对挖矿困难程度的度量，即指计算符合给定目标的一个 Hash 值的困难程度。挖矿过程本质是在寻找一个随机数 Nonce，使得如下的不等式得以满足：

$$\text{NewBlock} \leqslant \text{Target}$$

其中，NewBlock＝SHA256 (PrevBlock，MerkleRoot，Nonce，TimeStamp)；

$$\text{Target} = f(\text{Difficulty}) = \frac{\text{TargetMax}}{\text{Difficulty}}$$

其中，TargetMax＝0x00000000FFFF0000000000000000000000000000000000000000（十六进制）。

上述公式表明，由于 TargetMax 是一个预先给定的常量，因此目标哈希 Target 与 Difficulty 成反比，Difficulty 越大，Target 越小。而决定 Difficulty 值的计算公式是：

$$\text{NewDifficulty} = \text{OldDifficulty} \times \frac{1209600}{T_{2016}}$$

其中，T_{2016} 是实际环境下产生 2016 个区块的时间总和（秒），1209600 是 10 分钟的秒数，按照比特币的标准“平均每10分钟出一个区块”产生2016个块所需要的时间（2016×10×60=1209600秒）。

比特币创世的时候，Difficulty设定为1，此后一直根据全网算力动态调整Difficulty。随时间的变化曲线如图3-8所示，可见，2018年07月19日08：00，Difficulty是5178671069072！区块的难度值在每产生2016个区块就会自动更新一次（大约两周的时间），更新的目的是为了保证每产生一个新的区块平均需要花费10分钟，而这一机制是通过上述方程实现的。如果产生2016个区块实际总用时小于20160分钟（即每个区块平均用时小于10分钟），则NewDifficulty＞OldDifficulty，新的难度值将大于旧的难度值，难度值的增大将对计算机的算力产生更高的要求，从而增加平均用时，朝着10分钟趋近；反之亦然。

与TargetMax相比较，满足要求的NewBlock值最终也会是一个含有多个前导零的64位十六进制字符串。显然，当全网算力越多大，意味着挖矿难度Difficulty越大，Target也就越小，某种意义上意味着前导零更多（设想，要小于有2个前导0的Target“00100”，简单粗暴的方法是找到拥有更多前导0的数即可，比如有3个前导0的“00011”）。

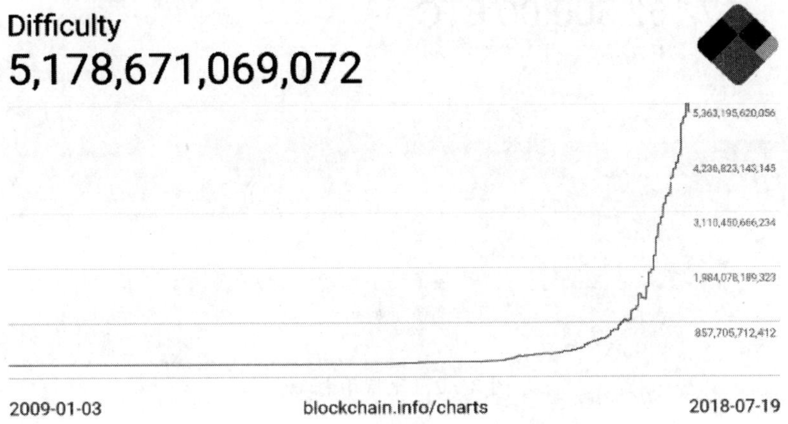

图3-8 比特币难度值随时间变化曲线

举例来说，如果平均产生一个区块用时9分钟，则产生前2016个区块实际用时18144分钟，那么20160/18144=1.11，则意味着

$$NewDifficulty = OldDifficulty \times 1.11$$

即新的难度值是旧的难度值的1.11倍，难度增加，使得矿工产生新区块所需花费的时间变长，并向10分钟/区块趋近。

在已知新的难度值Difficulty后，即可通过上述公式计算出目标哈希值Target，从而确定下一个区块计算应该满足的条件。

10分钟这个数字是比特币设计者在区块确认时间（Confirmation Times）和网络安全性（Network Security）之间权衡的结果。事实上，无论是把时间设定在1分钟、10分钟或者其他任意时间，并没有绝对标准或对错。实际上每一个新区块产生的时间是会变化的，而并非严格的 10 分钟。当产生新的区块后，该区块需要在网络中进行传播（Propagate），并让所有的节点对该区块进行验证，如果传播速度不够快，该区块将变成孤块（Orphaned Block），孤块意味着产生这部分区块的算力被浪费，并降低了整个系统网络的安全性。目前，10 分钟产生一个区块的设定大约有 1%的孤块比例，也就意味着有 1%的算力被浪费且没有提升网络安全性。随着区块的变大，传播速度上升，孤块比例也将得到上升。

值得一提的是，比特币总量设计为 2100 万个，目前已经有大约 1700 万个比特币被挖出，占总量的 81%左右，如图 3-9 所示。此设计本意是为了避免像央行超发货币一样引起通货膨胀，通过控制供给，从而保持比特币的价值。此外，每产生 210000 个区块，其比特币奖励将会减半；按照每 10 分钟产生一个区块来计算，大约每过 4 年新区块的比特币奖励减半一次。目前每一个新区块带来的比特币奖励是 12.5 个，比特币价格如图 3-10 所示，按照目前一个比特币值 8000 美元左右来算的话，挖出一个新区块的总奖励大概为 10 万美元。这其实是比特币的一种可预测的、透明的货币政策（Predictable，Transparent Monetary Policy）。

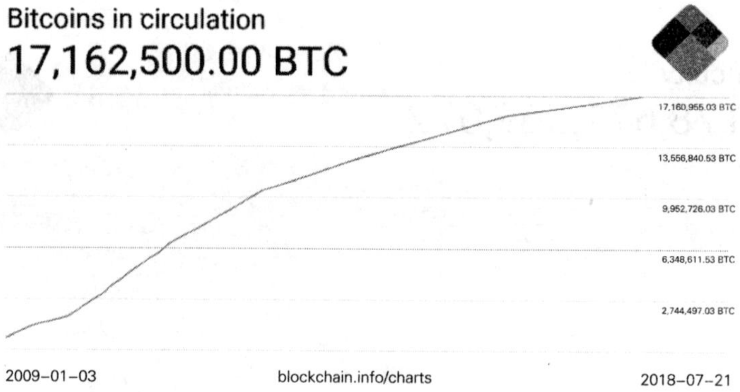

图 3-9　比特币总量

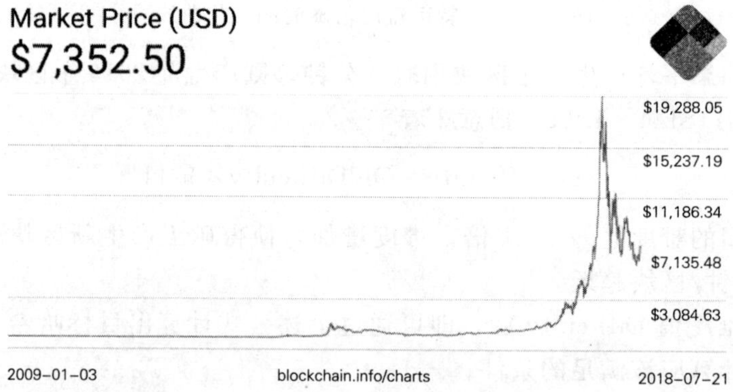

图 3-10　比特币价格变化曲线

矿工们通过在“待确认”的交易池中，选择一些自己偏好的交易到哈希函数方程式中，在相应 Difficulty 的条件下，通过穷举的方式找到随机数 Nonce，使得新区块的哈希值小于或等于目标哈希值 Target。只有矿工找到该区块，且得到全网节点的验证无误后，该区块才能被加到主链，所包含的交易才能被确认。

3.4 传播机制

在区块链中，为了避免节点重复接受已经从其他节点收到的相同信息，节点之间并不是直接传递区块的信息的。在交易和区块的信息得到完全认证后（Completely Verified），节点将会向其附近的节点发送一个 inv 的消息，inv 消息中包含已经被发送者（sender）接收并验证过的“交易记录的哈希”以及“区块哈希”。接收者（Receiver）收到 inv 消息后，如果他还尚未从其他节点收到过相同的信息，他会发送一个 getdata 消息给发送者，要求得到交易记录及区块哈希包含的具体信息。此时，区块和交易记录的信息才会进行整体传递。广播机制流程（如图 3－11 所示）如下：

① 节点 A 收到一个区块，对其进行验证并将其广播给其附近的区块；

② 节点 B 收到 inv 消息后，如果他之前没有接收过这个区块，则向节点 A 发送一个 getdata 消息；

③ 节点 A 收到 getdata 消息后，就会把区块和交际记录的具体信息发送给节点 B。

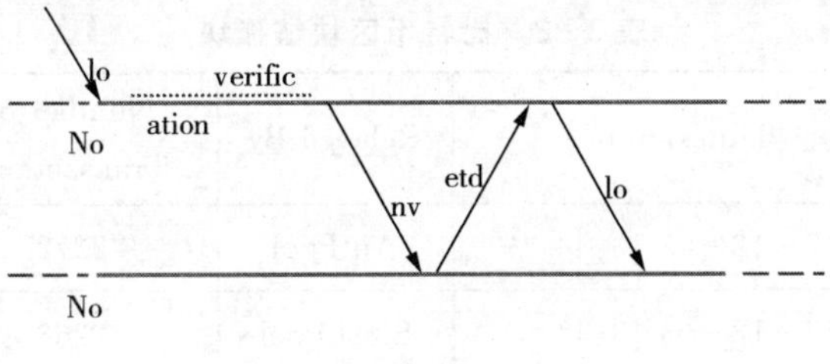

图 3－11　广播机制流程

需要注意的是，节点产生出新区块后，并不能同时向网络中的所有节点进行广播，而只能向其附近的、建立连接的节点进行广播。也就是说，如果节点 A 和节点 C 一开始根本就没有建立并维持连接，那么 A 在找到新区块后，是不会直接广播到 C 的。每一个节点总是试图与至少 P 个其他节点维持连接，如果这个连接的数量低于 P，那么节点就会从他已知的地址中随机选择地址并试图与其建立连接。另一方面，如果连接的数量超过 P，后续来自其他节点的连接请求一般也并不会被拒绝。目前比特币区块链中，平均每个节点有 32 个开放的连接，这超过了比特币协议中默认数量（$P=8$）。

新产生的区块要被区块链的网络所接受，必须要使得其被至少 50％的节点认证并接受，认证并接受的过程，其实就是其他节点对新区块进行哈希的过程，而这个过程是需要花费时间的，只有当新区块加入父区块且在此基础上继续产生 6 个区块后，才认为该新区块是在主链上的。

某一时刻，节点 A 和节点 B 可能同时发现了新区块 X 和 Y，那么究竟 X 和 Y 哪一个区块能被加入主链，由谁决定？这种情况的确是会发生的，此时面临的其实是两个相互竞争的区块。假设X是在Y之前1～2秒先产生出来的，这意味着，X有机会能提前比Y传播至50%以上的节点，假设这个时间差并不大，此时出现的情况是，先收到X区块的节点，将会在X区块开始寻找下一个区块，而先收到Y区块的节点，将会在Y区块上面计算下一个区块。这个时候就会出现一个短暂的“分叉”，即出现了两条链，如图3-12所示。假设原来的链是B，此时则出现了两条链，我们暂且称之为B+X，B+Y。如果再下一个区块Z是在X区块上发现的，那么那些在B+Y链条上继续挖矿的矿工们，就会放弃Y，并转而在选择B+X+Z这条链上挖矿，而这个被放弃的区块Y，我们称之为“孤块”(Orphaned Block)。

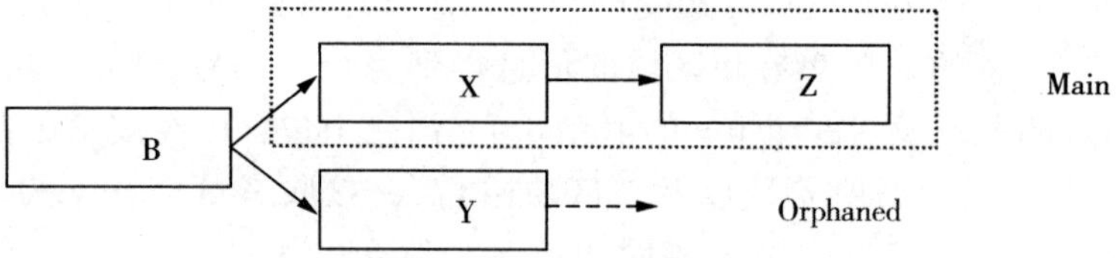

图3-12　区块链分叉示意图

孤块在实际中非常常见，见表3-3。在高度为497373的区块中，产生了两个区块，他们产生的时间仅相差12秒，而由于下一个区块是在13:44:19区块上产生的，因此13:44:31的区块变成了孤块；紧接着，在高度为497871的区块中，又几乎同时产生了两个区块，仅相差36秒，而由于下一个区块是在06:45:56上产生的，因此06:46:32的区块变成了孤块。

表3-3　比特币区块链孤块

Height	Timestamp	Relayed By	Number of Transactions	Transaction Fees
497373 (Main chain)	2017-12-03 13:44:19	AntPool	2272	1.96742306 BTC
497373 (Orphaned)	2017-12-03 13:44:31	SlushPool	2263	1.96457319 BTC
497870 (Main Chain)	2017-12-06 06:40:17	ViaBTC	1755	0.68067105 BTC
497871 (Main chain)	2017-12-06 06:45:56	Unknown	2437	1.02896646 BTC
497871 (Orphaned)	2017-12-06 06:46:32	SlushPool	2446	1.03450626 BTC

当然，也可能出现一种情况，就是自出现了B+X，B+Y两条链后，在这两条链上同时有产生了两个区块U和V，出现了B+X+U，B+Y+V。这种情况下，X和Y两条链的竞争将会按照前述的方式一直竞争下去，直到该问题得到解决。这也是为什么大多数人建议，在一笔交易确认为不可逆转之前，先多等几个新区块得到确认，才是最保险的。

区块Y变成孤块后，其包含的所有交易将依然变成“未被确认”的状态返回到交易池中区，新区块的比特币奖励，也只有当该区块确认在主链上后，才能成“Spendable”，否则是处于“Unspendable”的状态。

3.5 传播速度

根据 TradeBlock 在 2015 年做的研究，当时全世界的节点大概为 6000 个，因此当一个新挖出的区块被至少 3000 个节点接受时，该区块就有较大的可能性加入主链（即只有当新区块被至少 50%的节点验证并接受后，才有较大可能性加入主链）。图 3－13 所示为平均区块大小随时间变化曲线，图 3－14 为区块确认时间中值随时间变化曲线。类似的，区块的传播速度与区块的大小有着明显的关系（图 3－15）。例如，要传播至 3000 个节点，一个 700KB 的区块大约要花 17 秒，而一个 200KB～300KB 的区块则只需要 6 秒。对于一个 8MB 大小的区块来说，要传播至网络中 3000 个节点，需要花 137 秒。

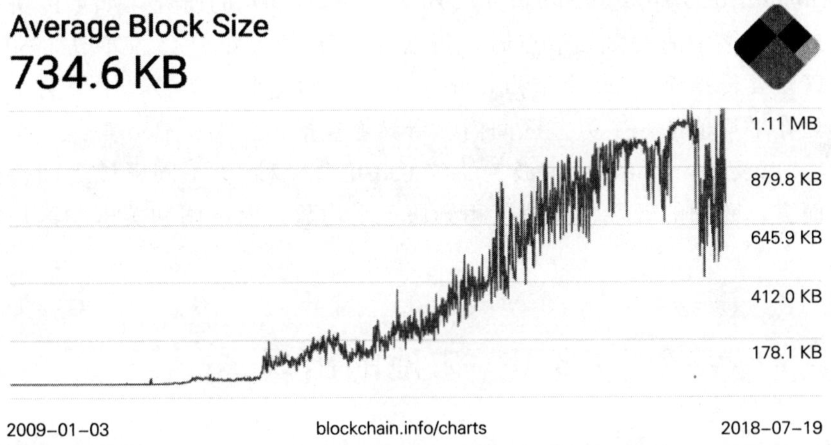

图 3－13 平均区块大小随时间变化曲线

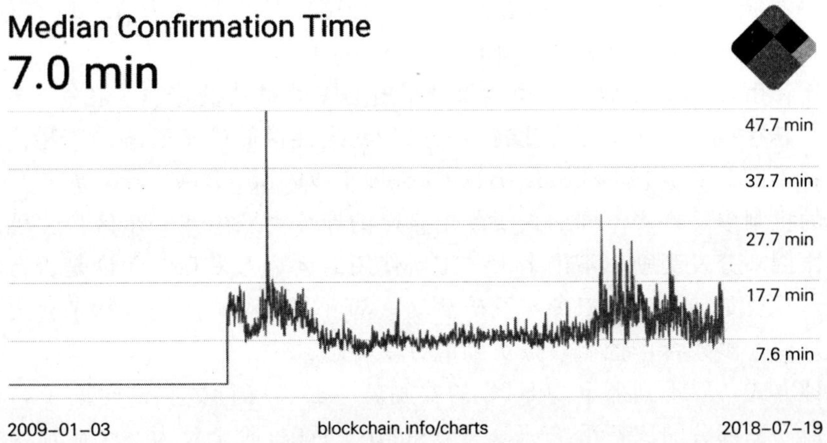

图 3－14 区块确认时间中值随时间变化曲线

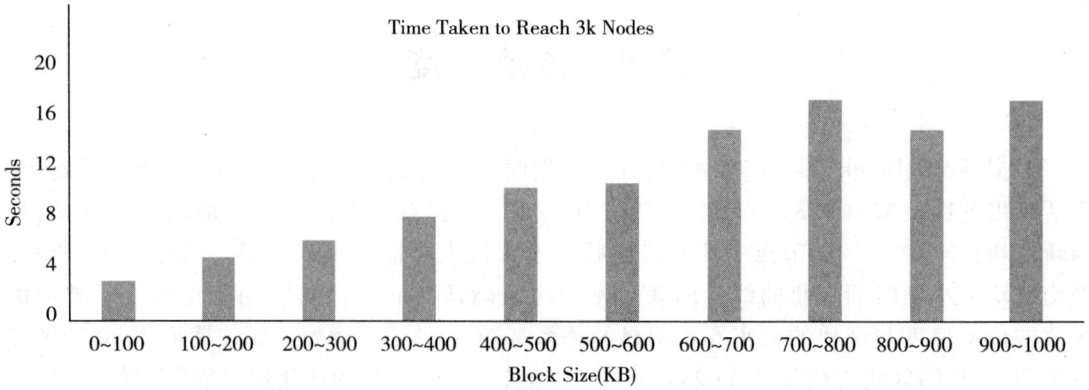

图 3-15　区块的传播速度与区块大小关系

根据 *Information Propagation in the Bitcoin Network* 的研究，如果区块大于 20KB，当区块要传递到网络中的大多数节点时，每增加 1KB 的大小就会额外增加 80ms 的延迟。新挖出一个区块要传播至 3000 个节点，每个矿工平均花费 9.7 秒，中值为 7.2 秒，绝大多数矿工都处在平均值的一个方差区间内。奇异值包括矿工 BW Pool，是一个中国的矿工（花费 21 秒），以及 Polmine，一个波兰的矿工（花费 4 秒）。不同区域之间传播速度大体相同，总体而言，欧洲的区块传播速度稍微快于平均数，而中国和美国的区块传播速度基本相同。

3.6　矿池的出现

由于比特币全网的运算水准在不断地成指数级别上涨，挖矿难度逐步增加，单个设备或少量的算力要生成一个区块需要花费数年时间，计算力较低的用户无法在比特币网络上获取到比特币网络提供的区块奖励。在全网算力提升到了一定程度后，过低的获取奖励的概率促使一些“bitcointalk”上的极客开发出一种可以将少量算力合并联合运作的方法，使用这种方式建立的网站便被称作“矿池”（Mining Pool）。

矿池是比特币等 P2P 密码学虚拟货币开采所必需的基础设施，一般是对外开放的团队开采服务器。其存在的意义是提升比特币开采的稳定性，使矿工薪酬趋于稳定，目前国内较著名的比特币商业矿池有 F2Pool、BTCCPool、BWPool、BTC. com 等。

在矿池的机制中，许多不同的人贡献出自己的计算力来生成一个区块，然后再根据每个人的贡献比例来分发奖励。不论个人矿工所使用的运算力多寡，无论是否有成功挖掘出有效资料块，只要是加入矿池来参与挖矿活动，都可以有对矿池的贡献来获得少量比特币奖励。也就是说，多人合作挖矿，按贡献值分享奖励。

通过这种方式，要得到那个 50BTC 的奖励就不必再等待数年的时间了，小矿工能定期得到属于他们那部分的比特币奖励。一个 share（贡献/股份）为一个矿池给客户端的一个合法的工作证明，同时这也是用来生成区块的工作证明，只需要很少时间就能达到一个 share。

关于矿池挖矿的方式，目前存在如下记账不同的方式。

① Slush 方式：Slush 矿池基于积分制，较老的 shares 将比新的 shares 拥有更低的权重，以减少一轮中切换矿池的投机分子。

② Pay - Per - Share 方式：该方式可立即为每一个 share 支付报酬。该支出来源于矿池现有的比特币资金，因此可以立即取现，而不用等待区块生成完毕或确认之后。这样可以避免矿池运营者幕后操纵。这种方法减少了矿工的风险，但将风险转移给了矿池的运营者。运营者可以收取手续费来弥补这些风险可能造成的损失。

③ Luke - Jr 方式：该方式借用了其他方式的长处，如 Slush 方式一样，矿工需要提供工作证明来获得 shares，如 Puddinpop 方式一样，当区块生成时马上进行支付。但是不像之前的方式，一个区块的 shares，会被再次利用来生成下一个区块。为了区分参与矿工的交易传输费用，只有当矿工的余额超过 1BTC 时才进行支付。如果没有达到 1BTC，那么将在下一个区块生成时进行累计。如果矿工在一周内没有提供一个 share，那么矿池会将剩下的余额进行支付，不管余额是多少。

④ Triplemining 方式：该方式是将一些中等大小矿池的计算力合并起来，然后将获得奖励的 1%按照各个矿池计算力的比例分发给矿池运营者。

⑤ P2Pool 方式：P2Pool 的挖矿节点工作在类似于比特币区块链的一种 shares 链上。由于没有中心，所以也不会受到 DoS 攻击。和其他现有的矿池技术都不一样，在该方式下，每个节点工作的区块，都包括支付给前期 shares 的所有者及该节点自己的比特币。99%的奖励（50BTC+交易费用）会平均分配给矿工，另外 0.5%会奖励给生成区块的人。

⑥ Puddinpop 方式：一种使用“元哈希”技术的方式，使用特定的 Puddinpop 挖矿软件，现在已经没有矿池使用这种方式了。

目前使用较多的方式为 Pay - Per - Share（PPS），矿工使用起来也比较方便。但从去中心化的角度来说，还是推荐 P2Pool，在避免 DoS 攻击的同时，也能防止个别矿池拥有超大的计算力而对比特币网络造成威胁。不过 P2Pool 的使用方式较 PPS 更为复杂。

技 术 篇

4 密码学技术

为保证存储于区块链中的信息的安全与完整，区块及区块链的定义和构造中使用了包含密码哈希函数和椭圆曲线公钥密码技术在内的大量的现代密码学技术。此外，这些密码学技术也被用于设计基于工作量证明的共识算法并识别用户。

4.1 哈希函数

4.1.1 哈希函数技术原理

密码哈希函数是一类数学函数，又称为散列函数、杂凑函数，可以在优先合理的时间内，将任意长度的信息压缩为固定长度的二进制串，其输出值称为哈希值，也称为散列值。它是一种单向密码体制，即一个从明文到密文的不可逆映射，只有加密过程，没有解密过程。以哈希函数为基础构造的哈希算法，在现代密码学中扮演着重要的角色，常用于实现数据完成性和实体认证，同时也构成多种密码体制和协议的安全保障。

哈希函数的生成过程的数学表述为：

$$h=\mathrm{H}(m)$$

式中 H 是哈希函数，m 是长度没有限制的明文，h 是固定的长度的哈希值。哈希函数理想状态下对输入的不同消息值可以获得并输出不同的哈希值。若对于两个不同的消息 x，y，存在 $\mathrm{H}(x)=\mathrm{H}(y)$，则称 x，y 是哈希函数的一个碰撞。哈希函数的安全性在碰撞中体现，哈希函数的安全性是指，在现有的计算资源（时间、空间和资金等）下，出现碰撞的概率可以忽略不计。

哈希函数应用于消息认证时，生成的哈希值作为消息的认证符，要求其可以抵抗攻击，使哈希值可以代表消息原文，因此具有以下性质：

① 对于给定任意大小长度的输入 x，哈希值 $\mathrm{H}(x)$ 长度相对较小，在实际应用中，函数 H 产生的哈希值其长度是固定的；

② 函数 H 对于给定的消息 x，较容易得出其哈希值 $\mathrm{H}(x)$；

③ 原像不可逆：对于给定的哈希值 h，要找到 M 使得 $\mathrm{H}(M)=h$ 在计算上是不可行的，即求哈希函数的逆非常困难。

承诺方案（Commitment Scheme）被认为是密码学领域中一类重要的密码学基本模

型，承诺具有隐藏性和保密性。承诺模型可以看作一个密封信件的数字等价体。如果 Alice 想承诺某个信息 m，则她可把 m 放入一个密封的信封内，而无论什么时候她想公开这个信息，则只需要打开信封。这个过程要求数字信件能够隐藏信息，即承诺的隐藏性，同时 Alice 也不能改变 m；而通过承诺的打开，任何人都能验证他所得到的 m 其实就是 Alice 最初承诺的信息 m，即承诺的绑定性。

承诺方案包含以下两个算法：

一是承诺值计算 commit (m, r)：输入消息 m 和随机值 r，返回承诺值 $c=\text{commit}(m, r)$；

二是承诺验证 verify (c, m, r)：输入承诺 c，消息 m 和随机值 r，若 $c=\text{commit}(m, r)$，返回真，否则返回假。

显然，如果定义 $\text{commit}(m, r)=\text{H}(r||m)$，利用哈希函数 H 的抗碰撞性和原像不可逆，承诺的隐藏性和绑定性均能成立，可以实现承诺方案。

④ 抗碰撞性：对于一个给定的消息 x，要发现另外一个消息 y，使得满足等式 $\text{H}(x)=\text{H}(y)$ 在计算上是不可行的，这是哈希函数的抗弱碰撞性。对于一对不同的给定的消息 M_1，M_2，使得满足等式 $\text{H}(M_1)=\text{H}(M_2)$，在计算上是不可行的，称之为哈希函数的抗强碰撞性。

哈希函数的抗碰撞（Collision Resistance）特性常被用来进行完整性验证。完整性是信息安全的 3 个基本要素之一，是指传输、存储信息的过程中，信息不被未授权的篡改或篡改后能被及时发现。由于哈希函数的抗碰撞性，可以把哈希值作为原输入消息的指纹（因为很难找到另一个消息经哈希运算之后得到相同的哈希值）。如果原消息在传输过程中被篡改，那么运行哈希函数后得到的新哈希值就会和原来的哈希值不一样，这样很容易就能发现消息在传输过程中完整性受损。对区块链来说，哈希函数的抗碰撞性可以用来做区块和交易的完整性验证。在区块链中，某个区块的头部信息中会存储着前一个区块的信息的哈希值，如果能拿到前一个区块的信息，任何用户都可以比对计算出来的哈希值和存储的哈希值，来检测前一个区块的信息的完整性。

⑤ 从比特位角度出发，消息对应的哈希值的每一比特应与消息的每一个比特关联。当消息原文发生改变时，求得的哈希值必须相应变化。

4.1.2 SHA-1 算法

1993 年由美国国家标准与技术研究院（National Institute of Standards and Technology，NIST）公布了安全散列算法 SHA-0 标准，这一算法在两年之后被修改为了今天广泛使用的形式。修改后的版本 SHA-1 是数字签名标准中要求使用的算法。

SHA-1 的输入是最大长度小于 2^{64} 位的消息，以 512 位的分组为单位进行处理输入消息，输出 160 位的消息摘要，哈希值通常的呈现形式为 40 个十六进制数。其算法实现的基本步骤描述如下：

(1) 消息的转换

在 SHA-1 算法中，需要输入必须为位，所以首先需要将消息转换为位字符串。

例：对信息“abc”进行位字符串转换，先以字符为单位将其转换为十进制 ASCII 码的排列，由于'a'=97，'b'=98，'c'=99，所以将其转换为二进制位串后为：01100001

01100010 01100011。

（2）输入信息的补位填充

将消息长度补充至其对 512 求余的结果为 448，填充的比特位第 1 位是 1，余下各位都是 0。如果在补位前对 512 取模后余数是 448，则只需在最后一位加一个 1。补位长度范围是 1～512。

例：对信息“abc”转换后的位字符串进行补位：

第一步补位：01100001 01100010 01100011 1

……

补位最后一位：01100001 01100010 01100011 10……0（后面补了 423 个 0）

之后将补位后的信息摘要转换为 16 进制，如下：

61626380 00000000 00000000 00000000
00000000 00000000 00000000 00000000
00000000 00000000 00000000 00000000
00000000 00000000

（3）附加长度值

在信息摘要后面附加 64bit 的信息，用来表示原始信息摘要的长度，在这步操作之后，信息报文便是 512bit 的倍数。通常来说用一个 64 位的数据表示原始消息的长度，如果消息长度不大于 2^{64}，那么前 32bit 就为 0，在进行附加长度值操作后，其“abc”数据报文即变成如下形式：

61626380 00000000 00000000 00000000
00000000 00000000 00000000 00000000
00000000 00000000 00000000 00000000
00000000 00000000 00000000 00000018

因为“abc”占 3 个字节，即 24 位，换算为十六进制即为 0x18。

（4）初始化缓存区

可以用 160 位来存放哈希函数的初始变量、中间摘要及最终摘要，但首先必须将其进行初始化，对 5 个 32 位的初始变量（H_0，H_1，H_2，H_3，H_4）赋值，即

H_0 = 0x67452301

H_1 = 0xEFCDAB89

H_2 = 0x98BADCFE

H_3 = 0x10325476

H_4 = 0xC3D2E1F0

（5）进入消息处理主循环

1）算法需要的各常量的值及函数表达式

$$\text{常量：}K=\begin{cases}\text{0x5a827999} & (0\leqslant t\leqslant 19)\\ \text{0x6ed9eba1} & (20\leqslant t\leqslant 39)\\ \text{0x8f1bbcdc} & (40\leqslant t\leqslant 59)\\ \text{0xca62c1d6} & (60\leqslant t\leqslant 79)\end{cases}$$

函数表达式：$f_t(B,C,D)=\begin{cases}(B\wedge C)\vee(\bar{B}\wedge D) & (0\leqslant t\leqslant 19)\\ B\oplus C\oplus D & (20\leqslant t\leqslant 39)\\ (B\wedge C)\vee(B\wedge D)\vee(C\wedge D) & (40\leqslant t\leqslant 59)\\ B\oplus C\oplus D & (60\leqslant t\leqslant 79)\end{cases}$

2）针对每个 $M[i]$ 进行循环

准备 32 位的缓冲区 80 个：$W[0]\sim W[79]$。将 $M[i]$ 从左至右分割成 16 个 32 位的字符串，转换为 unit 型的数值分别存储在缓冲区 $W[0]\sim W[15]$ 内。

对于缓冲区 $W[20]\sim W[79]$，进行如下循环：

$$W[i]=S_1(W[t-16]\oplus W[t-14]\oplus W[t-8]\oplus W[t-3])$$

其中 $S_n(x)$ 为循环左移操作符，表示左循环移位 n 位。

3）对缓冲区 A，B，C，D，E 按如下步函数（图 4-1 所示）分别赋值：

$$A=H_0,\ B=H_1,\ C=H_2,\ D=H_3,\ E=H_4$$

对于 $W[0]\sim W[79]$，再进行如下循环：

$$TEMP=S_5(A)+f_t(B,C,D)+E+W[i]+K_t$$

$$E=D$$

$$D=C$$

$$C=S_{30}(B)$$

$$B=A$$

$$A=TEMP$$

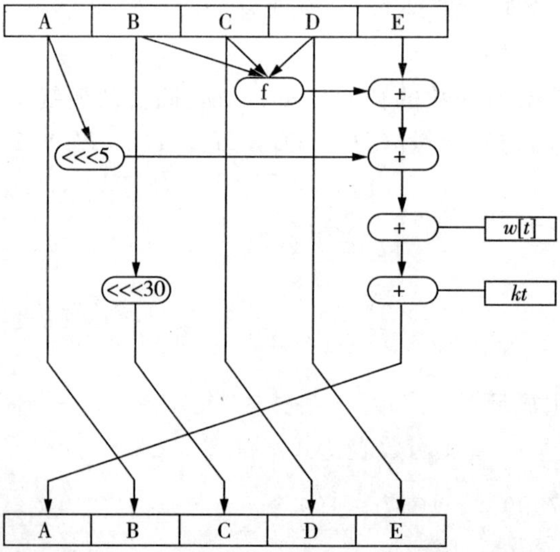

图 4-1　SHA-1 的步函数

缓冲区 H 进行定义如下：

$$H_0 = H_0 + A$$

$$H_1 = H_1 + B$$

$$H_2 = H_2 + C$$

$$H_3 = H_3 + D$$

$$H_4 = H_4 + E$$

如此完成每一个 $M[i]$ 循环后，最终得到的信息摘要为：$H_0\ H_1\ H_2\ H_3\ H_4$。

4.1.3 SHA-2 算法

安全哈希算法 2（Secure Hash Algorithm 2，SHA-2）是一种密码哈希函数算法标准，由美国国家安全局（National Security Agency，NSA）研发，NIST 在 2001 年发布。属于 SHA 算法之一，是 SHA-1 的后继者。其下又可再分为六个不同的算法标准，包括：SHA-224、SHA-256、SHA-384、SHA-512、SHA-512/224、SHA-512/256 等。

SHA-256 算法是构造区块链所用的主要密码哈希函数，无论是区块的头部信息还是交易数据，都使用这个哈希函数去计算相关数据的哈希值，以保证数据的完整性。同时，在比特币系统中，基于寻找给定前缀的 SHA256 哈希值，设计了工作量证明的共识机制；SHA256 也被用于构造比特币地址，即用来识别不同的用户。SHA256 是一个 Merkle-Damgard 结构的迭代哈希函数，其计算过程分为两个阶段消息的预处理和主循环。在消息的预处理阶段，主要完成消息的填充和扩展填充，将所输入的原始消息转化为 n 个 512 比特的消息块，之后对每个消息块利用 SHA256 压缩函数进行处理，SHA256 的计算流程如图 4-2 所示。这个计算流程是一个迭代计算的过程，当最后 1 个消息块（第 n 块）处理完毕以后，最终的输出值就是所输入的原始消息的 SHA256 值。

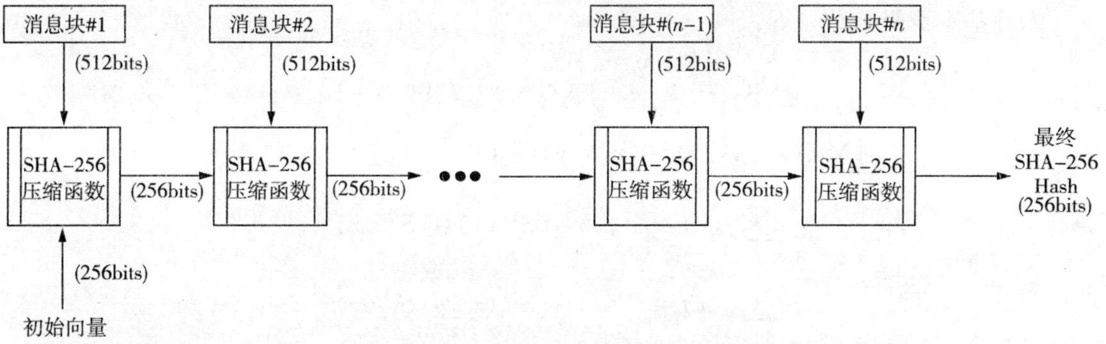

图 4-2 SHA-256 计算流程

其算法步骤描述如下：

① 消息的转换：将消息转化为二进制字符串。

② 消息的填充：添加一个“1”和若干个“0”使字符串的长度取模 512 后与 448 同余，填充的比特数范围是 1～512。

③ 附加长度值：在消息后附加 64 位的长度块，其值为填充前消息的长度。

④ 初始化缓存：链接变量的中间结果和最终结果存储于 256 位的缓冲区中，缓冲区

用 8 个 32 位的寄存器 A、B、C、D、E、F、G 和 H 表示，输出仍放在缓冲区以代替旧的 A、B、C、D、E、F、G、H。对链接变量进行初始化，对其赋值如下。

$$A=H_0=0x6A09E667,\ B=H_1=0xBB67AE85$$

$$C=H_2=0x3C6EF372,\ D=H_3=0xA54FF53A$$

$$E=H_4=0x510E527F,\ F=H_5=0x9B05688C$$

$$G=H_6=0x1F83D9AB,\ H=H_7=0x5BE0CD19$$

⑤ 进入主循环模块：该算法使用了六种基本逻辑函数，由 64 步迭代运算组成。每步都以 256 位的缓存值 *ABCDEFGH* 为输入，然后更新缓存内容。每步使用一个 32 位的常数值 K_t（见表 4－1 所列）和一个 32 位的 W_t。

表 4－1　常数值 K_t（$t=1, 2, \cdots, 64$）

0x428a2f98	0x71374491	0xb5c0fbcf	0xe9b5dba5	0x3956c25b	0x59f111f1	0x923f82a4	0xab1c5ed5
0xd807aa98	0x12835b01	0x243185be	0x550c7dc3	0x72be5d74	0x80deb1fe	0x9bdc06a7	0xc19bf174
0xe49b69c1	0xefbe4786	0x0fc19dc6	0x240ca1cc	0x2de92c6f	0x4a7484aa	0x5cb0a9dc	0x76f988da
0x983e5152	0xa831c66d	0xb00327c8	0xbf597fc7	0xc6e00bf3	0xd5a79147	0x06ca6351	0x14292967
0x27b70a85	0x2e1b2138	0x4d2c6dfc	0x53380d13	0x650a7354	0x766a0abb	0x81c2c92e	0x92722c85
0xa2bfe8a1	0xa81a664b	0xc24b8b70	0xc76c51a3	0xd192e819	0xd6990624	0xf40e3585	0x106aa070
0x19a4c116	0x1e376c08	0x2748774c	0x34b0bcb5	0x391c0cb3	0x4ed8aa4a	0x5b9cca4f	0x682e6ff3
0x748f82ee	0x78a5636f	0x84c87814	0x8cc70208	0x90befffa	0xa4506ceb	0xbef9a3f7	0xc67178f2

六种基本逻辑函数如下：

$$\mathrm{Ch}(x, y, z)=(x \wedge y) \vee (\bar{x} \wedge z)$$

$$\mathrm{Maj}(x, y, z)=(x \wedge y) \oplus (x \wedge z) \oplus (y \wedge z)$$

$$\sum\nolimits_0(x)=S^2(x) \oplus S^{13}(x) \oplus S^{22}(x)$$

$$\sum\nolimits_1(x)=S^6(x) \oplus S^{11}(x) \oplus S^{25}(x)$$

$$\sigma_0(x)=S^7(x) \oplus S^{18}(x) \oplus R^3(x)$$

$$\sigma_1(x)=S^{17}(x) \oplus S^{19}(x) \oplus R^{10}(x)$$

其中 S^n 表示对 32 位的变量 x 循环右移 n 位，R^n 表示对 32 位变量 x 右移 n 位。

步函数是 SHA－256 算法中最为重要的函数，也是 SHA－256 中最关键的部分。其运算过程如图 4－3 所示。

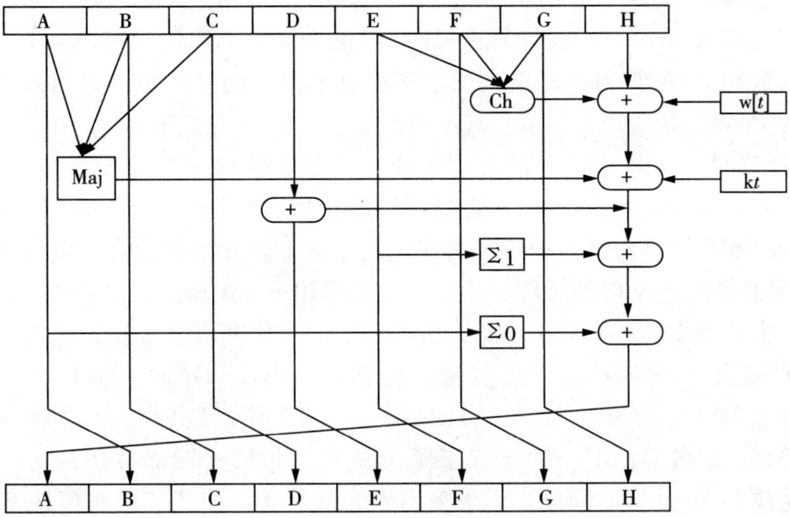

图 4 - 3　SHA - 256 的步函数

在其运算过程中，每一步都会产生两个临时变量，即T_1，T_2：

$$T_1=\left(\sum\nolimits_1(E)+Ch(E, F, G)+H+W_t+K_t\right) \bmod 2^{32}$$

$$T_2=\left(\sum\nolimits_0(A)+Maj(A, B, C)\right) \bmod 2^{32}$$

这里 W_t 是分组之后的报文，将其分为 16 组长度为 32 位，也就是 $W_t(t=1, 2, \cdots, 16)$，而$W_t(t=17, 18, \cdots, 64)$按照如下公式来计算得出：

$$W_t=\sigma_1(W_{t-2})+W_{t-7}+\sigma_0(W_{t-15})+W_{t-16}，17 \leqslant t \leqslant 64$$

根据T_1、T_2的值，对寄存器 A、E 进行更新。A、B、C、D、E、F、G 的输入值则依次赋值给 B、C、D、E、F、G、H。

$$A=(T_1+T_2) \bmod 2^{32}$$

$$B=A$$

$$C=B$$

$$D=C$$

$$E=(D+T_1) \bmod 2^{32}$$

$$F=E$$

$$G=F$$

$$H=G$$

所有 512 位消息块分组都处理完以后，最后一个分组处理后的道德结果即为最终输出的 256 位的消息摘要。

在比特币系统中，SHA256 算法的一个主要用途是完成 PoW 计算。按照比特币的设计初衷，PoW 要求节点数和算力值大致匹配，因为需要通过 CPU 的计算能力来进行投票。然而随着人们对 SHA256 的计算由 CPU 逐渐升级到 GPU、FPGA，直至到 ASIC 矿机，使得节点数和 PoW 算力也渐渐失配。解决这个问题的一个思路是引入另外的一些哈希函数来实现 PoW。

crypt 算法最早用于基于口令的密钥生成，该算法进行多次带参数的 SHA256 计算，即基于 SHA256 的消息认证码计算，这类计算需要大量的内存支持。采用 crypt 算法进行 PoW 计算，将 PoW 计算由已有的拼算力在一定程度上转化为拼内存，能够使得节点数和 PoW 的计算力的失配现象得到缓解。莱特币就是采用 crypt 算法完成 PoW 计算的。

SHA3 算法是 2012 年 10 月由 NIST 所选定的下一代密码哈希算法。在遴选 SHA3 算法过程中人们提出了一系列的候选算法，包括 BLAKE、Grostl、JH、Keccak、Skein、ECHO、Luffa、BMW、CubeHash、SHAvite、SMID 等，最后胜出的是 Keccak 算法。达世币（DASH，原名 DarkCoin）定义了顺序调用上述 11 个哈希算法的 X11 算法，并利用这个算法完成 PoW 计算。同样，由于采用了 X11 算法，使得节点数和 PoW 的计算力能够保持一定程度上的匹配。

4.1.4 哈希指针链

哈希指针是一类数据结构，除了包含通常的指针外，还包含一些数据信息以及与这些信息相关的密码哈希值，这就使得正常的指针可用于取回信息，哈希指针用于验证信息是否发生改变。

区块链就可以看作一类使用哈希指针的链表，如图 4-4 所示。这个链表链接一系列的区块，每个区块包含数据以及指向表中前一个区块的指针。区块链中，前一个区块指针由哈希指针所替换，因此每个区块不仅仅告诉前一个区块的位置，也提供一个哈希值去验证这个区块所包含的数据是否发生改变。

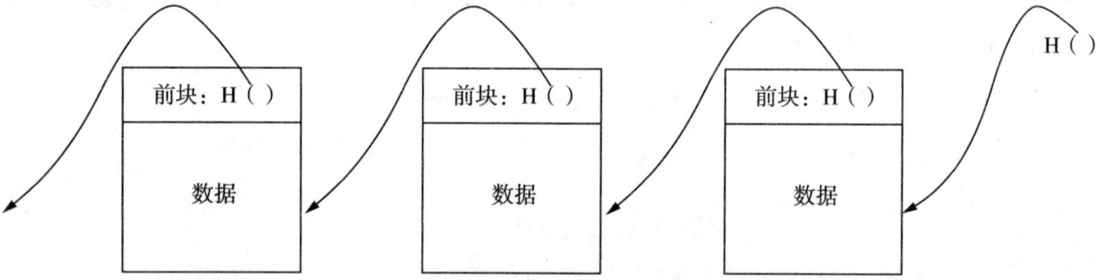

图 4-4 哈希指针链

不妨假定攻击者改变了区块 k 的数据，这将导致新计算的哈希值发生改变，其后继区块 $k+1$ 存储了区块 k 的哈希值。由于密码哈希函数的抗碰撞性，通过简单地计算区块 k 的哈希值，就能发现计算出的值与区块 $k+1$ 所存储的哈希值不一致。当然，攻击者可以通过连续改变前 $k-1$ 个区块的哈希值来掩盖不同，然而，这种改变在处理区块链表中的初始区块将会失败，因为已经假定初始区块的数据内容不可改变。于是，简单的哈希计算和比较操作就可以发现攻击者的篡改数据行为。因此，只需单个哈希指针，就能保证整个链表存储内容的完整性，从而达到防篡改的目的。

因此，若攻击者想在日志链表中的任意位置改变数据，为保持一致性，必须向表头方向修改所有的哈希指针，最终由于不能改变链表头部而失败。因此，只需单个哈希指针，基本上就能保证整个链表的哈希值的一致性，从而达到防篡改的目的。

4.2 Merkle 树

Merkle 树（又称哈希树）是一类基于哈希值的二叉树或多叉树，由一个根节点、一组中间节点和一组叶节点组成。Merkle 树一般情况下叶节点值为存储数据的哈希值，中间节点的值是由该节点的所有子节点的结合结果计算得到的哈希值，根节点的值是由该节点的所有子节点内容的哈希值组成，另见 2.1.1 节相关内容。

区块链系统中采用的 Merkle 树是二叉树，它的作用主要是快速归纳和校验区块数据的完整性，它会将区块链中的数据分组进行哈希运算，向上不断递归运算产生新的哈希节点，最终只剩下一个 Merkle 根存入区块头中，每个哈希节点总是包含两个相邻的数据块或其哈希值。在区块链系统中使用 Merkle 树有诸多优点：首先是极大地提高了区块链的运行效率和可拓展性，使得区块头只需包含根哈希值而不必封装所有底层数据，这使得哈希运算可以高效地进行在智能手机甚至物联网设备上；其次是 Merkle 树可支持“简化支付验证协议”，即在不运行完整区块链网络节点的情况下，也能够对交易数据进行校验。所以，在区块链系统中使用 Merkle 树这种数据结构是非常有意义的。

4.3 典型公钥密码算法

公钥密码体制（Public - key Cryptosystem）也称非对称密码体制，或者双钥密码体制。它与对称密码体制所采用的技术完全不同，公钥密码算法是基于数学（如单向陷门函数）而不是基于代换和置换。公钥密码是非对称的，它使用两个独立的密钥，即公钥（Public Key）和私钥（Private Key）。公钥是可以被任何人知道的，用于加密消息以及签名；私钥仅仅自己知道，用于解密消息和签名。加密和解密会使用两把不同的密钥，因此称为非对称密码算法。

常见的公钥密码算法包括基于大整数因子分解问题的 RSA 密码，基于有限域上的离散对数问题的 ElGamal 密码、基于椭圆曲线上的离散对数问题的 ECC 密码等。

4.3.1 RSA 公钥密码算法

RSA 密码是目前应用最广泛的公钥密码体制，该算法是由美国的 Ron Rivest、Adi Shamir 和 Leonard Adleman 三人于 1978 年提出的。它既能用于加密，又能用于数字签名，且易于理解和实现，是第一个安全、实用的公钥密码体制。RSA 的基础是数论中的欧拉定理，它的安全性依赖于大整数因子分解的困难性。为了方便理解 RSA 密码算法，这里首先介绍一下欧拉定理和大整数因子分解问题。

（1）欧拉定理

欧拉函数是欧拉定理的核心概念，其表述为：对于一个正整数 n，比 n 小但与 n 互为素数的正整数的个数，称为欧拉函数，用 $\varphi(n)$ 表示。特别地，如果 p 是素数，则 $\varphi(p)=p-1$。如果两个素数 p 和 q，且 $n=pq$，则 $\varphi(n)=(p-1)(q-1)$。

欧拉定理：若正整数 a 与 n 互素，则 $a^{\varphi(n)}\equiv 1 \bmod n$。

（2）大整数因子分解

大整数因子分解问题可以表述为：已知 p 和 q 为两个大素数，则求 $N=pq$ 是容易的；但已知 N 是两个大素数的乘积，要求将 N 分解，则在计算上是困难的，其运行时间程度接近于不可行。

（3）公钥与私钥的产生

假设职员 A 想要通过一个不可靠的媒体接收职员 B 的一条私人讯息，她可以用以下的方式来产生一个公钥和一个私钥：

① 随意选择两个大的质数 p 和 q，p 不等于 q，计算 $N=pq$。

② 根据欧拉函数，求得 $r=(p-1)(q-1)$。

③ 选择一个小于 r 的整数 e，求得 e 关于模 r 的模反元素，命名为 d。（模反元素存在，当且仅当 e 与 r 互质）。

④ 将 p 和 q 的记录销毁。

⑤（N，e）是公钥，（N，d）是私钥。A 将他的公钥（N，e）传给 B，而将他的私钥（N，d）藏起来。

（4）RSA 密码体制的安全性

当 p 和 q 是一个大素数的时候，从它们的积 pq 去分解因子 p 和 q，这是一个公认的数学难题。然而，虽然 RSA 的安全性依赖于大数的因子分解，但并没有从理论上证明破译 RSA 的难度与大数分解难度等价。

1994 年彼得·秀尔（Peter Shor）证明一台量子计算机可以在多项式时间内进行因数分解。假如量子计算机有朝一日可以成为一种可行的技术的话，那么秀尔的算法可以淘汰 RSA 和相关的衍生算法（即依赖于分解大整数困难性的加密算法）。另外，假如 N 的长度小于或等于 256 位，那么用一台个人电脑在几个小时内就可以分解它的因子了。1999 年，数百台电脑合作分解了一个 512 位长的 N。1997 年后开发的系统，用户应使用 1024 位密钥，证书认证机构应用 2048 位或以上。

（5）RSA 加密算法的缺点

虽然 RSA 加密算法作为目前最优秀的公钥方案之一，在发表三十多年的时间里，经历了各种攻击的考验，逐渐为人们接受。但是，也不是说 RSA 没有任何缺点。由于没有从理论上证明破译 RSA 的难度与大数分解难度的等价性。所以，RSA 的重大缺陷是无法从理论上把握它的保密性能如何。在实践上，RSA 也有一些缺点：① 产生密钥很麻烦，受到素数产生技术的限制，因而难以做到一次一密；② 分组长度太大，为保证安全性，n 至少也要在 600 bits 以上，使运算代价很高，尤其是速度较慢。

4.3.2 ECC 公钥密码算法

椭圆曲线密码学（Elliptic Curve Cryptography，ECC），是一种建立公开密钥加密的算法，也就是非对称加密。比特币中的公私钥生成以及签名算法 ECDSA 都是基于 ECC 的。下面简单介绍 ECC 以及 ECDSA 的原理。

（1）椭圆曲线

椭圆曲线是由一个具有两个变元 x 和 y 的魏尔斯特拉斯方程：

$$y^2+axy+by=x^3+cx^2+dx+e$$

所确定的所有点 (x, y) 组合成的集合，外加一个无穷远点 O（认为其 y 坐标无穷大）。

椭圆曲线可以定义如下：

设 p 是一个大于 3 的素数，在有限域 F_p 上的椭圆曲线 $y^2=x^3+ax+b$ 由一个基于同余式 $y^2=x^3+ax+b\bmod p$ 的解集 $(x, y)\in F_p\times F_p$ 和一个称为无穷远点的特定点 O 组成，这里 $a, b\in F_p$ 是两个满足 $4a^3+27b^2\neq 0\bmod p$ 的常数。

（2）椭圆曲线在模 p 下的 Abel 群

定义 $E_p(a, b)$ 为在模 p 之下椭圆曲线 E 上所有的整数点构成的集合（包括 O）。椭圆曲线上的点集合 $E(a, b)$ 可根据如下定义的加法规则构成一个 Abel 群。

设 $P_1=(x_1, y_1)$ 和 $P_2=(x_2, y_2)$ 为椭圆曲线上的两个点，我们可以定义椭圆曲线上的加法和减法运算如下：

① $-O=O$

② $-P_1=(x_1, -y_1)$

③ $O+P_1=P_1$

④ 若 $P_2=-P_1$，则 $P_1+P_2=(x_3, y_3)$，

其中：$x_3=\lambda^2-x_1-x_2$，$-y_3=\lambda(x_3-x_1)+y_1$，$\lambda=\begin{cases}\dfrac{y_2-y_1}{x_2-x_1}, & x_2\neq x_1\\ \dfrac{3x_1^2+a}{2y_1}, & x_2=x_1\end{cases}$，…

依据上述定义的加减法，两个椭圆曲线上的点相加所得到的点依然在原椭圆曲线上。由此，在等式 $kP=P+P+\cdots+P=Q$ 中，已知 k 和点 P，求点 Q 比较容易，反之已知点 Q 和点 P，求 k 却是相当困难的，这个问题称为椭圆曲线上点群的离散对数问题。椭圆曲线密码体制正是利用这个困难问题设计的。在实际应用中，k 作为私有密钥，而 Q 作为公开密钥。

（3）secp256k1 椭圆曲线

比特币系统的区块链实现中使用的椭圆曲线为 Certicom 推荐的椭圆曲线 secp256k1。Certicom 是国际上著名的椭圆曲线密码技术公司，已授权 300 多家企业使用 ECC 密码技术。secp256k1 为基于 F_p 有限域上的椭圆曲线，由于其构造的特殊性，其优化后的实现比其他曲线性能上可以提高 30%，对比 NIST 推荐的曲线，secp256k1 的常数以可以预测的方法选择，可以有效避免后门出现的可能性。

secp256k1 曲线形如 $y^2=x^3+ax+b$，由六元组 $D=(p, a, b, G, n, h)$ 定义，其中：

p = FFFFFFFF FFFFFFFF FFFFFFFF FFFFFFFF FFFFFFFF FFFFFFFF FFFFFFFE FFFFFC2F

=2256 −232 −29 −28 −27 −26 −24 −1

a=0000000000000000000000000000000000000000000000000000000000000000

b=00000000000000000000000000000000000000000000000000000000000

压缩形式表示的基点 G 为：

G = 02 79BE667E F9DCBBAC 55A06295 CE870B07 029BFCDB 2DCE28D9 59F2815B 16F81798

而非压缩形式的表示为：

G=04 79BE667E F9DCBBAC 55A06295 CE870B07 029BFCDB 2DCE28D9 59F2815B 16F81798 483ADA77 26A3C465 5DA4FBFC 0E1108A8 FDI7B448 A6855419 9C47D08F FB10D4B8

G 的阶为：

n = FFFFFFFF FFFFFFFF FFFFFFFF FFFFFFFE BAAEDCE6 AF48A03B BFD25E8C D0364141

协因子为：

h=01

(4) ECC 密码体制

1985 年 N. Koblitz 和 Miller 提出将椭圆曲线用于密码算法，其安全性依赖于有限域上的椭圆曲线上的点群中的离散对数问题。

EEC 密码体制具有如下一些特点：

① 抗攻击性强。相同的密钥长度，其抗攻击性比 RSA 强很多倍。

② 计算量小，处理速度快。

③ 存储空间占用小。ECC 的密钥尺寸和系统参数与 RSA 相比要小得多。

④ 带宽要求低。对于短消息加密，ECC 带宽要求比 RSA 低得多。

SM2 椭圆曲线公钥密码算法是我国自主设计的公钥密码算法，包括 SM2-1 椭圆曲线数字签名算法、SM2-2 椭圆曲线密钥交换协议、SM2-3 椭圆曲线公钥加密算法，分别用于实现数字签名密钥协商和数据加密等功能。SM2 算法与 RSA 算法不同的是，SM2 算法是基于椭圆曲线上的点群离散对数难题，相对于 RSA 算法，256 位的 SM2 密码强度已经比 2048 位的 RSA 密码强度要高。

4.3.3 椭圆曲线数字签名算法

椭圆曲线数字签名算法（Elliptic Curve Digital Signature Algorithm，ECDSA）是基于 ECDLP，是使用椭圆曲线对数字签名算法（Digital Signature Algorithm，DSA）的模拟。ECDSA 首先由 Scott 和 Vanstone 在 1992 年为了响应 NIST 对数字签名标准（DSS）的要求而提出的。ECDSA 于 1998 年作为 ISO 标准被采纳，在 1999 年作为 ANSI 标准被采纳，并于 2000 年成为 IEEE 和 FIPS 标准。椭圆曲线数字签名算法及其验证算法如下：

(1) 椭圆曲线数字签名生成

假定 Alice 希望对消息 m 进行签名，她所采用的椭圆曲线参数为 $D=(p, a, b, G, n, h)$（见上节中各参数定义），对应的密钥对为 (k, Q)，其中 Q 为公钥，k 为私钥。Alice 将按如下步骤进行签名。

第 1 步，产生一个随机数 d，$1 \leqslant d \leqslant n-1$；

第 2 步，计算 $dG=(x_1, y_1)$，将x_1转化为整数$\bar{x}_1$；

第 3 步，计算 $r=\bar{x}_1 \bmod n$，若 $r=0$，则转向第 1 步；

第 4 步，计算 $d^{-1} \bmod n$；

第 5 步，计算哈希值 H（m），并将得到的比特串转化为整数 e；

第 6 步，计算 $s=d^{-1}(e+kr) \bmod n$，若 $s=0$，则转向第一步；

第 7 步，(r, s) 即为 Alice 对消息 m 的签名。

（2）椭圆曲线签名验证

为验证 Alice 对消息 m 的签名（r，s），矿工（Miner）可以得到 Alice 所用的椭圆曲线参数以及 Alice 的公钥 Q。矿工将按以下步骤操作。

第 1 步，验证 r 和 s 是区间 $[1, n-1]$ 上的整数；

第 2 步，计算 H（m）并将其转化为整数 e；

第 3 步，计算 $w=s^{-1} \bmod n$；

第 4 步，计算$u_1=ew \bmod n$ 以及$u_2=rw \bmod n$；

第 5 步，计算 $X=u_1G+u_2$；

第 6 步，若 $X=O$，则拒绝签名，否则将 X 的 x 坐标x_1转化为整数x_1，并计算 $v=\bar{x}_1 \bmod n$；

第 7 步，当且仅当 $v=r$ 时，签名通过验证。

以下通过一个简化的例子，说明椭圆曲线签名和验证算法的过程。Alice 决定把 10 个比特币支付给 Bob，矿工负责把这笔账给记录下来。这个过程是怎么使用签名和验证算法进行的呢？

首先，Alice 从自己钱包中取出 10 个比特币，要将这 10 个比特币支付给 Bob，于是交易消息 m 产生了：Alice 支付 10BTC 给 Bob。由于这个消息需要向全网广播，收到这个交易消息的用户会产生疑问：这个交易是不是真的？为打消其他用户的疑虑，Alice 需要对这段交易消息进行数字签名，以向大家确定这个交易确实是 Alice 发出的。为此，Alice 使用了 secp256k1 椭圆曲线。签名本质上是对交易消息内容进行使用 Alice 的私钥 k 加密（签名算法的第 6 步）。考虑到消息的规模和公钥密码算法的效率，对交易消息进行的签名实际上是对交易消息的哈希值进行签名，由于密码哈希函数的抗碰撞性，可以认为这样的转化是合理有效的。于是 Alice 向全网广播的内容除了交易消息本身外，还包含 Alice 对消息的签名以及 Alice 的公钥信息。

其次，Alice 发送的交易消息连同签名发出后，为矿工 Miner 所接收。为在区块链中记录这一交易，矿工首先需要验证这个交易是不是 Alice 发出的，即进行签名验证的工作。为此，Miner 也使用了同样的 secp256kl 椭圆曲线。对 Alice 签名验证的过程可以看作利用 Alice 公钥进行解密的过程，如签名验证算法中的第 5 步就使用了 Alice 的公钥 Q。当一切顺利的话，Miner 可以验证交易消息：Alice 支付 10BTC 给 Bob 确实是 Alice 发出的，Miner 可以在之后的操作中把这个交易记入区块链中。如果签名验证失败，表明 Miner 收到的这个消息存在问题，Miner 会放弃将相关的交易记入区块链的操作。

利用椭圆曲线的签名和验证算法，一方面可以保证用户的账户不被冒名顶替，另一方面也能确保用户不能否认其所签名的交易。用户发起交易的时候，使用自己的私钥对交易信息签名，矿工收到信息后用用户的公钥对签名进行验证，一旦通过，该交易信息就可通过矿工进行记账，最终完成交易。

4.4 Schnorr 数字签名

基于 ElGamal 签名与离散对数问题，1989 年 Schnorr 提出了一种随机化的签名方案，称为 Schnorr 数字签名方案。

设 p 和 q 是满足 $p \equiv 1 \bmod q$ 的两个素数，一般取 $p \approx 2^{1024}$，$q=2^{160}$，此时 p 为 1024 位的数，q 为 160 位的数，其中 160 位正是 SHA - 1 的 Hash 值长度。Schnorr 签名体制对 ElGamal 签名方案以独特的方式进行了修改，使得长度为$\log_2 q$ 位的消息签名包含长度为 2 $\log_2 q$ 位的签名，但是它的计算是在Z_p上进行的。它是通过工作在Z_p^* 上的 q 元子群来实现的。该方案的安全性是基于这样的思想来设计的：在特定的Z_p^* 子群上求解离散对数是安全的。Schnorr 签名中的密钥与 ElGamal 签名方案中的相似。

Schnorr 数字签名方案的具体描述如下：

① 密钥生成：用户随机选择 x 作为私钥，并计算 $y=g^x \bmod p$ 作为公钥。

② 签名产生：签名者选择随机数 $0<k<q$，计算 $r=g^k \bmod p$，$e=H\ (r \| m)$，$s=k+xe \bmod q$。（e，s）是用户 A 对消息 m 的签名。

③ 签名验证：验证者收到消息 m 与签名（e，s）后，计算 $r'=g^s y^{-e} \bmod p$，$e=H\ (r' \| m)$。

若 $e'=e \bmod p$，则接受签名，否则拒绝。

事实上，$r'=g^s y^{-e} \bmod p=g^s (g^x)^{-e} \bmod p=g^{s-xe} \bmod p=g^k \bmod p$，从而有$H(r \| m)=H(r' \| m)$，即$e'=e \bmod p$。

Schnorr 数字签名算法基于离散对数困难性问题，可扩展至椭圆曲线上的 Schnorr 签名算法，优势表现为：可实现多重数字签名与批验证，即多个用户对同一消息的签名可聚合成单个，且仅需要单次验证过程。相较于椭圆曲线数字签名算法，其具有更短的签名、更强的安全性、更快的签名/验证时间。

4.5 Bloom filter 数据结构

Bloom filter 是一种节省空间、高效率的数据表示和查询结构。它可以利用位数组很简洁地表示一个集合，并能以很高的概率判断一个元素是否属于这个集合。因此，这种数据结构适合应用在能容忍低错误率的场合。

Bloom filter 是由 Howard Bloom 在 1970 年提出的二进制向量数据结构，用于解决某些元素是否为集合中元素的判断问题。它突破了传统 Hash 函数的映射和存储元素的方式，通过一定的错误率换取了空间的节省和查询的高效。20 世纪 80 年代，随着 PC 应用的推广，Bloom filter 的应用开始推广，比如应用于高效地解决拼写检查问题，解决多处理计算机中数据库的连接问题等。网络时代的到来使得 Bloom filter 的应用越来越多，如应用到分布式数据库中进行查询，应用到网络中取代 ICP 以进行高远存查询，应用到 P2P 中进行高效的联合查询等。

4.5.1 技术原理

如果需要判断一个元素是不是在一个集合中，通常的做法是把所有元素都保存下来，然后通过比较确定它是不是在集合之内，链表、树都是基于这种思路，当集合内的元素个数增大时，需要的空间和时间都会线性变大，检索速度也会越来越慢。Bloom filter 采用的是 Hash 函数的方法，将一个元素映射到一个 m 长度的阵列上的一个点，当这个点是 1 时，那么这个元素在集合内，反之则不在集合内。这个方法的缺点就是当检测的元素很多的时候可能会有冲突，解决方法就是使用 k 个 Hash 函数对应 k 个点，如果所有点都是 1 的话，那么元素在集合内，如果有 0 的话，那么元素不在集合内。

工作原理叙述如下：

① 初始状态时，Bloom filter 是一个包含 m 位的位数组，每一位都置为 0，如图 4－5 所示。

0	0	0	0	0	0	0	0	0	0	0	0

图 4－5 Bloom filter 初始状态

② 为了表达 $S=\{x_1, x_2, \cdots, x_n\}$ 这样有 n 个元素的集合，Bloom filter 使用 k 个相互独立的哈希函数，它们分别将集合中的每个元素映射到 $\{1, 2, \cdots, m\}$ 的范围中。对于任意一个元素 x，第 i 个 Hash 函数映射的位置 $h_i(x)$ 都会被置为 1，如图 4－6 所示。

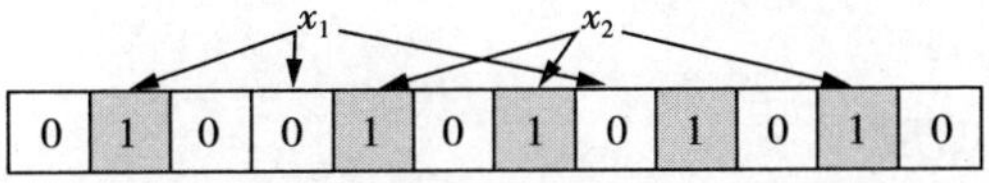

图 4－6 Bloom filter 映射图示

③ 在判断 y 是否属于这个集合时，可对 y 应用 k 次 Hash 函数，如果所有 $h_i(y)$ 的位置都是 $1(1\leqslant i\leqslant k)$，那么就认为 y 是集合中的元素，否则就认为 y 不是集合中的元素。例如在图 4－7 中，y_1 就不是集合中的元素，y_2 或者属于这个集合，或者刚好是一个误识。

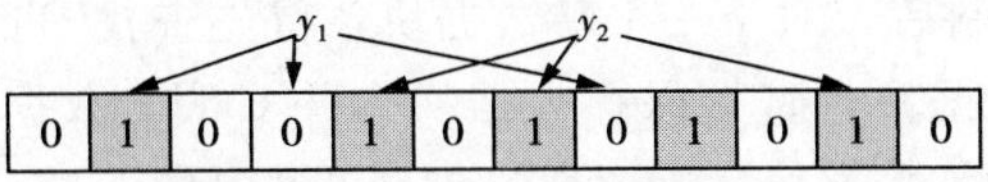

图 4－7 Bloom filter 判断图示

Bloom filter 的优点在于它的插入和查询时间都是常数，另外它查询元素却不保存元素本身，具有良好的安全性。它的缺点也是显而易见的，当插入的元素越多，错判“在集合内”的概率就越大了，另外 Bloom filter 也不能删除任何一个元素，因为多个元素散列的结果可能在 Bloom filter 结构中占用的是同一个位，如果删除了一个比特位，可能会影响多个元素的检测。

4.5.2 应用案例

Bloom filter的应用包括：表示一种压缩数据的集合；替代原始的数据集合；完成元素是否在集合中的查询判断，如数据库操作、字典查询和文件操作方面等；Bloom filter也广泛应用于网络领域、包括P2P网络 、资源路由、数据帧路由标签、网络测量管理、网络入侵检测、传感器网络数据过滤和路由等；第三类则是元素表示的保密性。

下面就来详细介绍一些应用案例。

（1）在网络爬虫中的应用

Bloom filter的优劣主要与Hash函数的质量相关，而且Hash函数之间的相关度越小越好，每个Hash函数本身的计算过程不要太复杂，不然会影响效率。理想情况下是取k个完全不相关的Hash函数，在不是很严格的情况下，也可以通过一个Hash函数的参数变化产生k个不同的Hash函数，比如将$i(1\leqslant i\leqslant k)$作为参数参与Hash函数的计算。不同的应用场景下，Hash函数的设计方法也不相同。在网络爬虫的设计中，一般采用MD5算法来构造Hash函数。把要过滤的地址散列到一片很大的位地址空间。Bloom filter类实现了基于Bloom filter的URL消重算法，将GetUrl类中提取的URL地址进行消重。

（2）加速查询

适用于一些key-value存储系统，当values存储在硬盘时，查询就是一件很费时的事。将Storage的数据都插入Filter，若在Filter中查询都不存在时，那就不需要去Storage中查询了。当False Position出现时，只是会导致一次多余的Storage查询。

Google的BigTable也使用了Bloom filter，以减少不存在的行或列在磁盘上的查询，大大提高了数据库查询操作的性能。在Internet Cache Protocol中的Proxy-Cache很多都是使用Bloom filter存储URLs的。Bloom filter除了具有高效的查询功能之外，还能很方便地传输交换Cache信息。

（3）重复数据删除中的应用

主流的重复数据删除技术的基本原理是对文件进行定长或变长分块，然后利用哈希函数计算数据块指纹，如果两个数据块指纹相同则认为是重复数据块（同样这里存在数据碰撞的问题），只保存一个数据块副本即可，其他相同的数据块使用该副本索引号表示，从而实现数据缩减存储空间并提高存储效率。为了查询一个数据块是否重复或是否已经存在，需要计算数据块指纹并进行查找，并记录所有唯一数据块的指纹。

引入Bloom filter机制后，对于一个新数据块，首先查找Bloom filter，如果未命中则说明这是一个新的唯一数据块，直接保存数据块合并Cache数据块信息即可；如果命中，则说明这有可能是一个重复数据块，需要通过进一步的Hash或tree查找进行确认，此时需要Cache与Disk进行交互。受益于Bloom filter及Cache，Data Domain系统可以减少99%的磁盘访问，从而可以利用少量的内存空间大幅提高数据块查重的性能。

5 共识算法

区块链架构作为一种分布式的架构。其部署模式有公共链、联盟链、私有链三种，对应的是去中心化分布式系统、部分去中心化分布式系统和弱中心分布式系统。

分布式系统中，多个主机通过异步通信方式组成网络集群。在这样的一个异步系统中，需要主机之间进行状态复制，以保证每个主机达成一致的状态共识。然而，异步系统中，可能出现无法通信的故障主机，而主机的性能可能下降，网络可能拥塞，这些可能导致错误信息在系统内传播。因此需要在默认不可靠的异步网络中定义容错协议，以确保各主机达成安全可靠的状态共识。

要使区块链成为一个难以攻破的、公开的、不可篡改数据记录的去中心化诚实可信系统，需要在尽可能短的时间内做到分布式数据记录的安全、明确及不可逆，提供一个最坚实且去中心化的系统。在实践中，该流程分为两个方面：一是选择一个独特的节点来产生一个区块，二是使分布式数据记录不可逆。实现上述流程的技术核心就是共识机制。共识机制是区块链节点就区块信息达成全网一致共识的机制，可以保证最新区块被准确添加至区块链，节点存储的区块链信息一致不分叉，甚至可以抵御恶意攻击。

在 20 世纪 80 年代出现的分布式系统共识算法，是区块链共识算法的基础。下面从基本的拜占庭容错技术入手，逐步介绍适合于私有链/联盟链和公共链的共识算法。

当前主流的共识机制包括：实用的拜占庭容错系统（DBFT）、Raft 协议、PoW（Proof of Work）、PoS（Proof of Stake）、DPoS（Delegated Proof of Stake）等。

5.1 拜占庭容错技术

拜占庭容错技术是一类分布式计算领域的容错技术，源于拜占庭将军问题。拜占庭将军问题是 Leslie Lamport（2013 年的图灵奖得主）用来为描述分布式系统一致性问题（Distributed Consensus）在论文中抽象出来一个著名的例子。

5.1.1 拜占庭将军问题

拜占庭位于如今的土耳其的伊斯坦布尔，是东罗马帝国的首都。由于当时拜占庭罗马帝国国土辽阔，为了防御目的，因此每个军队都分隔很远，将军与将军之间只能靠信差传消息。在战争的时候，拜占庭军队内所有将军和副官必须达成一致共识，决定是否有赢的机会才去攻打敌人的阵营。但是，在军队内有可能存有叛徒和敌军的间谍，左右将军们的决定又扰乱整体军队的秩序。在达成共识时，结果并不代表大多数人的意见。这时候，在已知有成员谋反的情况下，其余忠诚的将军在不受叛徒的影响下如何达成一致地协议，拜占庭问题就此形成。

拜占庭将军问题是一个协议问题，拜占庭帝国军队的将军们必须全体一致地决定是否攻击某一支敌军。问题是这些将军在地理上是分隔开来的，并且将军中存在叛徒。叛徒可以任意行动以达到以下目标：欺骗某些将军采取进攻行动；促成一个不是所有将军都同意的决定，如当将军们不希望进攻时促成进攻行动；或者迷惑某些将军，使他们无法做出决定。如果叛徒达到了这些目的之一，则任何攻击行动的结果都是注定要失败的，只有完全达成一致的努力才能获得胜利。

拜占庭假设是对现实世界的模型化，由于硬件错误、网络拥塞或断开以及遭到恶意攻击，计算机和网络可能出现不可预料的行为。拜占庭容错协议必须处理这些失效，并且这些协议还要满足所要解决的问题要求的规范。

定义一个变量v_i（为不失一般性，并不要求v_i是布尔值），作为其他将军收到的第 i 个将军的命令值；i 将军会将把自己的判断作为v_i。可以想象，由于叛徒的存在，各个将军收到的v_i值不一定是相同的。之后，定义一个函数来处理向量(v_1，v_2，…，v_n)，代表了多数人的意见，各将军用这个函数的结果作为自己最终采用的命令。至此，我们可以利用这些定义来形式化这个问题，用以匹配一致性和正确性。

（1）一致性

条件 1：每一个忠诚的将军必须得到相同的指令向量(v_1，v_2，…，v_n)或者指令集合。

这意味着，忠诚的将军并不一定使用 i 将军送来的信息作为 vi，i 将军也可能是叛徒。但是仅靠这个条件，忠诚的将军的信息送来的信息也可能被修改，这将影响到正确性。

（2）正确性

条件 2：若 i 将军是忠诚的，其他忠诚的将军必须以他送出的值作为v_i。

将问题改为司令－副官模式来简化问题，即一个司令把自己的命令传递给 $n-1$ 个副官，于是，拜占庭将军问题的可以描述为：

IC1：所有忠诚的副官遵守一个命令，即一致性。

IC2：若司令是忠诚的，每一个忠诚的副官遵守他发出的命令，即正确性。

IC1 和 IC2 分别由条件 1 和条件 2 演化得来。司令－副官模式只要将司令遍历各个将军，就可以变成完整问题，而他们采用的算法可以是完全一致的。IC1 和 IC2 构成了解决拜占庭将军问题的充分条件，在这种模式下，司令副官的形式下达成的一致意味着司令的命令得到了有效传达，若出现了异议，有异议的将军会作为司令发起新的司令副官模式寻求自己的观点表达，以协商达成一致。

接下来，我们可以讨论拜占庭将军问题的算法了，目前能够满足条件 IC1 和 IC2，可以切实有效地解决拜占庭将军问题的方法有两种：口头协议和书面协议。

（3）口头协议

将满足以下三个条件的方式称为口头协议：

A1：每个被发送的消息都能够被正确的投递；

A2：信息接收者知道是谁发送的消息；

A3：能够知道缺少的消息。

简而言之，信道绝对可信，且消息来源可知。但要注意的是，口头协议并不会告知消息的上一个来源是谁。

结论：采用口头协议，若叛徒数少于1/3，则拜占庭将军问题可解。也就是说，若叛徒数为 m，当将军总数 n 至少为 $3m+1$ 时，可即满足 IC1 又满足条件 IC2。

（4）书面协议

书面协议除了需满足口头协议的三个条件 A1，A2，A3 之外，还需满足额外的一个条件 A4：

① 签名不可伪造，一旦被篡改即可发现，而叛徒的签名可被其他叛徒伪；

② 任何人都可以验证签名的可靠性。

结论：对于任意 m，最多只有 m 个背叛者情况下，书面协议算法能解决拜占庭将军问题。也就是说，在使用签名的情况下，书面协议可以打破三模冗余的僵局。使用了签名的情况下，只要知道了叛徒数量，我们就可以利用书面协议算法解决拜占庭将军问题。

5.1.2　实用拜占庭容错技术

在一个由多个节点组成的系统中，节点可能出错。节点出错的类型不同，危害程度也不同。影响最小的是“出错—停止（Fail - Stop）”类型，此种类型的节点在出错后，立即停止工作，而系统中的其他节点也会知道该节点出错了。拜占庭错误类型是从拜占庭将军问题中叛徒的行为引申而来的，拜占庭错误节点在出错后依然继续工作，会做出任意的行为（例如：不响应、发出错误消息、复制多份消息、向不同节点发送不同的决定，或与其他拜占庭错误节点合谋等等），而系统中的其他节点无法识别出拜占庭错误节点。例如，被攻击者控制，用来攻击系统的节点，就是典型的拜占庭错误节点。

拜占庭容错：若一个多节点系统中存在少量拜占庭出错节点，仍然能形成共识，则称该系统是拜占庭容错的。

实用拜占庭容错算法（Practical Byzantine Fault Tolerance，PBFT）是 Miguel Castro 和 Barbara Liskov 在 1999 年提出来的，解决了原始拜占庭容错算法效率不高的问题，使得拜占庭容错算法在实际系统应用中变得可行。

相关概念：

复制节点（简称节点）：分为主节点与备份节点。主节点负责接收客户的请求，并组播给其他备份节点。还可以分为拜占庭出错节点与正常节点。

视图：类似其他系统的 epoch，是一个时间阶段。每个视图使用不同的主节点（Primary）。当主节点出错，备份节点会形成共识，切换到下一个视图。

组播：全部复制节点构成一个组，下文组播特指发送消息给全部组成员。

共识：指系统中正常节点就某个消息形成了法定多数。

请求消息：＜request，o，t，c＞，其中 request 为消息类型，o 是要执行的操作，t 是时间戳，c 是客户地址。

预准备消息：＜pre - prepare，v，n，d＞，其中 pre - prepare 是消息类型，v 为当前视图 id，n 是请求 m 在当前视图中的 id，d 是 m 的摘要，m 是请求消息。

准备消息：＜prepare，v，n，d，i＞，其中 v，n，d 定义同上，i 为本节点 id。

确认消息：＜commit，v，n，d，i＞，其中 commit 为消息类型，v，n，i 同上，d 为请求 m 的摘要。

准备好 Prepared（m，v，n，i）：对于请求 m，若节点 i 存储了请求，预准备及 $2f+1$ 个准备消息，则称节点 i 已经准备好 m。

本地确认 Committed - local（m，v，n，i）：对于请求 m，若 Prepared（m，v，n，i）成立，且节点 i 存储了至少 $2f+1$ 个确认消息，则称节点 i 完成了对 m 的本地确认。

系统确认 Committed（m，v，n）：对于请求 m，若系统中存在一个 $f+1$ 个正常节点的集合，且对于该集合中的任意一个节点 i，Committed - local（m，v，n，i）成立，则称系统确认 m。

一致性协议至少包含若干个阶段：请求（Request）、序号分配（Pre - prepare）和响应（Reply）。根据协议设计的不同，可能包含相互交互（Prepare），序号确认（Commit）等阶段。

PBFT 的一致性协议如图 5 - 1 所示。PBFT 系统通常假设故障节点数为 m 个，而整个服务节点数为 $3m+1$ 个。每一个客户端的请求需要经过 5 个阶段，通过采用两次两两交互的方式在服务器达成一致之后再执行客户端的请求。由于客户端不能从服务器端获得任何服务器运行状态的信息，PBFT 中主节点是否发生错误只能由服务器监测。如果服务器在一段时间内都不能完成客户端的请求，则会触发视图更换协议。

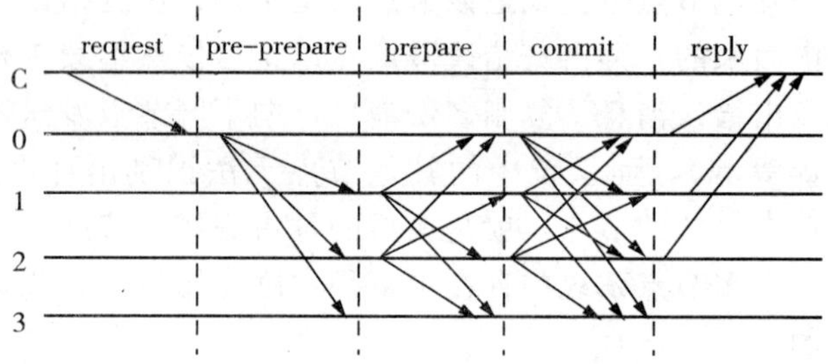

图 5 - 1　PBFT 协议通信模式

图 5 - 1 是一个简化的 PBFT 的协议通信模式，其中 C 为客户端，0～3 表示服务节点（0 为主节点，3 为故障节点）。

整个协议的基本过程如下：

① 客户生成请求消息＜request，o，t，c＞，并将其单播给主节点。

② 主节点收到该消息后，进入预准备阶段。主节点产生复合消息＜pre - prepare，v，n，d＞并组播该消息。

③ 备份节点在收到该复合消息且验证通过后，进入准备阶段。它生成准备消息＜prepare,v，n，d，i＞，并组播该消息。同时，该节点存储上述预准备消息和准备消息。

④ 节点在收到准备消息且验证通过后，存储该准备消息。

⑤ 如果某节点准备好（Prepared（m，v，n，i））成立，则该节点生成确认消息＜commit,v，n，d，i＞并组播该消息，同时进入确认阶段。

⑥ 节点在收到确认消息并验证通过后，存储该消息。

⑦ 如果某节点本地确认（Committed - local（m，v，n，i））成立，且所有序号小于

n 的请求都被处理，则该节点执行请求 m 中的操作，并将结果单播给客户。

⑧ 客户若收到来自不同复制节点的 $f+1$ 个相同的结果，则结果有效。

PBFT 在很多场景都有应用，在区块链场景中，一般适合于对强一致性有要求的私有链和联盟链场景。例如，在 IBM 主导的区块链超级账本项目中，PBFT 是一个可选的共识协议。

除了 PBFT 之外，超级账本项目还引入了基于 PBFT 的自用共识协议，它的目的是希望在 PBFT 基础之上能够对节点的输出也做好共识，这是因为，超级账本项目的一个重要功能是提供区块链之上的智能合约，即在区块链上执行的一段代码，因此它会导致区块链账本上最终状态的不确定，为此这个自有共识协议会在 PBFT 实现的基础之上，引入代码执行结果签名进行验证。

5.2　一致性算法 Raft

在很多分布式系统场景下，并不需要解决拜占庭将军问题，也就是说，在这些分布式系统的实用场景下，其假设条件不需要考虑拜占庭故障，而只是处理一般的死机故障。在这种情况下，采用 Paxos 等协议会更加高效。Paxos 是 Lamport 设计的保持分布式系统一致性的协议。但由于 Paxos 非常复杂，比较难以理解，因此后来出现了各种不同的实现和变种。例如谷歌的 GFS、BigTable 就采用了基于 Paxos 的 Chubby 的分布式锁协议；Yahoo 的 Hadoop 系统采用了类似 Paxos 协议的 Zookeeper 协议。Raft 也是为了避免 Paxos 的复杂性而专门设计成易于理解的分布式一致性算法。在私有链和联盟链的场景下，通常共识算法有强一致性要求，同时对共识效率要求高。另外一般安全性要比公有链场景高，一般来说不会经常存在拜占庭故障。因此，在一些场景下，可以考虑采用非拜占庭协议的分布式共识算法。

Raft 是斯坦福的 Diego Ongaro、John Ousterhout 两个人以易懂为目标设计的一致性算法，他们在 2014 年发布了论文 *In Search of an Understandable Consensus Algorithm*，到现在已经有了十多种语言的 Raft 算法实现框架。其较为出名的有 etcd，Google 的 Kubernetes 也是用了 etcd 作为服务发现框架，可见易懂性是多么重要。与 Paxos 不同，Raft 强调的是易懂（Understandability），Raft 和 Paxos 一样只要保证 $\frac{n}{2}+1$ 节点正常就能够提供服务。众所周知，当问题较为复杂时可以把问题分解为几个小问题来处理，这里先简单介绍一下 Raft 的流程。

如图 5-2 所示，在 Raft 算法中，每个结点会处于下面三种状态中的一种：

Follower（追随者）：所有结点都以 Follower 的状态开始，如果没收到 Leader 消息则会变成 Candidate 状态。

Candidate（候选者）：会向其他结点拉选票，如果得到大部分的票则成为 Leader，这个过程就叫作 Leader 选举（Leader Election）。

Leader（领导者）：所有对系统的修改都会先经过 Leader。每个修改都会写一条日志（Log Entry）。Leader 收到修改请求后的过程叫作日志复制（Log Replication）：

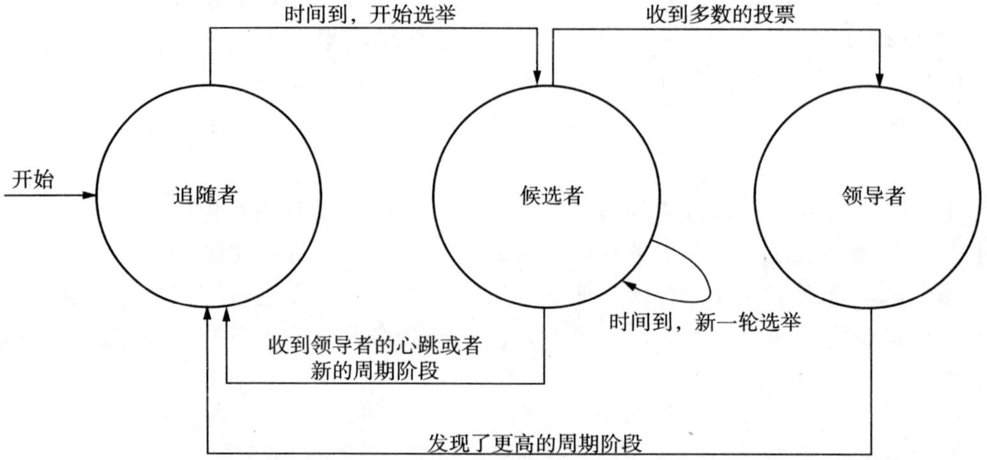

图 5-2 Raft 算法示意图

正常情况下，所有 server 中只有一个是 Leader，其他的都是 Follower。server 之间通过 RPC 消息通信。Follower 不会主动发起 RPC 消息。Leader 和 Candidate（选主的时候）会主动发起 RPC 消息。为了便于理解，将 Raft 整个过程分为三个阶段：Leader Election，Log Replication 和 Commit（safety）。

5.2.1 Leader Election

在 Raft 中使用了一个可以理解为周期（第几届、任期）的概念，用 Term 作为一个周期，每个 Term 都是一个连续递增的编号，每一轮选举都是一个 Term 周期，在一个 Term 中只能产生一个 Leader。一个 Term 由一个唯一的 id 标识。每个 Term 一开始就进行 Leader Election：

① Followers 将自己维护的 Current _ Term _ id 加 1。

② 然后将自己的状态转成 Candidate。

③ 发送 RequestVoteRPC 消息（带上 Current _ Term _ id）给其他所有 server。

这个过程会有三种结果：

（1）自己被选成了 Leader

当收到了 Majority 的投票后，状态切成 Leader，并且定期给其他的所有 server 发心跳消息以告诉对方自己是 Current _ Term _ id 所标识的 Term 的 Leader。每个 Term 最多只有一个 Leader，在每个 RPC 消息中都会带上 Term id，用于检测过期的消息。若自己是一个过期的 Leader（Term id 更小的 Leader），当一个 server 收到的 RPC 消息中的 RPC _ Term _ id 比本地的 Current _ Term _ id 更大时，就更新 Current _ Term _ id 为 RPC _ Term _ id，并且如果当前 State 为 Leader 或者 Candidate 时，将自己的状态切成 Follower。如果 RPC _ Term _ id 比本地的 Current _ Term _ id 更小，则拒绝这个 RPC 消息。

（2）别人成为 Leader

如（1）所述，当 Candidate 在等待投票的过程中，收到大于或者等于本地的 Current _ Term _ id 的声明对方是 Leader 的 Append Entries RPC 时，则将自己的 State 切成

Follower，并且更新本地的 Current _ Term _ id。

(3) 没有选出 Leader

当投票被瓜分，没有任何一个 Candidate 收到了 Majority 的 Vote 时，没有 Leader 被选出。这种情况下，每个 Candidate 等待的投票的过程就超时了，接着 Candidates 都会将本地的 Current _ Term _ id 再加 1，发起 RequestVoteRPC 进行新一轮的 Leader election。

当投票被瓜分后，所有的 Candidate 同时超时，然后有可能进入新一轮的票数被瓜分，为了避免这个问题，Raft 采用一种很简单的方法：每个 Candidate 的 Election Timeout 从 150～300ms 之间随机取，那么第一个超时的 Candidate 就可以发起新一轮的 Leader Election，带着最大的 Term _ id 给其他所有 server 发送 RequestVoteRPC 消息，从而自己成为 Leader。

5.2.2 Log Replication

当发生改变时，Leader 会复制日志给 Follower 结点，这也是通过 Append Entries 心跳消息完成的。Leader 收到修改请求后的日志复制（Log Replication）过程如下：

① 复制日志到所有 Follower 结点（Replicate Entry）；

② 大部分结点响应时才提交日志；

③ 通知所有 Follower 结点日志已提交；

④ 所有 Follower 也提交日志；

⑤ 现在整个系统处于一致的状态。

5.3 PoW 工作量证明机制

比特币系统的重要概念是一个基于互联网的去中心化账本，即区块，每个区块相当于账本页，区块中记录的信息主体，即为相应的交易内容。账本内容的唯一性要求记账行为是中心化的行为，然而，中心化所引发的单点失败，可能导致整个系统面临危机甚至崩溃。去中心记账可以克服中心化账本的弱点，但同时也会带来记账行为的一致性问题。

从去中心化账本系统的角度看，每个加入这个系统的节点都要保存一份完整的账本，但每个节点却不能同时记账，因为节点处于不同的环境，接收到不同的信息，如果同时记账的话，必然会导致账本的不一致，造成混乱。因此，需要有共识来达成哪个节点有权记账。比特币区块链通过竞争记账的方式解决去中心化的记账系统的一致性问题。

中本聪在其比特币奠基性论文中设计了工作量证明（Proof of Work，PoW）共识机制，其核心思想是通过引入分布式节点的算力竞争来保证数据一致性和共识的安全性。

在比特币系统中，每个节点基于各自的计算能力相互竞争来共同解决一个求解复杂但验证容易的 SHA256 数学难题，最快解决该难题的节点将获得一次区块记账权，并向其他节点同步新增账本信息。

PoW 系统中一定有两个角色：工作者和验证者，他们需要具有以下特点：

① 工作者需要完成的工作必须有一定的量，这个量由工作验证者给出。

② 验证者可以迅速地检验工作量是否达标。

③ 工作者无法自己创造工作，必须由验证者发布工作。

④ 工作者无法找到很快完成工作的办法。

简单地说，PoW 机制就是一份确认工作端做过一定量工作的证明。PoW 系统的主要特征是计算的不对称性。工作端需要做一定难度的工作得出一个结果，而这个结果很容易被验证方验证是否做了相应工作。

举个例子，给定的一个基本的字符串“Hello，world!”，我们给出的工作量要求是，可以在这个字符串后面添加一个叫作 Nonce 的整数值，对变更后（添加 Nonce）的字符串进行 SHA256 哈希运算，如果得到的哈希结果（以 16 进制的形式表示）是以“0000”开头的，则验证通过。为了达到这个工作量证明的目标。需要不停地递增 Nonce 值，对得到的新字符串进行 SHA256 哈希运算。按照这个规则，需要经过 4251 次计算才能找到恰好前 4 位为 0 的哈希散列。

```
Hello，world0 => 1312af178c253f84028d480a6adc1e25e81caa44c749ec81976192e2ec934c64
Hello，world1 => e9afc424b79e4f6ab42d99c81156d3a17228d6e1eef4139be78e948a9332a7d8
Hello，world2 => ae37343a357a8297591625e7134cbea22f5928be8ca2a32aa475cf05fd4266b7
...
Hello，world4248" => 6e110d98b388e77e9c6f042ac6b497cec46660deef75a55ebc7cfdf65cc0b965
Hello，world4249 => c004190b822f1669cac8dc37e761cb73652e7832fb814565702245cf26ebb9e6
Hello，world4250 => 0000c3af42fc31103f1fdc0151fa747ff87349a4714df7cc52ea464e12dcd4e9
```

通过这个示例我们对工作量证明机制有一个初步的理解。有的人会认为如果工作量证明只是这样的一个过程，那是不是只需要记住 Nonce 为 4521 计算能通过验证就行了？当然不是的，这只是一个个例。

下面，我们将输入简单地变更为“Hello，world+整数值”，整数值取 1 到 1000，也就是说，将输入变成一个由 1000 个值组成的数组：“Hello，world1；Hello，world2；…；Hello，world1000”。然后对数组中的每一个输入依次进行上面例子中要求的工作量证明——找到前导为 4 个 0 的哈希散列。

容易算出，预期大概要进行2^{16}次尝试（哈希值的伪随机特性使得我们可以做概率估算)，才能得到 4 个前导 0 的哈希散列，而统计一下刚才进行的 1000 次计算的实际计算结果，我们会发现，进行计算的平均次数为 66958 次，十分接近$2^{16}=65536$。在这个例子中，数学期望的计算次数，就是我们要求的“工作量”，重复多次进行的工作量证明会是一个符合统计学规律的概率事件。

（1）工作量证明函数

比特币系统中使用得工作量证明函数是 SHA256。在 4.1.3 节 SHA-2 算法中已经详细地介绍了 SHA-256 算法的背景及具体计算步骤，在此不再赘述。

（2）区块

比特币区块由区块头和该区块所包含的交易列表组成。区块头大小为 80 字节，其构成包括：

4 字节：版本号

32 字节：上一个区块的哈希值

32 字节：交易列表的 Merkle 根哈希值

4 字节：当前时间戳

4 字节：当前难度值

4 字节：随机数 Nonce 值

此 80 字节长度的区块头，即为比特币 PoW 算法的输入字符串。区块的大致结构如图 5-3 所示。

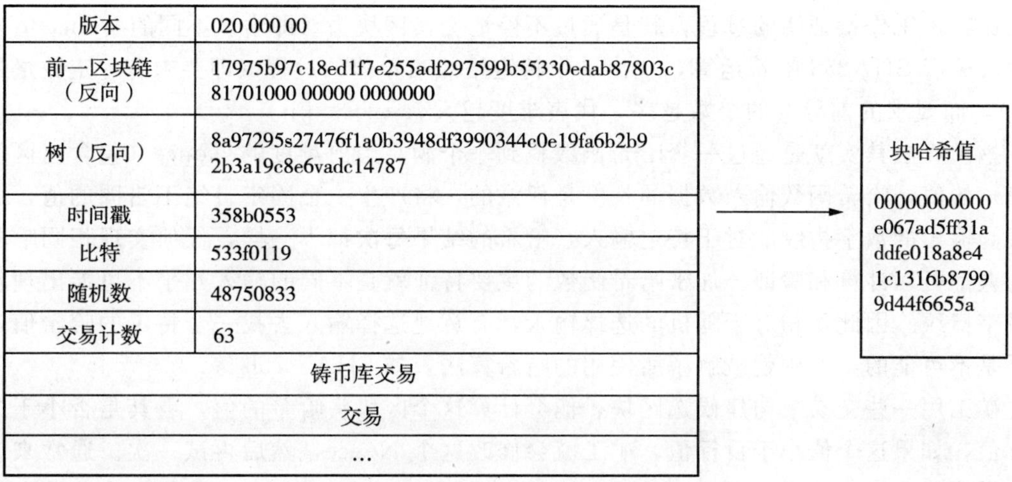

图 5-3　区块的结构

为了使区块头能体现区块所包含的所有交易，在区块的构造过程中，需要将该区块要包含的交易列表，通过 Merkle 哈希树算法生成 Merkle Root 值，并以此作为交易列表的哈希值存到区块头。相关内容详见 4.2 节 Merkle 树算法。

（3）难度值

难度值（Difficulty）是矿工们在挖矿时候的重要参考指标，它决定了矿工大约需要经过多少次哈希运算才能产生一个合法的区块。比特币的区块大约每 10 分钟生成一个，如果要在不同的全网算力条件下，新区块的产生都基本保持这个速率，难度值必须根据全网算力的变化进行调整。简单地说，难度值被设定在无论挖矿能力如何，新区块产生速率都保持在 10 分钟一个。

难度的调整是在每个完整节点中独立自动发生的。每 2016 个区块，所有节点都会按统一的公式自动调整难度，这个公式是由最新 2016 个区块的花费时长与期望时长（期望时长为 20160 分钟即两周，是按每 10 分钟一个区块的产生速率计算出的总时长）比较得出的，根据实际时长与期望时长的比值，进行相应调整（或变难或变易）。也就是说，如果区块产生的速率比 10 分钟快则增加难度，比 10 分钟慢则降低难度。

这个公式可以总结为如下形式：

新难度值＝旧难度值×（过去 2016 个区块花费时长/20160 分钟）

工作量证明需要有一个目标值。比特币工作量证明的目标值（Target）的计算公式如下：

目标值＝最大目标值/难度值

其中最大目标值为一个恒定值：

0x00000000FFFFFFFFFFFFFFFFFFFFFFFFFFFFFFFFFFFFFFFFFFFFFFFFFFFFFFFF

目标值的大小与难度值成反比。比特币工作量证明的达成就是矿工计算出来的区块哈希值必须小于目标值。

（4）PoW 的过程

比特币工作量证明的过程，就是通过不停地变换区块头（即尝试不同的 Nonce 值）作为输入进行 SHA256 哈希运算，找出一个特定格式哈希值的过程（即要求有一定数量的前导 0），而要求的前导 0 的个数越多，代表难度越大。

挖矿算法其实就是通过一个哈希函数找到一个满足当前难度的 Nonce（包含在区块头里面）的值，哈希函数输入数据的长度是任意的，将产生一个固定且绝不雷同的值，可将其视为输出的数字指纹。对于特定输入，哈希的结果每次都不一样，任何实现相同哈希函数的人都可以计算和验证。加密哈希函数的主要特征就是不同的输入几乎不可能出现相同的数字指纹。因此，相对于随机的选择输入，有意地选择输入去找一个特定的哈希值，这几乎是不可能的，否则就破解了所使用的哈希算法，如 SHA－256 等。

矿工用一些交易来构建候选区块，他会计算这个区块头哈希的值，看其是否小于当前目标值，如果这个值小于目标值，矿工就会修改这个 Nonce，然后再试一次。通常来说矿工会做成千上万次哈希运算，从而得到一个合适的 Nonce，使得区块头哈希满足当前难度。这也是 PoW（工作量证明）算法的由来。

PoW 要求出示一定的证明表明工作量，证明可以是直接记录也可以通过概率表示，其中对于由小概率事件累积而成的工作，出示结果等同于证明了工作量（因为不太可能直接得到小概率结果）。在比特币和其他类比特币的系统中，PoW 系统是以合乎要求的哈希作为工作结果的。由于矿工需要一定量的计算才能取得合法的计算结果，因此得到合法的计算结果就可以证明完成了一定量的计算。

（5）基于 PoW 的共识记账

我们以比特币网络的共识记账为例，来说明基于 PoW 的共识记账过程。

① 客户端产生新的交易，向全网进行广播要求对交易进行记账；

② 每一个记账节点一旦收到这个请求，将收到的交易信息纳入一个区块中；

③ 每个节点都通过 PoW 过程，尝试在自己的区块中找到一个具有足够难度的工作量证明；

④ 当某个节点找到了一个工作量证明，它就向全网进行广播；

⑤ 当且仅当包含在该区块中的所有交易都是有效的且之前未存在过的，其他节点才认同该区块的有效性；

⑥ 其他节点表示它们接受该区块，而表示接受的方法则是在跟随该区块的末尾，制造新的区块以延长该链条，而将被接受区块的随机哈希值视为先于新区块的随机哈希值。

通过上述的记账过程，客户端所要求记录的交易信息被写入了各个记账节点的区块链中，形成了一个分布式的高概率的一致账本。

（6）关于比特币 PoW 能否解决拜占庭将军的问题

关于比特币 PoW 共识机制能否解决拜占庭将军问题一直在业界有争议。2015 年，Juan Garay 对比特币的 PoW 共识算法进行了正式的分析，得出的结论是比特币的 PoW 共识算法是一种概率性的拜占庭协议（Probabilistic BA）。Garay 对比特币共识协议的两个重要属性分析如下。

1）一致性（Agreement）

在不诚实节点总算力小于 50%的情况下，同时每轮同步区块生成的概率很少的情况下，减实的节点具有相同的区块的概率很高。用数学的严格语言说应该是：当任意两个诚实节点的本地链条截取 K 个节点，两条剩下的链条的头区块不相同的概率随着 K 的增加呈指数型递减。

2）正确性（Validity）

大多数的区块必须由诚实节点提供。严格来说，当不诚实节点算力非常小的时候，才能使大多数区块由诚实节点提供。

因此可以看到，当不诚实的节点算力小于网络总算力的 50%时，同时挖矿难度比较高，在大约 10 分钟出一个区块情况下，比特币网络达到一致性的概念会随确认区块的数目增多而呈指数型增加。但当不诚实算力具一定规模，甚至不用接近 50%的时候，比特币的共识算法并不能保证正确性，也就是，不能保证大多数的区块由诚实节点来提供。

因此，我们可以看到，比特币的共识算法不适合于私有链和联盟链。其原因首先是它是一个最终一致性共识算法，不是一个强一致性共识算法。第二个原因是其共识效率低。提供共识效率又会牺牲共识协议的安全性。

另一方面，比特币通过巧妙的矿工奖励机制来提升网络的安全性。矿工挖矿获得比特币奖励以及记账所得的交易费用使得矿工更希望维护网络的正常运行，而任何破坏网络的非诚信行为都会损害矿工自身的利益。因此，即使有些比特币矿池具备强大的算力，它们都没有作恶的动机，反而有动力维护比特币的正常运行，因为这和它们的切实利益相关。

PoW 机制存在两方面明显的缺陷：算力的消耗与浪费，算力集中化突显。

1）算力的消耗与浪费

在 PoW 中，尽管区块链节点是用来帮助区块链进行分布式数据记录的，但是它们实际所做的大部分工作是寻找正确的随机数而与数据记录无关。用来寻找随机数的能量和资源将永远地消失，这显而易见是一种浪费。

2）算力集中化突显

PoW 机制自然地导致了算力集中问题。由于作为一个普通的个体或者几十、几百台规模的矿机目前都极难挖到区块了，因此大家必须联合起来挖矿，这就诞生了算力集中的地方——矿池。其中最著名的是比特币 Ghash 矿池，因为它数次接近甚至达到了 50%比特币的算力，从而引起了比特币社区的广泛担忧。

5.4　PoS 股权证明机制

随着以太坊从原来的工作量证明机制（PoW）逐步向股权证明机制（PoS）过渡，股权证明受到了越来越多的关注。

工作量证明是通过一定量的计算来验证交易并产生新的区块，与此不同的是，股权证明要求用户拥有一定数量的加密货币。新区块的创造者是由一种伪随机的方式选择的，取决于用户拥有的财富，也被称为“股权”。在股权证明机制中，区块的产生被称为“伪造”或者“创造”，而不是通过挖矿。验证交易并产生新区块的用户成为伪造者。

在大多数应用股权证明的区块链中，在启动区块链的时候创建了数字货币单位，并且数字货币的数量是固定不变的，因此，伪造者通过收取交易手续费作为奖励。在有些区块链中，可以通过增加货币发行数量来创建货币单元，此时就可以将创建新的货币单元产生的数字货币作为奖励。

为了验证交易并创建新的区块，伪造者必须将自己拥有的数字货币来换取这种权利，可以把这种行为看作是把财富放在托管账户中来获得股票，如果他们验证了欺诈性交易，他们将会失去他们所有用的股票，以及他们作为伪造者的权利。一旦将自己拥有的货币换取股权，他们就可以参与区块的产生，因为他们在区块链上投入了自己的资金，理论上来说这促使他们只会验证正确的交易。

这个机制没有提供在区块链创立初始阶段处理数字货币的方法，所以使用这个机制的加密货币会从ICO开始出售他们预先开采的货币，或者初始时使用工作量证明机制，让矿工挖矿获得货币，然后再转换成股权证明机制。

(1) 区块选择方法

为了使股权证明机制有效地工作，需要有一种方法来选择哪个用户可以伪造区块链中的新的有效区块。如果仅仅通过用户投入资金的多少来选择区块的伪造者，这将会给投入大量资金的用户带来永久的优势。为了解决这个问题，创建了集中独特的选择方法，这些方法中最受欢迎的就属“随机区块选择”和“基于币龄的选择方法”。

(2) 随机区块选择

在这种选择方法中，用一个公式来选择下一个区块的伪造者，这取决于用户最小Hash值和股权的大小组合。因为股权的大小是公开的，每个节点通常都可以预测谁会成为下一个区块的伪造者。NXT和BlackCoin是使用随机区块选择方法的加密货币。

(3) 基于币龄的选择方法

基于币龄的选择方法是计算投入者的币龄来决定下一个区块的伪造者，币龄的计算方法是投入者将数字货币作为股权的天数乘以作为股权的数字货币的数量。持有者持有数字货币至少30天才能参与下一个区块的竞选，拥有股权越多，持有股权时间越长，成为下一个区块的伪造者的概率就会越大。用户一旦成为伪造者，他们的币龄将会重置为0，因此，他们需要等待至少30天才能再次参加竞选。该机制分配用户最多在90天的时间内伪造下一个区块，这个可以阻止拥有大量股权的用户操控区块链，从而使网络更加安全。因为伪造者成功创建区块的机会越大，他们创建区块的时间就越长，伪造者期待更多的创造区块，这个机制促进了一个健康的社区。

Peercoin是一个基于股权证明的加密货币系统，它使用了基于币龄的选择方法和随机区块选择相结合的选择方法。Peercoin的开发者声称，这使得对网络的恶意攻击变得更加困难，因为购买超过一半的加密货币会比收购51%的股权散列能力更加昂贵。

大部分基于股权证明的加密货币通过手续费的形式支付奖励以验证交易并创建新的区块，设定一个用户期待的目标利率。在这种加密货币的情况下，随着时间的推移，伪造者得到越来越多的加密货币，该利率就会变成货币供应的最大利率。

因为电力和硬件成本远远低于工作量证明机制，股权证明显得更加友好和高效，鼓励越来越多的人参与进来。

5.5 DPoS 股份授权证明机制

股份授权证明（Delegated Proof of Stake，DPoS）是一种保护加密货币网络的新方法。DPOS 试图解决在比特币上的传统的工作量证明（Proof of Work，PoW）系统出现的，以及在 Peercoin 和 NXT 上的权益证明（Proof of Stake，PoS）系统出现的问题。DPOS 实现了一个技术民主层来抵消中心化的负面影响。

比特股（Bitshare）是一类采用 DPoS 机制的密码货币，它引入了证人这个概念。“证人”这个词是一个法律上不受监管的中立的术语，传统合同上通常有证人签名的位置。对于极其重要的合同，有时会使用公证人（public notary）。证人和公证人都不是合同的缔约方，但他们在证明合同是在何时由何人签署的起到非常重要的作用。在比特股(BitShares）中，证人充当着类似的角色，证人的任务是验证签名、给交易添加时间戳，并将交易打包到区块中。每一个持有比特股的人都可以投票选举证人。得到总同意票数中的前 N 个（N 通常定义为 101）候选者可以当选为证人，当选证人的个数（N）需满足：至少一半的参与投票者相信 N 已经充分地去中心化。

每当证人生产一个区块时，他们都会获取相应的服务费。证人的薪酬水平由股东选出的代表（delegate）来制定。如果某个证人没有生产出区块，那么就不会给他支付薪酬，并可能在未来被投票踢出。

每经过一个维护间隔时间（1 天），选票就会被统计一次，届时活跃证人的名单也会更新一次。然后将证人名单随机排列，并且每个证人会轮流地在固定的预先计划好的 2 秒内生产一个区块。当所有证人轮完之后，他们又将被重新排列。如果某个证人没有在他自己的时间段内生产一个区块，那么该时间段将被跳过，下一个证人继续产生下一个区块。

比特股还设计了另一类竞选，代表竞选。代表也是通过类似选举证人的方式选举出来，并且有权对网络参数提出修改，这些参数包括交易费用，区块大小，证人工资和区块间隔等。在大多数代表批准了提议的变更后，股东有两周的复审期，在此期间他们可以投票踢出代表并作废被提议的变更。

选择这种设计是为了确保代表在技术上没有直接的权力，并且对网络参数的所有变更最终都必须得到股东的批准。这样做是为了保护代表免受那些可能只适用于加密货币的管理人员的监管。在 DPOS 共识机制下，我们可以确切地说，行政权力掌握在用户手中，而不是代表或证人的手中。

在 DPOS 共识机制下，每个股东的影响力和他的股份数量成正比，所有的股东都拥有并可以自由行使这种影响力，这是市面上的其他共识机制都无法做到的。在其他共识机制中，有许多不同方式的排斥股东参与的可选方案，一些共识机制使用邀请限定作为替代方案；一些共识机制通过让参与费高于收入的方法来排斥自由参与；还有一些其他共识机制在技术上允许每个人参与，但是通过少数几个玩家生产绝大多数区块的方式来妥善的排斥其他人。只有 DPOS 共识机制能确保区块的生产均衡地分配给大多数人，并且每个人都能通过一种经济可行的方式来选定负责生产区块的人，从而实现高度去中心化。

5.6 Ripple 共识算法

（1）Ripple 的网络结构

Ripple（瑞波）是一种基于互联网的开源支付协议，可以实现去中心化的货币兑换、支付与清算功能。在 Ripple 的网络中，交易由客户端（应用）发起，经过追踪节点（tracking node）或验证节点（ validating node）把交易广播到整个网络中。追踪节点的主要功能是分发交易信息以及响应客户端的账本请求。验证节点除包含追踪节点的所有功能外，还能够通过共识协议，在账本中增加新的账本实例数据。如图 5 - 4 所示是 Ripple 的共识过程中节点交互示意图。

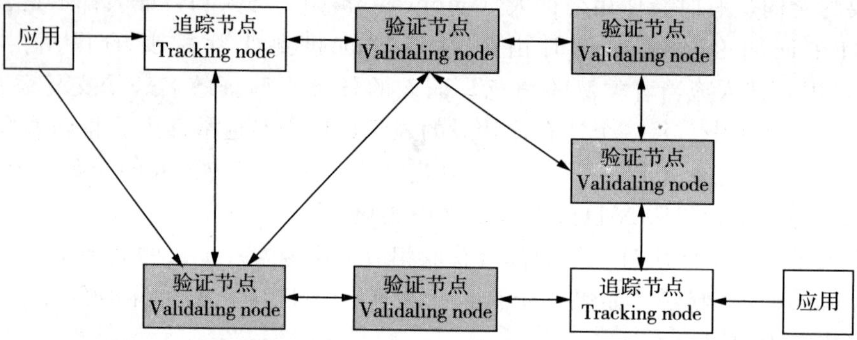

图 5 - 4 Ripple 共识过程节点交互示意图

（2）Ripple 共识算法

Ripple 的共识达成发生在验证节点之间，每个验证节点都先配置了一份可信任节点名单，称为 UNL（ Unique Node List）。在名单上的节点可对交易达成进行投票。每隔几秒，Ripple 网络将进行如下共识过程：

① 每个验证节点会不断收到从网络发送过来的交易，通过与本地账本数据验证后，不合法的交易直接丢弃，合法的交易将汇总成交易候选集（candidate set）。交易候选集里面还包括之前共识过程无法确认而遗留下来的交易。

② 每个验证节点把自己的交易候选集作为提案发送给其他验证节点。

③ 验证节点在收到其他节点发来的提案后. 如果不是来自 UNL 上的节点，则忽略该提案；如果是来自 UNL 上的节点，就会对比提案中的交易和本地的交易候选集，如果有相同的交易，该交易就获得一票。在一定时间内，当交易获得超过 50%的票数时则该交易进入下一轮；没有超过 50%的交易，将留待下一次共识过程去确认。

④ 验证节点把超过 50%票数的交易作为提案发给其他节点，同时提高所需票数的阈值到 60%，重复步骤 3、步骤 4)，直到值达到 80%。

⑤ 验证节点把经过 80%UNL 节点确认的交易正式写入本地的账本数据中，称为最后关闭账本（ Last Closed Ledger)，即账本最后（最新）的状态。

如图 5 - 5 所示是 Ripple 共识算法流程。

在 Ripple 的共识算法中，参与投票节点的身份是事先知道的，因此，算法的效率比

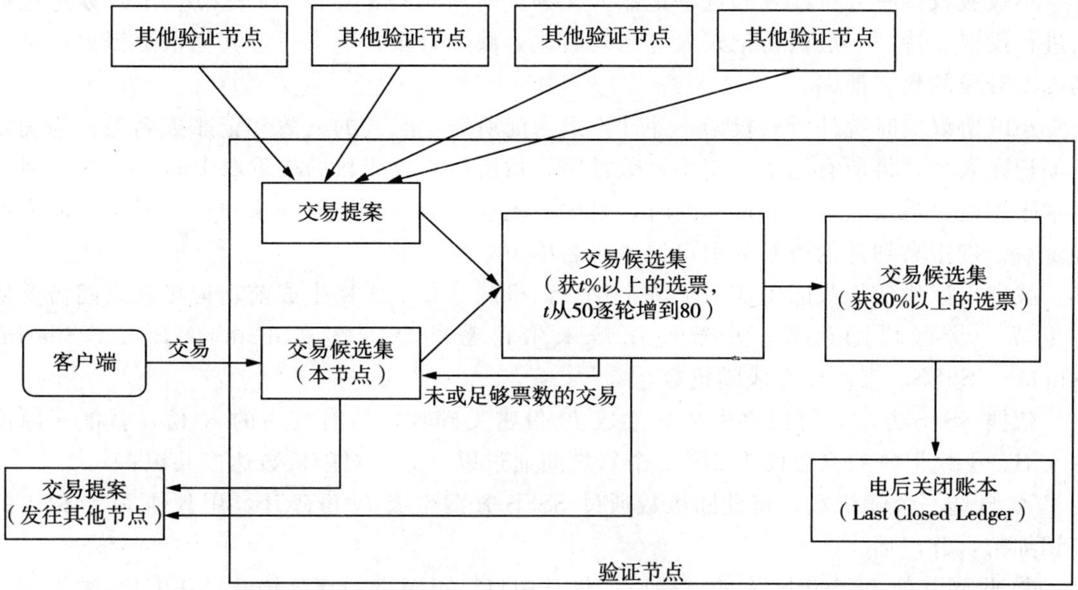

图 5-5 Ripple 共识算法流程

PoW 等匿名共识算法要高效，交易的确认时间只需几秒钟。当然，这点也决定了该共识算法只适合于权限链（Permissioned chain）的场景。Ripple 共识算法的拜占庭容错（BFT）能力为$(n-1)/5$，即可以容忍整个网络中 20%的节点出现拜占庭错误而不影响正确的共识。

5.7 小蚁共识机制

小蚁是基于区块链技术，将实体世界的资产和权益进行数字化，通过点对点网进行登记发行、转让交易、清算交割等金融业务的去中心化网络协议。小蚁可以被用于股权众筹、P2P 网贷、数字资产管理、智能合约等领域。

小蚁共识机制使得运行小蚁协议的各节点能够对当前区块链状态达成一致意见。通过股权持有人投票选举，来决定记账人及其数量；被选出的记账人完成每个区块内容的共识，决定其中所应包含的交易。

小蚁的记账机制被称为中性记账。PoW/PoS/DPoS 解决谁有记账权的问题，而中性记账则侧重于解决如何限制记账人权力的问题。在中性记账的共识机制下，记账人只有选择是否参与的权力、面不能改变交易数据、不能人为排除某笔交易，也不能人为对交易进行排序。

小蚁的中性记账区块链可以做到：

① 每 15s 产生一个区块、优化后有望达到小于 5s；

② 单个记账人不能拒绝包含某笔交易进入当前区块；

③ 每个确认由全体记账人参与、一个确认就是完全确认；

④ 结合超导交易机制，记账人不能通过构造交易来抢先成交牟利。

小蚁股权持有人可以发起选举记账人交易，对所选择数量的（1～1024 个）候选记账人进行投票支持。一般认为记账人应当实名化，候选记账人应当通过其他信道提供能证明其真实身份的数字证书。

小蚁协议实时统计所有投票，并计算出当前所需记账人的人数和记账人名单。为确定所需记账人数，将所有选票按支持人数排序，按所持小蚁股权的权重取中间的 50%然后求算术平均值。当人数不足最低标准时，启用系统预置的后备记账人来顶替。所需记账人数确定后，按由高到低的得票数确定记账人名单。

我们以区块随机数的生成来了解小蚁共识机制。每个区块生成前，记账人之间需要协作生成一个区块随机数。小蚁使用沙米尔秘密共享方案（Shamir's Secret Sharing Scheme，SSSS）来协作生成随机数。

依据 SSSS 方案，可以将密文 S 生成 N 份密文碎片，持有其中的 K 份，就能还原出密文 S。小蚁记账人（假设为 $N+1$ 个）之间通过以下 3 步对随机数达成共识：

① 自选一个随机数，将此随机数通过 SSSS 方案生成 N 份碎片，用其他 N 个记入的公钥加密，并广播。

② 收到其他 N 个记账人的广播后，将其中自己可解密的部分解密，并广播。

③ 收集到至少 K 份密文碎片后，解出随机数；获得所有记账人的随机数后，合并生成区块随机数。

区块随机数由各个记账人协同生成，只要有一个诚实的记账人参与其中，那么即便其他所有记账人合谋，也无法预测或构造此随机数。

在上述区块随机数生成的第一步的广播中．记账人还同时广播其认为应该写入本区块的每笔交易的哈希值。其他记账人侦听到广播后，检查自己是否有该交易哈希值的对应数据，如没有则向其他节点请求。

当区块随机数产生后，每个记账人合并所有第一步广播中的交易（剔除只有哈希值但无法获得交易数据的交易），并签名。获得 2/3 记账人的签名，则本区块完成；否则，共识失败，转回随机数共识的第一步，再次尝试。

6 P2P 网络及分布式存储

对等网络，即对等计算机网络，是一种在对等者（Peer）之间分配任务和工作负载的分布式应用架构，是对等计算模型在应用层形成的一种组网或网络形式。“Peer”在英语里有“对等者、伙伴、对端”的意义。因此，从字面上，P2P 可以理解为对等计算或对等网络。国内一些媒体将 P2P 翻译成“点对点”或者“端对端”，学术界则统一称为对等网络（Peer - to - peer Networking）或对等计算（Peer - to - peer Computing），其可以定义为：网络的参与者共享他们所拥有的一部分硬件资源（处理能力、存储能力、网络连接能力、打印机等），这些共享资源通过网络提供服务和内容，能被其他对等节点直接访问而无需经过中间实体。在此网络中的参与者既是资源、服务和内容的提供者（Server），又是资源、服务和内容的获取者（Client）。

在 P2P 网络环境中，彼此连接的多台计算机之间都处于对等的地位，各台计算机有相同的功能，无主从之分。一台计算机既可作为服务器，设定共享资源供网络中其他计算机所使用，又可以作为工作站，整个网络一般来说不依赖专用的集中服务器，也没有专用的工作站。网络中的每一台计算机既能充当网络服务的请求者，又对其他计算机的请求做出响应，提供资源、服务和内容。通常这些资源和服务包括：信息的共享和交换、计算资源（如 CPU 计算能力共享）、存储共享（如缓存和磁盘空间的使用）、网络共享、打印机共享等。

区块链网络系统之所以选择 P2P 作为其组网模型，这是由于二者思想的契合度确定的；区块链的根本出发点之一是去中心化，中本聪在他的白皮书里，提到电子现金系统中，第三方系统是多余的，没有价值，意思就是整个系统不要依赖任何特殊的第三方来完成自身系统的运转；而 P2P 网络的天然属性，就是全网节点平等，无特殊节点；由于区块链和对等网络的建设思想，高度契合，再加上 P2P 网络已经是一个发展成熟的网络技术；二者走到一起，几乎是一种必然。

由于在 P2P 网络中全网无特殊节点，每个节点都可以提供全网所需的全部服务，没有中心节点把控全网发号施令，保证了数据的自由流通，保证了区块链系统在底层通信信道上到平等性，P2P 网络的这些优势特性奠定了区块链系统的重要基石。

6.1 P2P 网络结构

6.1.1 P2P 网络基本结构

(1) 集中式对等网络（Napster、QQ）

集中式对等网络基于中央目录服务器，为网络中各节目提供目录查询服务，传输内容无需再经过中央服务器。这种网络，结构比较简单，中央服务器的负担大大降低。但由于仍存在中央节点，容易形成传输瓶颈，扩展性也比较差，不适合大型网络。但由于目录集中管理，对于小型网络的管理和控制上倒是一种可选择方案。

（2）无结构分布式网络（Gnutella）

无结构分布式网络与集中式的最显著区别在于，它没有中央服务器，所有结点通过与相邻节点间的通信，接入整个网络。在无结构的网络中，节点采用一种查询包的机制来搜索需要的资源。具体的方式为：某节点将包含查询内容的查询包发送到与之相邻的节点，该查询包以扩散的方式在网络中蔓延。由于这样的方式如果不加节制，会造成消息泛滥，因此一般会设置一个适当的生存时间（TTL）。在查询的过程中递减，当 TTL 值为 0 时，将不再继续发送。

这种无结构的方式，组织方式比较松散，节点的加入与离开比较自由，当查询热门内容时，很容易就能找到，但如果需求的内容比较冷门，较小的 TTL 不容易找到，而较大的 TTL 值又容易引起较大的查询流量，尤其当网络范围扩展到一定规模时，即使限制的 TTL 值较小，仍然会引起流量的剧增。但当网络中存在一些拥有丰富资源的所谓的类服务器节点时，可显著提高查询的效率。

（3）结构化分布式网络（第三代 P2P Pastry、Tapestry、Chord、CAN）

结构化分布式网络，是近几年基于分布式哈希表（Distributed Hash Table）技术的研究成果。它的基本思想是将网络中所有的资源整理成一张巨大的表，表内包含资源的关键字和所存放结点的地址，然后将这张表分割后分别存储到网络中的每一结点中去。当用户在网络中搜索相应的资源时，它将能发现存储与关键词对应的哈希表内容所存放的结点，在该结点中存储了包含所需资源的结点地址，然后发起搜索的结点根据这些地址信息，与对应结点连接并传输资源。这是一种技术上比较先进的对等网络，它具有高度结构化，高可扩展性，结点的加入与离开比较自由。这种方式适合比较大型的网络。

6.1.2 P2P 网络经典结构

（1）分布式哈希表 DHT 结构

分布式哈希表是一种功能强大的工具，它的提出引起了学术界一股研究 DHT 的热潮。虽然 DHT 具有各种各样的实现方式，但是具有共同的特征，即都是一个环行拓扑结构，在这个结构里每个节点具有一个唯一的节点标识（ID），节点 ID 是一个 128 位的哈希值。每个节点都在路由表里保存了其他前驱、后继节点的 ID。如图 6-1（a）所示。通过这些路由信息，可以方便地找到其他节点。这种结构多用于文件共享和作为底层结构用于流媒体传输。

（2）树形结构

P2P 网络树形结构如图 6-1（b）所示。在这种结构中，所有的节点都被组织在一棵树中，树根只有子节点，树叶只有父节点，其他节点既有子节点也有父节点。信息的流向沿着树枝流动。最初的树形结构多用于 P2P 流媒体直播。

（3）网状结构

网状结构如图 6-1（c）所示，又叫无结构。顾名思义，这种结构中，所有的节点无规则地连在一起，没有稳定的关系，没有父子关系。网状结构为 P2P 提供了最大的容忍性、动态适应性，在流媒体直播和点播应用中取得了极大的成功。当网络变得很大时，常常会引入超级节点的概念，超级节点可以和任何一种以上结构结合起来组成新的结构，如KaZaA。

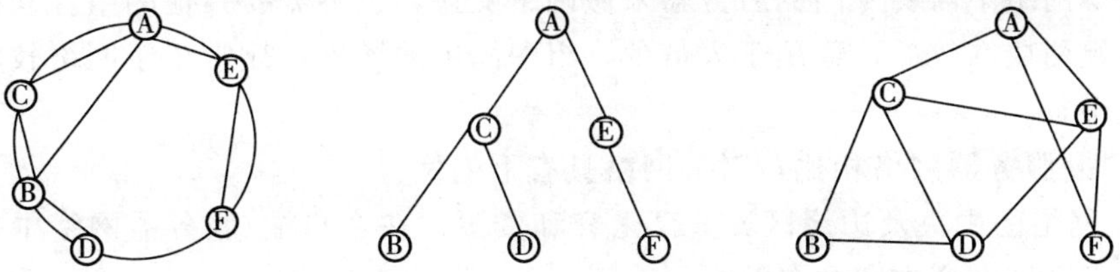

（a）DHT结构　　（b）树形结构　　（c）网状结构

DHT：分布式哈希表　A、B、C、D、E、F节点

图 6－1　P2P 网络经典结构

6.1.3　P2P 网络技术的特点

非中心化：网络中的资源和服务分散在所有结点上，信息的传输和服务的实现都直接在结点之间进行，可以无需中间环节和服务器的介入，避免了可能的瓶颈。P2P 的非中心化基本特点，带来了其在可扩展性、健壮性等方面的优势。

可扩展性：在 P2P 网络中，随着用户的加入，不仅服务的需求增加了，系统整体的资源和服务能力也在同步地扩充，始终能比较容易地满足用户的需要。理论上其可扩展性几乎可以认为是无限的。例如：在传统的通过 FTP 的文件下载方式中，当下载用户增加之后，下载速度会变得越来越慢，然而 P2P 网络正好相反，加入的用户越多，P2P 网络中提供的资源就越多，下载的速度反而越快。

健壮性：P2P 架构天生具有耐攻击、高容错的优点。由于服务是分散在各个结点之间进行的，部分结点或网络遭到破坏对其他部分的影响很小。P2P 网络一般在部分结点失效时能够自动调整整体拓扑，保持其他结点的连通性。P2P 网络通常都是以自组织的方式建立起来的，并允许结点自由地加入和离开。

高性价比：性能优势是 P2P 被广泛关注的一个重要原因。随着硬件技术的发展，个人计算机的计算和存储能力以及网络带宽等性能依照摩尔定律高速增长。采用 P2P 架构可以有效地利用互联网中散布的大量普通结点，将计算任务或存储资料分布到所有结点上。利用其中闲置的计算能力或存储空间，达到高性能计算和海量存储的目的。目前，P2P 在这方面的应用多在学术研究方面，一旦技术成熟，能够在工业领域推广，则可以为许多企业节省购买大型服务器的成本。

隐私保护：在 P2P 网络中，由于信息的传输分散在各节点之间进行而无需经过某个集中环节，用户的隐私信息被窃听和泄漏的可能性大大缩小。此外，目前解决 Internet 隐私问题主要采用中继转发的技术方法，从而将通信的参与者隐藏在众多的网络实体之中。在传统的一些匿名通信系统中，实现这一机制依赖于某些中继服务器节点。而在 P2P 中，所有参与者都可以提供中继转发的功能，因而大大提高了匿名通讯的灵活性和可靠性，能够为用户提供更好地隐私保护。

负载均衡：P2P 网络环境下由于每个节点既是服务器又是客户机，减少了对传统 C/S 结构服务器计算能力、存储能力的要求，同时因为资源分布在多个节点，更好地实现了整个网络的负载均衡。

由于对等网络不需要专门的服务器来做网络支持，也不需要其他的组件来提高网络的性能，因而组网成本较低，适用于人员少、组网简单的场景，故常用于网络较小的中小型企业或家庭中。

与客户端/服务器网络相比，对等网络具有下列优势：

① 可在网络的中央及边缘区域共享内容和资源。在客户端/服务器网络中，通常只能在网络的中央区域共享内容和资源。

② 由对等方组成的网络易于扩展，而且比单台服务器更加可靠。单台服务器会受制于单点故障，或者会在网络使用率偏高时，形为瓶颈。

③ 由对等方组成的网络可共享处理器，整合计算资源以执行分布式计算任务，而不只是单纯依赖一台计算机，如一台超级计算机。

④ 用户可直接访问对等计算机上的共享资源。网络中的对等方可直接在本地存储器上共享文件，而不必在中央服务器上进行共享。

6.2 区块链分布式存储

分布式存储系统，是将数据分散存储在多台独立的设备上。传统的网络存储系统采用集中的存储服务器存放所有数据，存储服务器成为系统性能的瓶颈，也是可靠性和安全性的焦点，不能满足大规模存储应用的需要。分布式网络存储系统采用可扩展的系统结构，利用多台存储服务器分担存储负荷，利用位置服务器定位存储信息，它不但提高了系统的可靠性、可用性和存取效率，还易于扩展。

对于区块链来说，以比特币为例，比特币的交易记录必须要存放在某一位置，同时根据去中心化的思想，这些交易记录不能够只存放在一台电脑中，所以根据分布式存储的原理找到这样一个方案：存放在世界上所有的电脑里面。这种方案的优点是：虽然每个人的电脑硬盘容量有限，但是所有人的电脑硬盘加起来容量几乎是无限的。即使通过黑客手段修改了一台计算机里面的交易记录，但是无法修改全世界每台电脑的交易记录。

从表面上理解，上面说的这种分布式存储方式很粗暴——每台电脑都存放世界上所有人的交易数据。但其实对于比特币来说，只有一些节点才会存放世界上所有人的交易记录，这些节点往往是那些挖矿的矿工，只有他们的电脑才能完整地记录下世界上所有的交易记录，大家不用担心矿工修改记录，由于世界上的矿工数量庞大，而且几乎互不相识。即便他们想要修改交易记录也需要付出非常大的代价，几乎没有人能承担这个成本。

分布式哈希表技术（Distributed Hash Table）简称 DHT，类似 Tracker 的根据种子特征码返回种子信息的网络，是一种分布式存储方法。在不需要服务器的情况下，每个客户端负责一个小范围的路由，并负责存储一小部分数据，从而实现整个 DHT 网络的寻址和存储。

分布式哈希表技术的研究最初是因为 P2P 系统的兴起，如 Napster，Gnutella 和

Freenet。

Napster是最早的P2P服务的代表作，有一个中心index server保存资源的index (key)。当有节点加入、退出和查询时，与index server进行交互，获取资源信息，存在单点故障，在遇到法律纠纷时，这个index server很容易就被关闭了。

Gnutella的去中心化松散布局，当节点发起查询时，通过洪泛（flooding）的方式查询：每个收到查询命令的节点向其所有其他邻居节点发送类似请求，并通过TTL控制洪泛的区域。

Freenet首先采用了分布式哈希表技术，给每个对象（文件）都关联一个key，具有相似的key的文件保存在相似的节点上，并通过一个基于key的启发式的路由进行查询。

分布式哈希表技术可以认为是由key空间、key空间划分、覆盖网组成。key空间很好理解，是所有定长字符串的空间。key空间划分方案将key空间上不同区域划分到不同的参与节点上。覆盖网是每个节点维持到其他节点的链接形成的，它将这些节点连接起来，使得网络中节点通过这个网络可以找到保存指定key的节点。

分布式哈希表技术具有三点性质：

① Decentralization：去中心化，节点之间相互配合形成整个系统，而不需要一种中心节点协调。

② Fault tolerance：容错，即使不断有节点加入、退出或者失效，也要能够保证系统稳定。

③ Scalability：扩展性，系统在成千上万个节点时也能够有效地运行。

6.3 一致性哈希算法

一致性哈希算法（Consistent Hashing）是1997年由麻省理工学院提出的一种分布式哈希表（DHT）的实现算法，设计目标是为了解决因特网中的热点（Hot spot）问题，初衷和CARP十分类似。一致性哈希算法修正了CARP使用的简单哈希算法带来的问题，使得分布式哈希表（DHT）可以在P2P环境中真正得到应用。一致性哈希算法作为一个负载均衡算法，可以用在分布式缓存、数据库的分库分表等场景中，还可以应用在负载均衡器中作为负载均衡算法。在有多台服务器时，对于某个请求资源通过哈希算法，映射到某一个台服务器，当增加或减少一台服务器时，可能会改变这些资源对应的哈希值，这样可能导致一部分缓存或数据失效了。一致性哈希算法就是尽可能在将同一个资源请求路由到同一台服务器中。一致性哈希算法是分布式哈希表技术（DHT）的一种实现，其本质还是一种哈希算法。

一致性Hash算法提出了在动态变化的Cache环境中，判定哈希算法好坏的四个定义：

① 平衡性（Balance）：平衡性是指哈希的结果能够尽可能分布到所有的缓冲中去，这样可以使得所有的缓冲空间都得到利用。很多哈希算法都能够满足这一条件。

② 单调性（Monotonicity）：单调性是指如果已经有一些内容通过哈希分派到了相应的缓冲中，又有新的缓冲加入系统中。哈希的结果应能够保证原有已分配的内容可以被映射到原有的或者新的缓冲中去，而不会被映射到旧的缓冲集合中的其他缓冲区。

③ 分散性（Spread）：在分布式环境中，终端有可能看不到所有的缓冲，而是只能看到其中的一部分。当终端希望通过哈希过程将内容映射到缓冲上时，由于不同终端所见的缓冲范围有可能不同，从而导致哈希的结果不一致，最终的结果是相同的内容被不同的终端映射到不同的缓冲区中。这种情况显然是应该避免的，因为它导致相同内容被存储到不同缓冲中去，降低了系统存储的效率。分散性的定义就是上述情况发生的严重程度。好的哈希算法应能够尽量避免不一致的情况发生，也就是尽量降低分散性。

④ 负载（Load）：负载问题实际上是从另一个角度看待分散性问题。既然不同的终端可能将相同的内容映射到不同的缓冲区中，那么对于一个特定的缓冲区而言，也可能被不同的用户映射为不同的内容。与分散性一样，这种情况也是应当避免的，因此好的哈希算法应能够尽量降低缓冲的负荷。

6.3.1 算法基本场景

一致性哈希的算法基本场景如下：假设你有 N 个 cache 服务器，那么如何将一个对象 object 映射到 N 个 cache 上呢？你很可能会采用类似下面的通用方法计算 *object* 的 *hash* 值，然后均匀的映射到 N 个 cache。

```
hash(object) % N
```

在这种场景下，假设一切都运行正常，通常有以下三种情况需要考虑：

① 一个 cache 服务器 m 由于某种原因失效了（在实际应用中必须要考虑这种情况），这样所有映射到 cache 服务器 m 的对象都会失效。怎么办？需要把 cache 服务器 m 从 cache 服务器库中移除，这时候 cache 服务器总数是 $N-1$ 台，映射公式变成了

```
hash(object) % (N - 1)
```

② 由于访问加重，需要添加 cache 服务器一台，这时候 cache 服务器总数是 $N+1$ 台，所以映射公式变成了

```
hash(object) % (N + 1)
```

情况 1 和 2 代表着做出改变的瞬间所有的 cache 服务器失效，对于服务器而言，这是一场无法承受的灾难，访问会像洪水一般冲向后台服务器。

③ 随着硬件的不断升级能力越来越强，如果试图让后添加的节点多负责一些工作，这对于上面的哈希算法来说是难以做到的。

在以解决这三个情况的前提下，一致性哈希算法就这样被提出了。

6.3.2 算法原理

一致性哈希算法，简单地说，在移除或添加一个 cache 服务器时，它能够尽可能小的改变已存在 key 映射关系，尽可能地满足单调性的要求。

下面就来按照 6 个步骤简单讲讲一致性哈希算法的基本原理。

步骤 1：环形哈希空间

在本书第四章哈希函数中，我们已经以 SHA-256 算法为例对哈希算法步骤进行了详尽的阐述说明，哈希算法将 value 值映射到一个 32 位的 key 值也就是 $0\sim2^{32}-1$ 的数值空

间，我们可以将在这个空间想象成一个首为 0、末为 $2^{32}-1$ 的相接圆环，如图 6-2 所示。

步骤 2：将对象映射到哈希空间

例如现在我们有四个对象 object1～object4，通过 Hash 函数将四个对象处理成整数 key：

```
key1 = hash (object1)
key2 = hash (object2)
key3 = hash (object3)
key4 = hash (object4)
```

然后按照如图 6-3 所示将这些对象按照 key 的值映射到环形 hash 空间上。

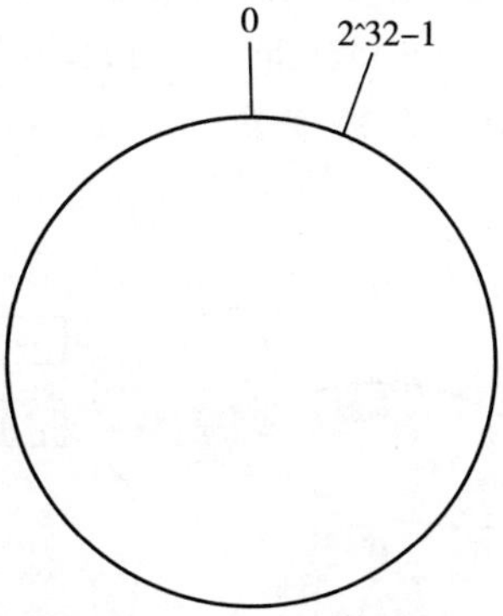

图 6-2 环形哈希空间

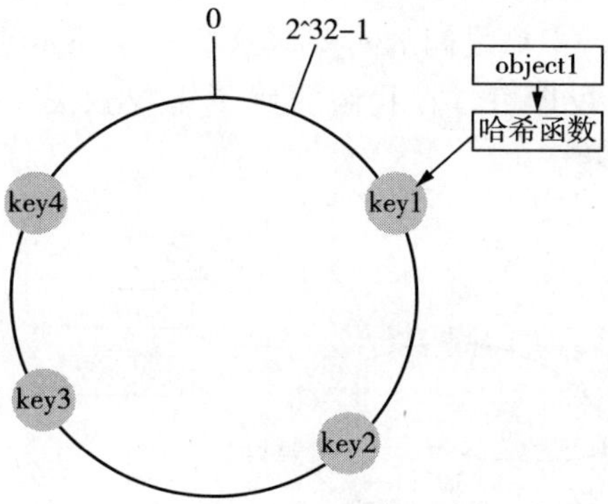

图 6-3 将对象映射到哈希空间

步骤 3：把 cache 服务器映射到哈希空间

一致性哈希算法的基本思想就是将对象和 cache 都映射到同一个哈希数值空间中，并且使用相同的哈希算法。

假设现在有三台 cache 服务器：cache A、cache B、cache C，通过哈希函数处理获取对应的 key 值：

```
key A = hash (cache A)
key B = hash (cache B)
key C = hash (cache C)
```

如图 6-4 所示将 cache 服务器映射到哈希空间。

另外，cache 服务器的哈希计算一般的方法可以使用 cache 服务器的 IP 地址或者服务器名作为哈希输入。

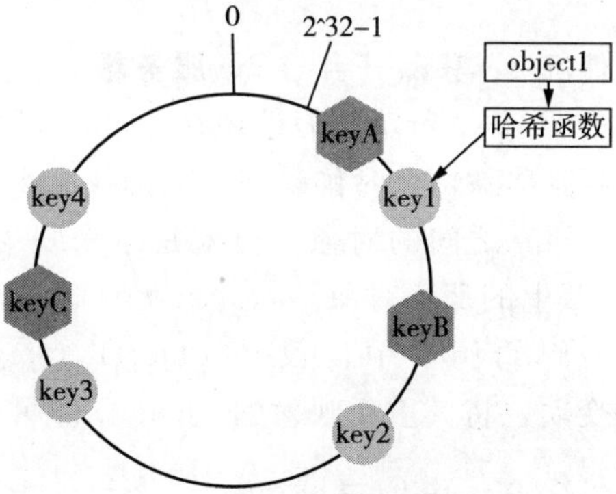

图 6-4 将 cache 服务器映射到哈希空间

经过上面的步骤，我们把对象和 cache 服务器都映射到同一个环形 hash 空间上。下面考虑的是如何将对象映射到 cache 服务器上。

步骤 4：把对象映射到 cache 服务器

如图 6-5 所示，沿着圆环顺时针方向的对象 key1 出发，直到遇到一个 cache 服务器为止（cache B），把对象 key 对应的对象映射到这个服务器上。因为对象和 cache 的哈希值是固定的，因此这个 cache 服务器必然是唯一和确定的。按照这样的方法，可以得出：对象 object 1 映射到 cache B，object2、object3 映射到 cache C，object4 映射到 cache A。

前面讲过，普通哈希算法带来的最大问题就在于不能满足单调性，当 cache 服务器数量有所变动时（添加/移除），几乎所有的 cache 服务器都会失效，进而对后台服务器造成巨大的冲击，接下来分析一致性哈希算法。

情况 1：添加一台 cache 服务器

如图 6 - 6 所示，假设现在访问加重，需要增加一台名为 cache D 的服务器，经过哈希函数计算（key D = hash（cache D））发现数值介于 key3 和 key2 之间，即在圆环上的位置也是介于它们之间。这时候受到影响的是沿着 key D 逆时针出发直到遇到下一个 cache 服务器（key B）之间的对象（这些对象原本是映射到 cache C 上的），将这些对象重新映射到 cache D 即可。在我们的例子中仅仅是 object2（key2）需要变动，将其重新映射到 cache D 即可。

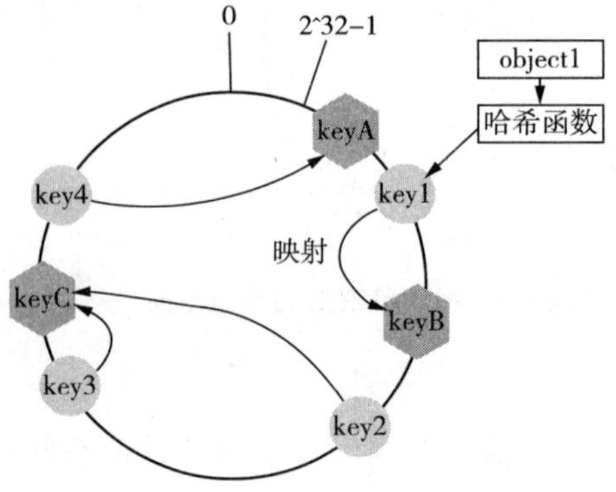

图 6 - 5　把对象映射到 cache 服务器

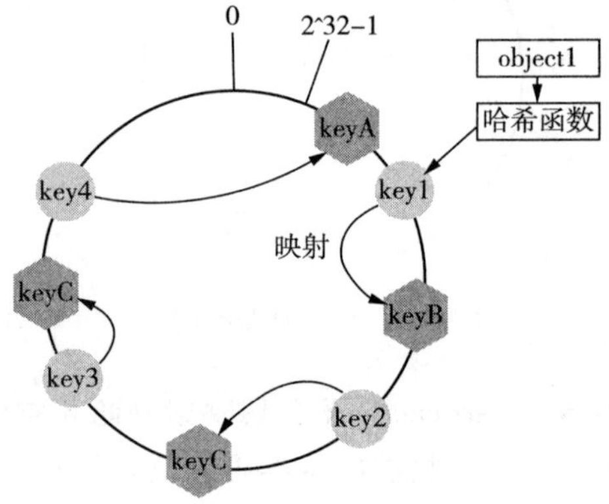

图 6 - 6　添加 cache D 服务器

情况 2：移除一台 cache 服务器

如图 6 - 7 所示，假设现在 cache B 服务器由于某种原因无法正常工作，需要把 cache B 服务器移除，这时候受到影响的仅是那些沿着 key B 逆时针出发知道遇到下一个服务器（cache A）之间的对象，也就是本来映射到 cache B 上的那些对象。

我们的例子中仅仅是 object1（key1）需要变动，将其重新映射到 cache C 即可。

6.3.3　虚拟节点

为了考虑到哈希算法的另外一个特性——平衡性，一致性哈希算法引入了“虚拟节点”这个概念，虚拟节点的定义如下：

虚拟节点（Virtual Node）是实际节点在哈希空间的复制品（Replica），一实际节

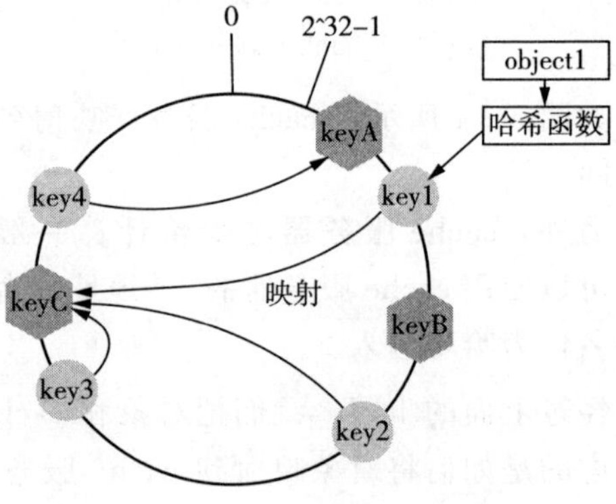

图 6 - 7　移除 cache B 服务器

点对应了若干个虚拟节点，这个对应个数也称为“复制个数”。“虚拟节点”在哈希空间中以哈希值排列。

假设此时为情况 2，仅部署 cache A 服务器和 cache C 服务器，在移除 cache B 服务器图中我们已经看到，cache 服务器分布并不均匀。现在我们引入虚拟节点，并设置“复制个数”为 2 ，这就意味着一共会存在 4 个“虚拟节点”，cache A1，cache A2 代表了 cache A ；cache C1，cache C2 代表了 cache C 。如图 6 - 8 所示，假设一种比较理想的情况：

此时，对象到“虚拟节点”的映射关系为：对象 object4 和 object2 都被映射到了 cache A 上，而 object3 和 object1 映射到了 cache C 上。

引入“虚拟节点”后，映射关系就从（对象→节点）转换到了（对象→虚拟节点）。

“虚拟节点”的 hash 计算可以采用对应节点的 IP 地址加数字后缀的方式。例如假设 cache A 的 IP 地址为 202.168.14.233。

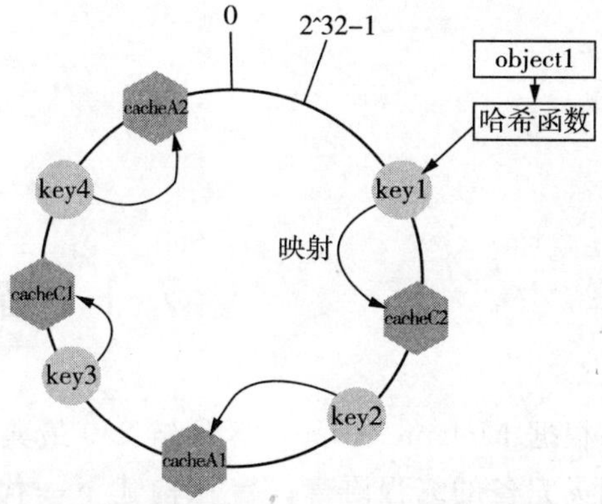

图 6 - 8　虚拟节点的映射

引入“虚拟节点”前，计算 cache A 的哈希值：

```
Hash ( “202.168.14.233”);
```

引入“虚拟节点”后，计算“虚拟节”点 cache A1 和 cache A2 的哈希值：

```
Hash ( “202.168.14.233#1”); // cache A1
Hash ( “202.168.14.233#2”); // cache A2
```

7 智能合约

7.1 智能合约概述

根据 Melanie Swan，区块链 2.0 最典型的特色是智能合约。相比比特币，以太坊内置有图灵完备的编程语言，旨在构建下一代智能合约和去中心化应用平台。除了以太坊以外，Codius、超级账本等都有可编程的合约语言和可执行的基础设施来实现智能合约。区块链为智能合约提供存储合约代码和状态的地方，再把执行智能合约的基本环境与共识融合在一起，就构成了最基本的基于区块链的智能合约系统。

7.1.1 智能合约的历史

在二十世纪七八十年代，随着计算机的发明，对计算机的理论研究达到了一个高潮。研究人员致力于让计算机帮助人类从事更多的工作，从而解放人类的生产劳动。正是在此时，人们提出了让计算机代替人类进行商业市场管理的想法。与此同时，公钥密码学得到革命性的发展，但使计算机完全代替人类进行商业管理的技术并未成熟。20 世纪 90 年代，从事数字合约和数字货币研究的计算机科学家 Nick Szabo 首次提出“智能合约”（Smart Contract）这一概念，其致力于将已有的合约法律法规以及相关的商业实践转移到互联网上来，使得陌生人通过互联网就可以实现以前只能在线下进行的商业活动，并实现真正的完全的电子商务。作为一种旨在以信息化方式传播、验证或执行合同的计算机协议，智能合约允许在没有第三方的情况下进行可信交易，这些交易可追踪且不可逆转。其目的是提供优于传统合约的安全方法，并减少与合约相关的其他交易成本。

英国政府首席科学家发布的顾问报告中对智能合约的定义：智能合约是一种用计算机语言取代法律语言去记录条款的合约。智能合约可以由一个计算系统自动执行，如一个适用的分布式账本系统。智能合约的潜在好处包括降低签订合约、执行和监管方面的成本，因此，对很多低价值交易相关的合约来说，这是有明显的经济价值的。智能合约潜在的风险是要依靠计算机系统去执行合约。在这个阶段，风险和好处大多是理论上的，因为智能合约的技术还处于早期阶段，有些时候离大范围的应用还有不少距离。

2003 年，Mark S. Miller 和 Marc Stiegler 将智能合约定义为用程序代码编写的合约，它的条款由程序来执行。2015 年，Vitalik Buterin 将智能合约定义为一个运行在安全环境下的计算机程序，可以直接控制数字资产。安全环境可以是由信任的人/组织运行的服务器、区块链，或由半信任的组织运行的服务器，使用一种计算过程是可以被审计的平台，如 Monetas。2016 年，袁勇和王飞跃将智能合约定义为：由事件驱动的、具有状态的、运行在可复制的共享区块链数据账本上的计算机程序，能够实现主动或被动的处理数据，接受、储存和发送价值，以及控制和管理各类链上智能资产等功能。智能合约作为一种嵌入式程序化合约，可以内置在任何区块链数据、交易、有形或无形资产上，形成可编程控制的软件定义的系统、市场和资产。

Nick Szabo 以及其他研究者希望借助密码学协议以及其他数字化安全机制，实现逻辑清楚、检验容易、责任明确和追责简单的合约，这将极大地改进传统的合约制定和履行方式，并降低相关的成本，将所有的合约条款以及操作置于计算机协议的掌控之下。但那时，很多技术还不成熟，并无法完全实现研究者的想法，这一局面在比特币的出现之后得到很大的改观。借由比特币背后的区块链技术，智能合约得以飞速发展，有许多研究机构已将区块链上的智能合约作为未来互联网合约的重要研究方向，很多智能合约项目已经初步得以实现，并吸引大量的资金投入其中。

7.1.2 智能合约的特征

智能合约一个重要的特点是图灵完备。图灵完备是指一个能计算出每个图灵可计算函数的计算系统，它使脚本系统有能力解决所有的可计算问题。智能合约是图灵完备的，即可以实现图灵机所能做到的所有事情。通俗来讲，一般编程语言可以做到的所有逻辑操作，在智能合约中都可以实现。

智能合约另一个重要的特点是沙箱隔离。对 I/O、网络操作、访问其他进程等进行了限制，实际上是完全隔离的。所以，目前实现的智能合约无法进行文件的读取和写入，也无法实现网络资源的访问或直接提供网络服务。智能合约只能在部署到区块链平台上以后，才能使用区块链平台提供的接口进行合约数据的访问，即访问智能合约中的数据和方法。该特性提高了智能合约执行的安全性。

智能合约可以包含复杂的规则和条件，但不能了解制定者的意图、意外情况等。智能合约并不是法律合约，原因在于：一方面，智能合约没有匹配的法律框架的技术；另一方面，智能合约非法律所界定的有效力的合同，没有相关的法律条文及框架来保护参与者。2015 年，Vitali Buterin 在演讲报告中比较了智能合约和法律合约之间的差别，具体见表 7－1 所列。

表 7－1 智能合约和法律合约的对比关系

对比项	智能合约	法律合约
自动化方面	自动判断触发条件	人工判断触发条件
主客观方面	适合客观性（可用数学去衡量价值）的请求	适合主观性（需要人的判断）的请求
成本方面	低成本	高成本
执行方面	事前预防	事后执行
违约惩罚方面	依赖于司法体系	依赖于抵押品或保证金
适用范围方面	受限于具体辖区	全球性

智能合约具有以下特征：

① 数字化：合约是一段数字化计算机程序，由运行区块链的计算机执行。

② 自我管理：合约一旦部署到区块链上，其执行过程和验证过程是自治的，即实现自我执行和自我验证，不需要合约发起者的任何干预。

③ 不易修改：把执行合约的基本环境与共识算法融合在一起，合约状态的改变不是由单点决定的，而是由多个节点一起决定的，保证了合约执行的可验证性与可信性。

④ 可观测性：区块链对合约代码与状态的存储保证了智能合约的可观测性。即可通过用户界面观测合约的所有状态，包括合约本身及合约执行过程的记录等。

⑤ 强制性：把合约写成代码，合约的执行就是根据规定好的合约条款对合约方的合约信息（状态、行为）进行判别，并根据执行的结果采取相应的动作，保证了合约的强制性。

⑥ 可定制性：合约条款是可定制的，多个合约可以合并成一个复杂的合约。

7.1.3 智能合约的优势和劣势

目前虽然智能合约还未被广泛应用和实践，但其优点已得到研究人员和业内人士的广泛认可。总体来说，智能合约具有以下优点：

① 高效的实时更新：由于智能合约的执行不需要人为的第三方权威或中心化代理服务的参与，其能够在任何时候响应用户的请求，大大提升了交易进行的效率。用户不需要等待银行开门就可以办理相关的业务，只要通过网络一切都可以方便快捷地解决。

② 准确执行：智能合约的所有条款和执行过程是提前制定好的，并在计算机的绝对控制下进行，因此所有执行的结果都是准确无误的，不会出现不可预料的结果。这是传统合约制定和执行过程中所期望的。现今，智能合约的准确执行得益于密码学的发展和区块链技术的发明。

③ 较低的人为干预风险：在智能合约部署之后，合约的所有内容都将无法修改，合约中的任何一方都不能干预合约的执行，也就是说任何合约人都不能为了自己的利益恶意毁约，即使发生毁约事件，事件的责任人也会受到相应的处罚，这种处罚也是在合约制定之初就已经决定好的，其在合约生效之后无法更改。

④ 去中心化权威：一般来说，智能合约不需要中心化的权威来仲裁合约是否按规定执行，合约的监督和仲裁都由计算机来完成。在区块链上的智能合约更具有这一特性，在一个区块链网络中一般不存在一个绝对的权威来监督合约的执行，而是由该网络中全体用户来判断合约是否按规定执行，这种全体监督的方式是由 PoW 或 PoS 技术来实现的。如果将这种情况搬到现实世界中，或许现在的所有法官都要失业了，而与此同时我们每个人都是法官，都参与监督和仲裁。

⑤ 较低的运行成本：正因为智能合约具有去人为干预的特点，其能够大大减少合约履行、裁决和强制执行所产生的人力成本，但要求合约制定人能够将合约的各个细节在合约建立之初就确定下来。这可能会使在传统行业（如银行）工作的部分员工面临失业，但从长远来说会促进行业的转型，使其向更新更好的领域发展。

尽管智能合约的概念早在 1994 年就由 Nick Szabo 提出，然而由于当时很多技术都不成熟，使得智能合约的实践过程滞后于理论。一方面，当时计算机程序很难控制现实世界的现金、股份等实物资产，从而难以保证智能合约的有效执行；另一方面，计算机很难保证所执行的合约条款能得到合约方的信任。合约方希望清楚地知道合约的执行过程，其无法亲自验证合约的条款是否按照规定执行，只能诉诸可信的第三方机构来审核合约的执行记录。

区块链技术的出现为智能合约的运行提供了有效运行环境，从而极大地促进了智能合约的应用。在以太坊中，智能合约由参与网络的每个节点的以太坊智能合约虚拟机（EVM）执行，并通过 EVM 和 RPC 接口与底层区块链交互，从而保证了运行结果的不易篡改、可追溯性和可验证性。然而，目前区块链上的智能合约仍然存在难部署、难验证、难管理等诸多问题，还不能大规模地满足应用需求，特别突出的问题是智能合约安全性。

2016 年 4 月，史上最大的一个众筹项目 The DAO 正式上线。经过一个多月的众筹，总共募集到超过价值 1.5 亿美元的以太币用于建立该项目。从这令人震惊的数字上可以看出区块链技术以及之后的智能合约广泛应用的前景是多么让人充满信心。但就在短短一个多月之后，The DAO 所在的平台，以太坊的创始人之一 Vitalik Buterin 在其 Slock.it 社区里面发表声明，表示 The DAO 存在巨大的漏洞，在其上的大量的以太币已经被“盗”，未来或许还会有大量的以太币被盗，而 The DAO 的设计执行者对此攻击却无能为力。这一攻击的出现，恰恰是因为 The DAO 的智能合约在设计之初就存在漏洞。由于基于区块链的智能合约的去人为干预特性，这一漏洞无法被线上修复，只能眼睁睁地看着黑客把更多的以太币从项目中偷走。虽然在后续的对策研究中，以太坊的设计者们想出了让以太坊分叉的解决办法来挽回损失（从根本上将丢失以太币的交易作废），但很多分叉的反对者认为，人为分叉完全背离了去中心化思想，并会大大降低以太坊在人们心目中的信用。由于分歧的存在，人们发起了投票，以决定是否分叉。无论最终是否分叉，都将会对 The DAO 以及未来的智能合约发展产生深远的影响，迫使合约的设计者将工作重点放到讨论合约的安全性上来。此外，由于智能合约具有自我验证的特性，其上的数据隐私保护也面临着巨大的风险。总体来说，当前智能合约有如下方面的问题：

① 智能合约不智能：目前基本是固定的合约模板——智能合约由谁来编写、谁来检验、测试和认证，动态修改都是全新的模式，与人工智能技术结合是研究趋势。

② 合法性问题：智能合约具有与“真正”合约一样的法律效力吗？如果智能合约的结果违背法律，或者法庭发现它与合约法冲突，该如何解决？计算法律学的研究将从技术层面和法律层面突破。CommonAccord 项目采用基于智能合约的方法，在法律文档与代码自动生成方面提出了新的思路。

③ 合约的可信问题：软件质量问题非常突出，软件陷阱会导致明显地有利于合约的某一方，该怎样对合约进行查验和修复？如何验证合约的逻辑正确性并杜绝漏洞？形式化方法是目前软件可信性验证的重要手段。要避免类似的由于代码本身存在漏洞而给黑客制造攻击机会的情况。

④ 外部信息问题：如果智能合约从外部源检索获取一些信息，且信息源是区块链以外的，那么就不能保证每个节点都会接收到相同的信息。一旦共识被打破，整个区块链系统都会瘫痪。

⑤ 智能合约执行问题：存在多个合约需要一定时间触发的情况，待触发事件由谁来管理与发送？如果多个合约同时执行，会带来复杂的访问控制、同步并发以及一致性

问题。

⑥ 合约安全性问题：合约密码学、证据和信息安全将始终是重要的研究方向。越来越复杂的合约程序会不会消耗计算节点大量的计算能力（如形成死循环），应该如何避免这类情况的发生？

⑦ 性能问题：把合约状态的一致性过程与区块链的一致性过程结合起来，有可能会增加区块的制作时间。比如以太坊中区块的构造时间就包含了区块中交易的处理时间，并因此减慢了建块速度，如何加快合约的执行效率？

⑧ 业务模型同题：如何以正确的方式为不同的真实业务现象建立模型？如何大量建立软件工程中的业务建模工具是支持用户应用的关键。

7.2 智能合约运行机制

基于区块链的智能合约包括事务处理和保存的机制，以及一个完备的状态机，用于接受和处理各种智能合约，并且事务的保存和状态处理都在区块链上完成。事务主要包含需要发送的数据，而事件则是对这些数据的描述信息。事务及事件信息传入智能合约后，合约资源集合中的资源状态会被更新，进而触发智能合约进行状态机判断。如果自动状态机中某个或某几个动作的触发条件满足，则由状态机根据预设信息选择合约动作自动执行。

智能合约系统根据事件描述信息中包含的触发条件，当触发条件满足时，从智能合约自动发出预设的数据资源，以及包括触发条件的事件；整个智能合约系统的核心就在于智能合约以事务和事件的方式经过智能合约模块的处理，出去还是一组事务和事件；智能合约只是一个事务处理模块和状态机构成的系统，它不产生智能合约，也不会修改智能合约；它的存在只是为了让一组复杂的、带有触发条件的数字化承诺能够按照参与者的意志，正确执行。

基于区块链的智能合约构建及执行分为如下几步：

（1）多方用户共同参与制定一份智能合约

① 首先用户必须先注册成为区块链的用户，区块链返回给用户一对公钥和私钥；公钥作为用户在区块链上的账户地址，私钥作为操作该账户的唯一钥匙。

② 两个以上的用户根据需要，共同商定了一份承诺，承诺中包含了双方的权利和义务；这些权利和义务以电子化的方式，编程机器语言；参与者分别用各自私钥进行签名，以确保合约的有效性。

③ 签名后的智能合约，将会根据其中的承诺内容，传入区块链网络中。

（2）合约通过 P2P 网络扩散并存入区块链

① 合约通过 P2P 的方式在区块链全网中扩散，每个节点都会收到一份；区块链中的验证节点会将收到的合约先保存到内存中，等待新一轮的共识时间，触发对该份合约的共识和处理。

② 共识时间到了，验证节点会把最近一段时间内保存的所有合约，一起打包成一个合约集合，并算出这个合约集合的哈希值，最后将这个合约集合的 Hash 值组装成一个区块结构，扩散到全网；其他验证节点收到这个区块结构后，会把里面包含的合约集合的

Hash 取出来，与自己保存的合约集合进行比较；同时发送一份自己认可的合约集合给其他的验证节点；通过这种多轮的发送和比较，所有的验证节点最终在规定的时间内对最新的合约集合达成一致。

③ 最新达成的合约集合会以区块的形式扩散到全网，如图 7-1 所示，每个区块包含以下信息：当前区块的 Hash 值、前一区块的 Hash 值、达成共识时的时间戳以及其他描述信息；同时区块链最重要的信息是带有一组已经达成共识的合约集；收到合约集的节点，都会对每条合约进行验证，验证通过的合约才会最终写入区块链中，验证的内容主要是合约参与者的私钥签名是否与账户匹配。

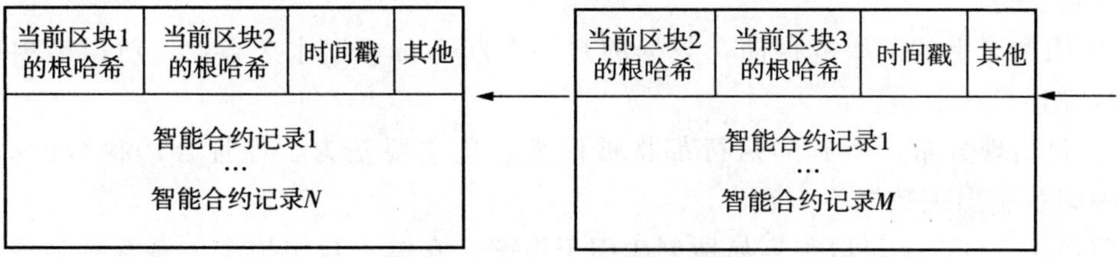

图 7-1　合约区块示意图

（3）区块链构建的智能合约自动执行

① 智能合约会定期检查自动机状态，逐条遍历每个合约内包含的状态机、事务以及触发条件；将条件满足的事务推送到待验证的队列中，等待共识；未满足触发条件的事务将继续存放在区块链上。

② 进入最新轮验证的事务，会扩散到每一个验证节点，与普通区块链交易或事务一样，验证节点首先进行签名验证，确保事务的有效性；验证通过的事务会进入待共识集合，等大多数验证节点达成共识后，事务会成功执行并通知用户。

③ 事务执行成功后，智能合约自带的状态机会判断所属合约的状态，当合约包括的所有事务都顺序执行完后，状态机会将合约的状态标记为完成，并从最新的区块中移除该合约；反之将标记为进行中，继续保存在最新的区块中等待下一轮处理，直到处理完毕；整个事务和状态的处理都由区块链底层内置的智能合约系统自动完成，全程透明、不可篡改。

7.3 以太坊智能合约

7.3.1 开发语言

相较于其他可部署智能合约的区块链系统，如超级账本、Codius 等，以太坊最大的特色是，以太坊智能合约虚拟机（EVM）的建立使得用户开发智能合约更加方便，开发者可采用高级语言来编写智能合约，然后通过 EVM 编译成字节码部署在区块链上。

当前，以太坊智能合约开发语言主要有 4 种：Solidity，Serpent，LLL 和 Mutan。Solidity 语法类似于 JavaScript，是目前最主要的智能合约编写语言；Serpent 语法类似于 Python，由于所存在的安全问题而较少使用；LLL 语法类似于 Lisp，是一种类似于汇编的低级语言；Mutan 类似于 C，目前已被放弃。因而，本书仅对 Solidity 加以介绍。

Solidity 是一种高级面向对象语言，也是一种静态类型语言，被设计用来编写智能合约，并运行在以太坊虚拟机之上。Solidity 支持继承、库以及复杂的自定义类型，文件扩展名为 .sol，是一种真正意义上的运行在网络上的去中心化合约。目前 Solidity 有在线的实时编译器，方便开发者使用，此外还支持多种标准的库函数。Solidity 具有以下特性：

① 以太坊底层是基于账户的，所以有一个特殊的 Address 类型，用于定位用户，定位合约以及定位合约的代码（合约本身也是一个账户）。

② 由于合约内嵌框架是支持支付的，所以提供了一些关键字，如 payable，可以在语言层面直接支付。

③ 使用网络上的区块链存储，数据的每一个状态都可以永久存储，所以需要确定变量使用内存还是区块链。

④ 一旦出现异常，所有的执行都将被回滚，这主要是为了保证合约执行的原子性，以避免中间状态出现数据不一致。

目前使用 Solidity 可以很容易地创建用于投票、众筹、封闭拍卖、多重签名钱包等应用场合的合约。以下是 Solidity 官方介绍的一些开发工具，开发者可以根据项目需求和自己的喜好使用上述工具进行基于 Solidity 的智能合约的开发。

① Browser - Based Compiler：这是 Solidity 官方强烈推荐的基于浏览器的在线 IDE，也称为 Remix。Browser - Based Compiler 已经集成了编译器和 Solidity 运行环境，并且不需要任何服务端组件。

② Visual Studio Extension：一款 Visual Studio 上的 Solidity 插件，提供了 Solidity 编译器。

③ Package for SublimeText - solidity language syntax：一款用于 SublimeText 编辑器的 Solidity 语法高亮工具。

④ Atom Ethereum interface：用于 Atom 编辑器的插件，提供 Solidity 语法高亮、编译和实时运行环境（需要以太坊节点）。

⑤ Emacs Solidity：用于 Emacs 编辑器的插件，用于语法高亮、编译和错误报告。

⑥ Vim Solidity"：用于 Vim 编辑器上的插件并提供语法高亮。

⑦ Mix IDE：一款基于 Qt 的合约集成开发环境，可用于设计、调试、测试 Solidity 写的智能合约，但是目前已经不再更新维护，开发中使用较少。

7.3.2 以太坊上的账户

账户（Accounts）在以太坊中扮演着十分重要的角色，它是以太坊的中心概念，也是用户在以太坊区块链上创建交易必不可少的一部分。在以太坊中有两种类型的账户：一种是外部账户（Externally Owned Accounts，EOAs），另一种是合约账户（Contracts Accounts）。当提到账户这个术语的时候，通常指的是外部账户，当提到合约账户的时候通常称其为“合约”。

不论是外部账户还是合约账户，它们在以太坊中所维护的都是一系列叫作状态对象（State Objects）的实体。这些实体中都拥有状态信息：外部账户存储的是账户余额，合约账户存储的是余额和合约内容。它们存储的这些状态会通过以太坊网络进行更新以及保证数据的一致性。

账户标识了以太坊网络中每一个参与者的身份，每一笔交易都需要通过账户使用公钥加密进行签名才能够正常进行，这样的话，EVM 才能够对交易发送者进行验证来确保交易的真实可靠。

（1）钥匙文件

每个账户都由一对钥匙定义，一个私钥（Private Key）和一个公钥（Public Key）。账户以地址为索引，地址由公钥衍生而来，取公钥的最后 20 个字节。每对私钥/地址都编码在一个钥匙文件里，该文件是 JSON 格式的。下面我们将会查看一个私钥文件示例（KeyStore）。

以太坊的私钥是一串 64 位 16 进制字符（32 字节）。它是账户安全最重要的部分，需要妥善保管，如果丢失了私钥也就意味着你的账户丢失了。


```
{
" address":" 358f94366124d9f2817b09c84921d2a653f5ac0c",
" crypto": {
" cipher":" aes - 128 - ctr",
" ciphertext":" 41c14f88ec8f35c9fe57cd39121a76c2dadbd82ea8fec59866468bc0d7371f2e",
" cipherparams": {
" iv":" 43443bf394e8f6ebcc687e13bc0effb9"
},
" kdf":" scrypt",
" kdfparams": {
" dklen": 32,
" n": 262144,
" p": 1,
" r": 8,
" salt":" aaef6847d09cb1e9f5ceadaf5865d96a7493df1cae146b24e31092cc0a7844af"
},
" mac":" 5e9781c587db5795c6d41cb4f001bf086cc3db33b6e7eefcc2ef472145e76821"
},
" id":" bcd61a88 - 283f - 4d81 - 8457 - 30ec9c11521f",
" version": 3
}
```


通过 KeyStore 文件中的内容，可以看到其中包括了私钥加密的相关信息：

-7-address：该账户的地址；

-8-cipher：加密方法使用的是 AES-128-CTR 算法；

-9-ciphertext：加密后的密文；

-10-cipherparams：AES-128-CTR 算法加密所需的相关参数；

-11-kdf：秘钥生成函数，用于使用密码对 KeyStore 文件进行加密；

-12-kdfparams：kdf 算法所需的参数；

-mac：用于验证密码的编码。

（2）创建账户

到目前为止，最普遍使用的是基于 Go 和 C++ 程序设计语言的客户端（即 go-ethereum 和 cpp-ethereum），通过 go-ethereum 创建账户十分容易。以 Linux 操作系统为例，创建一个账户需要以下几个步骤：

① 安装好以太坊和 go-etherium，在客户端执行以下命令。

```
sudo apt-get install software-properties-common
sudo add-apt-repository -y ppa: ethereum/ethereum
sudo apt-get update
sudo apt-get install ethereum
```

② 执行 geth account new 命令创建账户，并设置密码。

```
geth account new
Your new account is locked with a password. Please give a password. Do not forget this password.
Passphrase:
Repeat passphrase
Address: {850fa7796f372a5f6a7b59976ac5cca6e6565cbb}
```

设置好密码之后，客户端会显示所创建的新账户的地址，供以后使用。

③ 之后执行 geth 命令，同步已有的所有区块。

```
geth
```

当区块链全部同步好之后，就可以进行挖矿并部署智能合约了。

除以上命令行的方式之外，开发者还可以通过拥有图形界面的以太坊钱包（Ethereum Wallet）方便地管理账户和部署智能合约。用以太坊钱包创建账户十分简单，先从以太坊在 github 的官方（https://github.com/ethereum /mist/releases）上下载相对应的操作系统的钱包程序压缩包，并解压程序，运行钱包。此时，用户可以选择同步以太坊的主链还是其公共的测试链（Testnet）。在测试链上，用户不需要长时间地挖矿就可以很快地获得大量测试用的以太币，并运行测试自己的智能合约。而在主链上，用户则需要花费大量计算资源挖矿才能获得标准的以太币。在选择好同步的网络之后，用户可以选择是否同步完区块链后再进入主界面，继而创建自己的账户。

（3）账户的备份

备份以太坊的账户十分容易，只需要找到相应的以太坊目录即可。根据不同的操作系统，以太坊的文件存储的目录如下。

```
Windows: C:\Users\username\%appdata%\Roaming\Ethereum
Linux: ~/.ethereum
Mac: ~/Library/Ethereum
```

7.3.3 以太币和 Gas

（1）以太币

与所有基于区块链技术的去中心化系统一样，以太坊也有一套激励机制，以鼓励矿工花费计算资源进行挖矿，从而维持以太坊的运行，这一机制就是以太币（Ether）。以太坊上所有的账户管理操作和智能合约的部署都需要支付以太币才能正常运行，因此每个以太坊用户都需要获得并花费以太币，这促使矿工努力挖矿。

以太坊的最小货币单位是1wei，其和以太币的兑换率为：$1Ether = 10^{18}wei$。每当一个区块被矿工挖出，挖出这一区块的矿工就将获得一定数量的奖励。这一奖励由两部分组成。

静态奖励：该矿工可获得5个以太币作为奖励。

动态奖励：挖出的区块中所有交易的费用归该矿工所有；如果该区块中包括叔区块，那么矿工还可从每个叔区块中获得额外的1/32以太币作为奖励，但每个区块中最多只能包含2个叔区块。

这里，叔区块是指那些没有在最长的那条链上，而是在分叉链上所挖出的有效区块。挖这些区块的矿工可能是由于网络延迟的原因而没有同步到最新的区块。以太坊采用这种机制来分散中心挖矿现象（即大矿池垄断区块生产，导致单个的矿工总是落后于大矿池获得区块信息，因此即使单个矿工找到正确的区块，也无法获得任何收益）。一个叔区块一旦被包含在有效的区块链中，挖到该叔区块的矿工可获得4.375以太币作为奖励。这也保证了以太坊能够以很短的时间产生区块（平均15秒），而不会因为网络同步的延迟而产生多个分叉。

(2) Gas

以太坊的运行环境，也被称为以太坊虚拟机（EVM）。每个参与到网络的节点都会运行EVM作为区块验证协议的一部分。每个网络中的全节点都会进行相同的计算并储存相同的值。合约执行会在所有节点中被多次重复，而且任何人都可以发布执行合约，这使得合约执行的消耗非常昂贵，所以为防止以太坊网络发生蓄意攻击或滥用的现象，以太坊协议规定交易或合约调用的每个运算步骤都需要收费。这笔费用以gas作为单位计数，也就是俗称的燃料。

在以太坊上面，一个智能合约所需的Gas是固定的，这是因为智能合约程序的每一步都可以分解成特定的操作组合，每种操作所需的Gas由以大坊的设计者们来决定，以确保以太坊正常运行。但将每个智能合约所需的费用完全固定是不明智的，这是因为，不同的用户有不同的需求，有些用户希望自己的交易能得到快速的确认，有些则希望用较少的以太币来执行合约。因此，以太坊还引入了“Gas价格”（Gas Price）这一概念，即消耗每个Gas需要多少以太币。Gas价格可由用户在一定范围内自行定义，价格定得越高，交易被确认得就越快，反之则越慢。同时，为了防止部署执行合约的真实花费随着以太币的市值发生大幅度波动，Gas价格还会随着以太币的市值波动。如果以太币升值，那么Gas价格将会适当降低，反之相反。

因此，与Gas相关的概念总结如下：

① Gas花销（Gas cost）：Gas花销是静态的，其在针对某一种操作时是不变的。其目的是保证每种操作所需的计算资源保持不变。

② Gas价格（Gas price）：花费每个Gas所需的以太币的数量。Gas价格可由用户自行调整，其基准价格随以太币的市值波动，以保证智能合约所需的真实花费不会出现大幅度变化。

③ Gas费用（Gas fee）：Gasf价格乘以Gas花销，即合约所需的真实费用，其单位是

以太币。

7.3.4 智能合约的编写

(1) 编写合约

学习每一门语言都是从 Hello world 程序开始，学习 Solidity 也不例外。Solidity 在以太坊环境内操作，没有明显的“输出”字符串的方式，这里就用日志记录事件来把字符串放进区块链中。Hello World 的合约实现如下。每次合约被创建时，都会调用构造函数，合约都会在区块链创建一个日志入口，打印 Hello world 参数。

```
contract HelloWorld {
event Print (string out);
function () {
//发送 Print 事件
Print (" Hello, World!");
}
}
```

每次执行时，这个合约都会在区块链创建一个日志入口，印着“Hello，World!”参数。

(2) 编译合约

可以通过多种形式的机制对 solidity 开发的以太坊智能合约的编译。

① 通过命令行使用 solc 编译器实现。

② 在 geth 或 eth 提供的 javascript 控制台使用 web3. eth. compile. solidity（这仍然需要安装 solc 编译器）实现。

③ 通过在线 Solidity 实时编译器实现。

④ 通过建立 solidity 合约的 Meteor dapp Cosmo 实现。

⑤ 通过 Mix IDE 实现。

⑥ 通过以太坊钱包实现。

若你启动了 geth 节点，你可以通过如下命令来检查哪些编译器可以使用。

```
> web3. eth. getCompilers ();
[" lll", " solidity", " serpent"]
```

这一指令会返回到显示当前哪个编译器可用的字符串。注意：solc 编译器和 cpp - ethereum 一起安装。或者，你可以自己创建。如果你的 solc 可执行文件不在标准位置，可以用- solc 标志为 solc 可执行文件指定一个定制路线。示例如下：

```
$ geth - - solc /usr/local/bin/solc
```

或者你可以通过控制台在执行期间设置这个选项：

```
\> admin. setSolc (" /usr/local/bin/solc")
solc, the solidity compiler commandline interface
Version: 0. 2. 2 - 02bb315d/. - Darwin/appleclang/JIT linked to libethereum - 1. 2. 0 - 8007cef0/.
- Darwin/appleclang/JIT
```

path：/usr/local/bin/solc

我们来编译一个简单的合约源，示例如下：

```
source = " contract test { function multiply (uint a) returns (uint d) { return a * 7; } }
```

这个合约提供了一个单一方法 multiply，它和一个正整数 a 调用并返回到 a * 7。下面准备在 geth JS 控制台用 eth. compile. solidity（）编译 solidity 代码：

```
\ > contract = eth. compile. solidity (source) . test
{
code："605280600c6000396000f3006000357c0100000000000000000000000000 00000000000000000000
0000000000090048063c6888fa114602e57005b6037600435604156 5b806000526020 6000f35b600060078202905
0604d565b91905056",
info：{
language："Solidity",
languageVersion："0",
compilerVersion："0. 9. 13",
abiDefinition：[ {
constant：false,
inputs：[ {
name："a",
type："uint256"
} ],
name："multiply",
outputs：[ {
name："d",
type："uint256"
} ],
type："function"
} ],
userDoc：{
methods：{
}
},
developerDoc：{
methods：{
}
},
source："contract test { function multiply (uint a) returns (uint d) { return a * 7; } } "
}
}
```

编译器也可以通过 RPC，因此通过 web3. jsgeth 通过 RPC / IPC 连接到任何浏览器中的应用程序。以下示例显示了如何 geth 通过 JSON - RPC 进行接口以使用编译器。

```
./geth --datadir ~/eth/ --loglevel 6 --logtostderr=true --rpc --rpcport 8100 --rpccorsdomain '*' --mine console  2>> ~/eth/eth.log
curl -X POST --data '{"jsonrpc":"2.0","method":"eth_compileSolidity","params":["contract test { function multiply(uint a) returns(uint d) { return a * 7; } }"],"id":1}' http://127.0.0.1:8100
```

一个源的编译器输出将为您提供每个代表单个合同的合同对象。实际返回值 eth. compile. solidity 是合同名称-合同对象对的映射。由于我们的合同的名称是 test，eth. compile. solidity（source）. test 将给你的测试合同的合同对象包含以下字段：

code：编译的 EVM 代码

info：编译器输出的 metainfo 的其余部分

source：源代码

language：合同语言（Solidity，Serpent，LLL）

languageVersion：合同语言版本

compilerVersion：编译器版本

abiDefinition：应用程序二进制接口定义

userDoc：NatSpec 用户文档

developerDoc：NatSpec 开发人员文档

编译器输出的直接结构（进入 code 和 info）反映了两种完全不同的部署路径。编译后的 EVM 代码通过合同创建事务处理发送到区块链，而其余的（info）理想情况下将作为可公开验证的元数据补充区块链上的代码。

如果您的来源包含多个合同，则输出将包含每个联系人的条目，则可以使用合同名称作为属性名称检索相应的合同信息对象。您可以通过检查最新的 GlobalRegistrar 代码来尝试此操作：

```
contracts = eth.compile.solidity(globalRegistrarSrc)
```

7.3.5 智能合约的部署

在以太坊中，EVM 负责将用户编写的智能合约编译成字节码，部署到区块链上。DApp 可以通过 web3. js JavaScript API 调用，本质上 DApp 是通过 JSON-RPC 协议与本地的以太坊节点进行通信。JSON 是一个轻量级、以文字为基础、易于阅读的数据存储和交换语言，本质上是 JavaScript 的一个子集，一般都被作为 Web 应用的数据存储格式。JSON-RPC 是由一个 JSON 格式编码的、轻量级的远程调用协议，定义了一些数据结构、规则、过程和接口，可用于在网络上绝大多数的数据通信协议，如 HTTP。

总体而言，如图 7-2 所示，在以太坊上部署和运行智能合约的步骤如下：

① 启动一个以太坊节点，如 geth 或 testRPC。

② 用户使用智能合约语言，如 Solidity，编写智能合约。

③ 通过 Truffle 开发框架或者调用 SOLC 编译器将智能合约编译成 EVM 字节码。

④ 将编译好的 EVM 部署发送到以太坊网络中，由矿工进行挖矿后，将合约代码写入到区块链上。该步，用户需要花费一定的 Gas，智能合约部署到区块链上之后，用户可以获得合约地址，以及调用合约所需的接口 ABI。

⑤ DApp 可以通过使用 web3. js 库所提供的 JavaScript API 接口以及 ABI 来调用部署在以太坊区块链上的合约代码，该步骤也会消耗一定量的以太币，消耗的多少具体看合约的操作码。

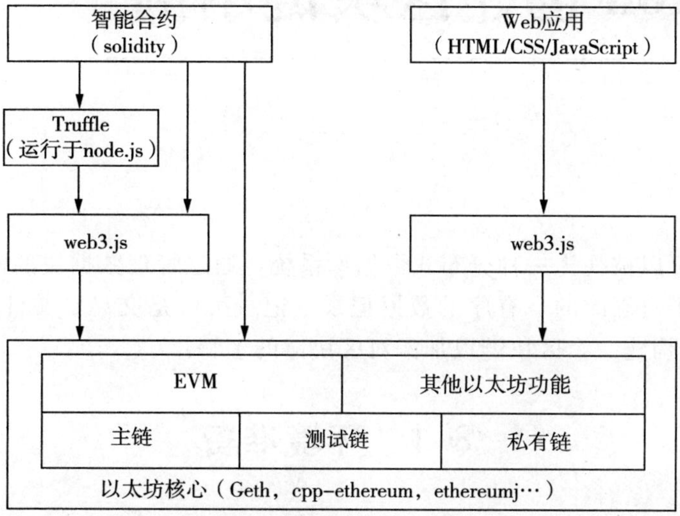

图 7－2 以太坊智能合约部署流程

8 Python 创建区块链示例

区块链网络可以被视为一种分布式数据库系统，通过管理数据块的链式结构，可以维持持续增长的、不可篡改的、有序的数据记录，记录可以是交易、文件或任何其他数据。本章通过 Python 构建一个区块链以加深对区块链的理解。

8.1 环境准备

确保已经安装 Python3.6+、pip 、Flask、requests 等。

安装方法：

```
pip install Flask==0.12.2 requests==2.18.4
```

同时还需要一个 HTTP 客户端，比如 Postman、cURL 或其他客户端。

8.2 创建 Blockchain

新建一个文件 blockchain.py，本章所有的代码都写在这一个文件中。

8.2.1 Blockchain 类

首先创建一个 Blockchain 类，在构造函数中创建了两个列表，一个用于储存区块链，一个用于储存交易。

以下是 Blockchain 类的框架：

```
class Blockchain (object):
def __init__ (self):
self.chain = []
self.current_transactions = []
def new_block (self):
# Creates a new Block and adds it to the chain
pass

def new_transaction (self):
# Adds a new transaction to the list of transactions
```

```
pass

@staticmethod
def hash (block):
# Hashes a Block
pass

@property
def last _ block (self):
# Returns the last Block in the chain
pass

```

Blockchain 类用来管理链条，它能存储交易、加入新块等。下面进一步完善这些方法。

8.2.2 块结构

每个区块包含属性：索引（index），Unix 时间戳（timestamp），交易列表（transactions），工作量证明以及前一个区块的 Hash 值。

以下是一个区块的结构：

```
block = {
'index': 1,
'timestamp': 1506057125.900785,
'transactions': [
 {
'sender': " 8527147fe1f5426f9dd545de4b27ee00",
'recipient': " a77f5cdfa2934df3954a5c7c7da5df1f",
'amount': 5,
}
],
'proof': 324984774000,
'previous _ hash': " 2cf24dba5fb0a30e26e83b2ac5b9e29e1b161e5c1fa7425e73043362938b9824"
}
```

可见，每个新的区块都包含上一个区块的 Hash，这是关键的一点，它保障了区块链不可变性。如果攻击者破坏了前面的某个区块，那么后面所有区块的 Hash 都会变得不正确。

8.2.3 加入交易

接下来添加一个交易，来完善下 new _ transaction 方法。

```
class Blockchain (object):
...

```

```
def new _ transaction (self, sender, recipient, amount):
"""
生成新交易信息，信息将加入下一个待挖的区块中
: param sender: <str> Address of the Sender
: param recipient: <str> Address of the Recipient
: param amount: <int> Amount
: return: <int> The index of the Block that will hold this transaction
"""

self. current _ transactions. append ( {
'sender': sender,
'recipient': recipient,
'amount': amount,
})

return self. last _ block ['index'] + 1

```

方法向列表中添加一个交易记录，并返回该记录将被添加到的区块（下一个待挖掘的区块）的索引，等下在用户提交交易时会有用。

8.2.4 创建新块

当 Blockchain 实例化后，需要构造一个创世块（没有前区块的第一个区块），并且给它加上一个工作量证明。每个区块都需要经过工作量证明，俗称挖矿。为此，还需要完善 new _ block ()，new _ transaction () 和 hash () 方法。

为了构造创世块，我们还需要完善 new _ block ()，new _ transaction () 和 hash () 方法：

```
import hashlib
import json
from time import time


class Blockchain (object):
def _ _ init _ _ (self):
self. current _ transactions = []
self. chain = []

# Create the genesis block
self. new _ block (previous _ hash = 1, proof = 100)

def new _ block (self, proof, previous _ hash = None):
"""
生成新块
```

```
: param proof: <int> The proof given by the Proof of Work algorithm
: param previous_hash: (Optional) <str> Hash of previous Block
: return: <dict> New Block
"""

block = {
'index': len (self.chain) + 1,
'timestamp': time (),
'transactions': self.current_transactions,
'proof': proof,
'previous_hash': previous_hash or self.hash (self.chain [-1]),
}

# Reset the current list of transactions
self.current_transactions = []

self.chain.append (block)
return block

def new_transaction (self, sender, recipient, amount):
"""
生成新交易信息，信息将加入下一个待挖的区块中
: param sender: <str> Address of the Sender
: param recipient: <str> Address of the Recipient
: param amount: <int> Amount
: return: <int> The index of the Block that will hold this transaction
"""
self.current_transactions.append ( {
'sender': sender,
'recipient': recipient,
'amount': amount,
})

return self.last_block ['index'] + 1

@property
def last_block (self):
return self.chain [-1]

@staticmethod
def hash (block):
"""
生成块的 SHA-256 hash 值
```

```
: param block: <dict> Block
: return: <str>
"""

# Make sure that the Dictionary is Ordered, or we'll have inconsistent hashes
block_string = json.dumps (block, sort_keys = True) .encode ()
return hashlib.sha256 (block_string) .hexdigest ()

```

通过上面的代码和注释可以对区块链有直观的了解，接下来看看区块是怎么挖出来的。

8.2.5 理解工作量证明

新的区块依赖工作量证明算法（PoW）来构造。PoW 的目标是找出一个符合特定条件的数字，这个数字很难计算出来，但容易验证。这就是工作量证明的核心思想。

假设一个整数 x 乘以另一个整数 y 的积的 Hash 值必须以 0 结尾，即 hash（$x * y$）= ac23dc…0。设变量 $x = 5$，求 y 的值？

用 Python 实现如下：

```
from hashlib import sha256
x = 5
y = 0  # y未知
while sha256 (f'{x * y}'.encode ()) .hexdigest () [-1] != "0":
y += 1
print (f'The solution is y = {y}')

```

结果是 $y=21$，因为：

```
hash (5 * 21) = 1253e9373e...5e3600155e860
```

在比特币中，使用称为 Hashcash 的工作量证明算法，它和上面的问题很类似。矿工们为了争夺创建区块的权利而争相计算结果。通常，计算难度与目标字符串需要满足的特定字符的数量成正比，矿工算出结果后，会获得比特币奖励。

8.2.6 实现工作量证明

以下实现一个相似 PoW 算法，规则是：寻找一个数 p，使得它与前一个区块的 proof 拼接成的字符串的 Hash 值以 4 个 0 开头。

```
import hashlib
import json

from time import time
from uuid import uuid4

class Blockchain (object):
```

```
...

def proof_of_work(self, last_proof):
"""
简单的工作量证明:
- 查找一个 p' 使得 hash(pp') 以 4 个 0 开头
- p 是上一个块的证明,  p' 是当前的证明
:param last_proof: <int>
:return: <int>
"""

proof = 0
while self.valid_proof(last_proof, proof) is False:
proof += 1

return proof

@staticmethod
def valid_proof(last_proof, proof):
"""
验证证明: 是否 hash(last_proof, proof) 以 4 个 0 开头?
:param last_proof: <int> Previous Proof
:param proof: <int> Current Proof
:return: <bool> True if correct, False if not.
"""

guess = f'{last_proof}{proof}'.encode()
guess_hash = hashlib.sha256(guess).hexdigest()
return guess_hash[:4] == "0000"

```

衡量算法复杂度的办法是修改 0 开头的个数。使用 4 个来用于演示，你会发现多一个 0 都会大大增加计算出结果所需的时间。

现在 Blockchain 类基本已经完成了，接下来使用 HTTP requests 来进行交互。

8.3 Blockchain 作为 API 接口

本章将使用 Python Flask 框架，这是一个轻量 Web 应用框架，它方便将网络请求映射到 Python 函数，接下来让 Blockchain 运行在 Flask web 上。

创建三个接口：

① /transactions/new 创建一个交易并添加到区块；

② /mine 告诉服务器去挖掘新的区块；

③ /chain 返回整个区块链。

8.3.1 创建节点

Flask 服务器将作为区块链网络中的一个节点，先添加一些框架代码：

```
import hashlib
import json
from textwrap import dedent
from time import time
from uuid import uuid4

from flask import Flask


class Blockchain (object):
 ...


 # Instantiate our Node
 app = Flask ( __name__ )

 # Generate a globally unique address for this node
 node_identifier = str (uuid4 ()) .replace ('-', '')

 # Instantiate the Blockchain
 blockchain = Blockchain ()


 @app.route ('/mine', methods = ['GET'])
 def mine ():
 return " We'll mine a new Block"

 @app.route ('/transactions/new', methods = ['POST'])
 def new_transaction ():
 return " We'll add a new transaction"

 @app.route ('/chain', methods = ['GET'])
 def full_chain ():
 response = {
 'chain': blockchain.chain,
 'length': len (blockchain.chain),
 }
 return jsonify (response), 200
```

```
if __name__ == '__main__':
app.run (host='0.0.0.0', port=5000)
```

以上代码，首先创建一个节点，并为节点创建一个随机的名字，然后实例化Blockchain类，创建/mine GET 接口、/transactions/new POST 和 /chain 接口，返回整个区块链，服务运行在端口 5000 上。

8.3.2 发送交易

发送到节点的交易数据结构如下：

```
{
" sender": " my address",
" recipient": " someone else's address",
" amount": 5
}
```

之前已经添加交易的方法，可以方便地基于接口来添加交易。

```
import hashlib
import json
from textwrap import dedent
from time import time
from uuid import uuid4

from flask import Flask, jsonify, request

...

@app.route ('/transactions/new', methods = ['POST'])
def new_transaction ():
values = request.get_json ()

# Check that the required fields are in the POST'ed data
required = ['sender', 'recipient', 'amount']
if not all (k in values for k in required):
return 'Missing values', 400

# Create a new Transaction
index = blockchain.new_transaction (values ['sender'], values ['recipient'], values ['amount'])

response = {'message': f'Transaction will be added to Block {index}'}
return jsonify (response), 201

```

8.3.3 挖矿

挖矿完成以下三件事：

① 计算工作量证明 PoW；

② 通过新增一个交易授予矿工（自己）一个币；

③ 构造新区块并将其添加到链中。

```
import hashlib
import json

from time import time
from uuid import uuid4

from flask import Flask, jsonify, request

...

 @app. route ('/mine', methods = ['GET'])
 def mine ():
 # We run the proof of work algorithm to get the next proof...
 last _ block = blockchain. last _ block
 last _ proof = last _ block ['proof']
 proof = blockchain. proof _ of _ work (last _ proof)

 # 给工作量证明的节点提供奖励.
 # 发送者为 " 0" 表明是新挖出的币
 blockchain. new _ transaction (
 sender = " 0",
 recipient = node _ identifier,
 amount = 1,
 )

 # Forge the new Block by adding it to the chain
 block = blockchain. new _ block (proof)

 response = {
 'message': " New Block Forged",
 'index': block ['index'],
 'transactions': block ['transactions'],
 'proof': block ['proof'],
 'previous _ hash': block ['previous _ hash'],
 }
 return jsonify (response), 200
```

至此，区块链创建完成了。

8.3.4 运行区块链

可以使用 cURL 或 Postman 和 API 进行交互。启动 server：

```
$ python blockchain.py
* Runing on http://127.0.0.1:5000/ (Press CTRL + C to quit)
```

然后，通过请求 http://localhost:5000/mine 来进行挖矿。

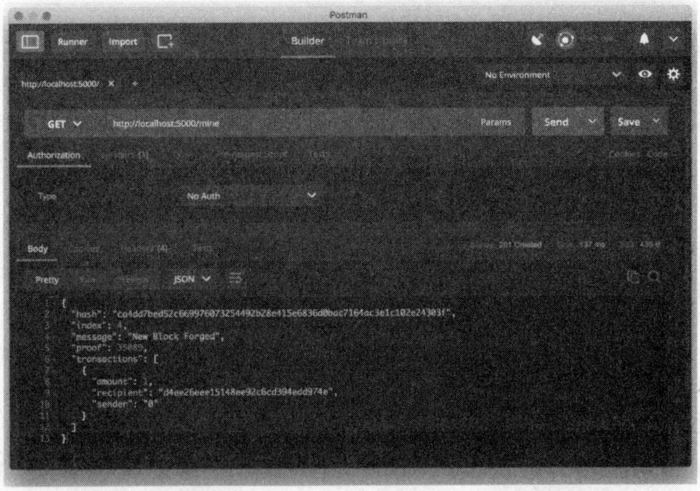

通过 post 请求，添加一个新交易。

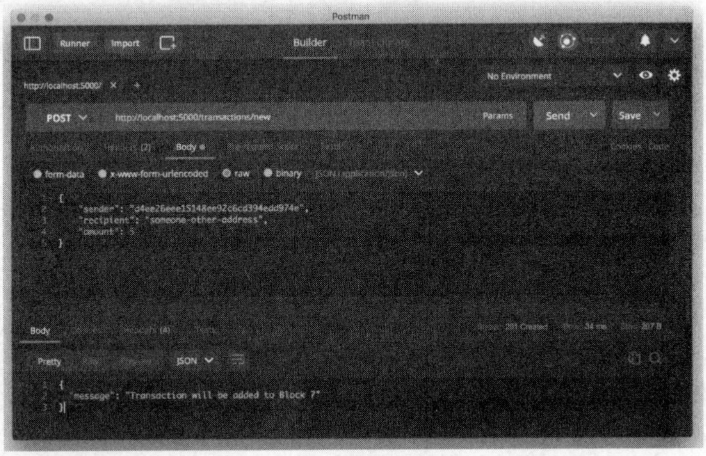

如果不使用 Postman，则用以下的 cURL 语句也是一样的：

```
$ curl -X POST -H "Content-Type: application/json" -d '{
"sender": "d4ee26eee15148ee92c6cd394edd974e",
"recipient": "someone-other-address",
"amount": 5
```

```
} -" http://localhost:5000/transactions/new"

```

在挖两次矿之后，整个区块链就有 3 个块了，通过请求 http://localhost:5000/chain 可以得到所有的块信息。

```
{
"chain":[
{
"index":1,
"previous_hash":1,
"proof":100,
"timestamp":1506280650.770839,
"transactions":[]
},
{
"index":2,
"previous_hash":"c099bc...bfb7",
"proof":35293,
"timestamp":1506280664.717925,
"transactions":[
{
"amount":1,
"recipient":"8bbcb347e0634905b0cac7955bae152b",
"sender":"0"
}
]
},
{
"index":3,
"previous_hash":"eff91a...10f2",
"proof":35089,
"timestamp":1506280666.1086972,
"transactions":[
{
"amount":1,
"recipient":"8bbcb347e0634905b0cac7955bae152b",
"sender":"0"
}
]
}
],
"length":3
}
```

8.4 一致性（共识）问题

以上构建了一个基本的区块链，可以接受交易和挖矿。作为再在网络上有多个节点的分布式区块链系统，还要通过共识算法解决一致性问题（所有节点有完全同样的链）。

8.4.1 注册节点

在实现共识算法之前，首先需要找到一种方式让一个节点知道它相邻的节点。每个节点都需要保存一份包含网络中其他节点的记录。因此让我们新增几个接口：

① /nodes/register 接收 URL 形式的新节点列表；

② /nodes/resolve 执行一致性算法，解决任何冲突，确保节点拥有正确的链。

修改 Blockchain 类的 init（）函数并提供一个注册节点方法：

```
...
from urllib. parse import urlparse
...


class Blockchain (object):
def _ _ init _ _ (self):
...
self. nodes = set ()
...

def register _ node (self, address):
"""
Add a new node to the list of nodes
: param address: <str> Address of node. Eg. 'http: //192.168.0.5: 5000'
: return: None
"""

parsed _ url = urlparse (address)
self. nodes. add (parsed _ url. netloc)
```

这里，用 set（）来储存节点，这是一种避免重复添加节点的简单方法。

8.4.2 实现共识算法

前面提到，冲突是指不同的节点拥有不同的链，为了解决这个问题，规定最长的、有效的链才是最终的链，换句话说，网络中有效最长链才是主链（Main chain）。

这里，使用以下算法，来达到网络中的共识。

```
...
import requests


class Blockchain (object)
...

def valid _ chain (self, chain):
"""
Determine if a given blockchain is valid
 : param chain: <list> A blockchain
 : return: <bool> True if valid, False if not
 """

 last _ block = chain [0]
 current _ index = 1

 while current _ index < len (chain):
 block = chain [current _ index]
 print (f' {last _ block} ')
 print (f' {block} ')
 print (" \n- - - - - - - - - - - - \n")
 # Check that the hash of the block is correct
 if block ['previous _ hash'] ! = self. hash (last _ block):
 return False

 # Check that the Proof of Work is correct
 if not self. valid _ proof (last _ block ['proof'], block ['proof']):
 return False

 last _ block = block
 current _ index + = 1

 return True

 def resolve _ conflicts (self):
 """
 共识算法解决冲突
 使用网络中最长的链.
 : return: <bool> True 如果链被取代，否则为 False
 """

 neighbours = self. nodes
```

```
new _ chain = None

# Were only looking for chains longer than ours
max _ length = len (self. chain)

# Grab and verify the chains from all the nodes in our network
for node in neighbours:
response = requests. get (f'http: // {node} /chain')

if response. status _ code = = 200:
length = response. json () ['length']
chain = response. json () ['chain']

# Check if the length is longer and the chain is valid
if length > max _ length and self. valid _ chain (chain):
max _ length = length
new _ chain = chain

# Replace our chain if we discovered a new, valid chain longer than ours
if new _ chain:
self. chain = new _ chain
return True

return False
```

第一个方法 valid _ chain () 用来检查是否是有效链，遍历每个块验证 hash 和 proof；第 2 个方法 resolve _ conflicts () 用来解决冲突，遍历所有的邻居节点，并用上一个方法检查链的有效性，如果发现有效更长链，就替换掉自己的链。接下来，添加两个路由：一个用来注册节点，一个用来解决冲突。

```
@app. route ('/nodes/register', methods = ['POST'])
def register _ nodes ():
values = request. get _ json ()

nodes = values. get ('nodes')
if nodes is None:
return " Error: Please supply a valid list of nodes", 400

for node in nodes:
blockchain. register _ node (node)

response = {
'message': 'New nodes have been added',
```

```
'total_nodes': list (blockchain.nodes),
}
return jsonify (response), 201


@app.route ('/nodes/resolve', methods = ['GET'])
def consensus ():
replaced = blockchain.resolve_conflicts ()

if replaced:
response = {
'message': 'Our chain was replaced',
'new_chain': blockchain.chain
}
else:
response = {
'message': 'Our chain is authoritative',
'chain': blockchain.chain
}

return jsonify (response), 200

```

可以在不同的机器运行节点，或在一台机器开启不同的网络端口来模拟多节点的网络，这里在同一台机器开启不同的端口演示，在不同的终端运行命令，启动两个节点：http：//localhost：5000 和 http：//localhost：5001。

```
pipenv run python blockchain.py
pipenv run python blockchain.py - p 5001
```

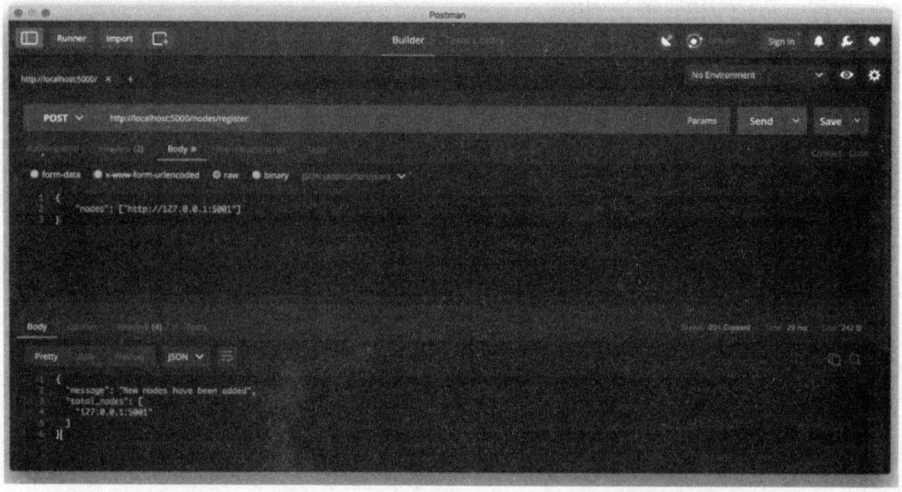

然后在节点 2 上挖两个块，确保是更长的链，然后在节点 1 上访问接口/nodes/resolve，这时节点 1 的链会通过共识算法被节点 2 的链取代。

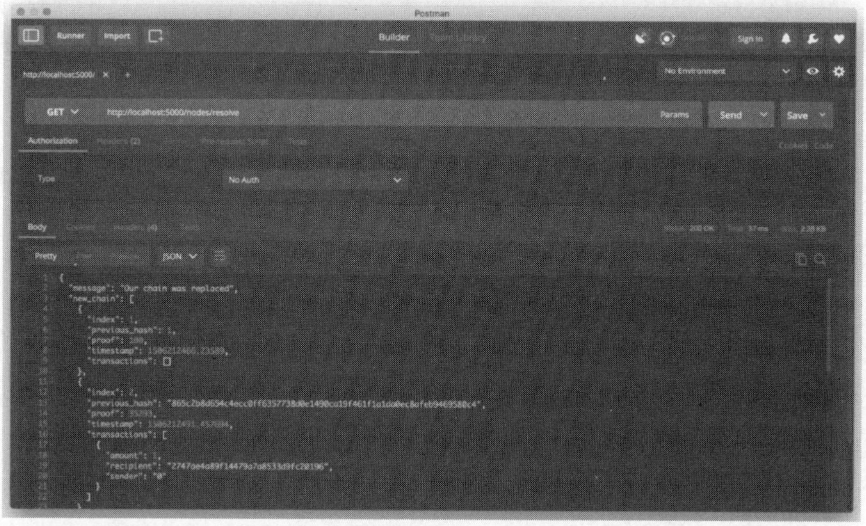

应 用 篇

9　区块链在金融领域的应用

区块链作为一种分布式数据存储、点对点传输、共识机制、加密算法等计算机技术的新型应用模式，被认为是继大型机、个人电脑、互联网之后计算模式的颠覆式创新，正在全球范围引起一场新的技术革新和产业变革。区块链相对于金融场景有强大的天生优势，在其创新和应用探索中，金融是最主要的领域，现阶段主要的区块链应用探索和实践，绝大多数也都是围绕金融领域展开的。在金融领域中，区块链技术在数字货币、支付清算、智能合约、金融交易、物联网金融等多个方面存在广阔的应用前景。

区块链技术及其应用有如下几个特点：分布式、扁平化、强制信任、集体维护、可靠数据库、开源、隐私保护。这些技术特征集合在一起，就会对现在很多习以为常的概念和商业模式，很多习以为常的模式，产生颠覆性的变化，实现一些在中心化模式下难以实现的商业模式，驱动新型商业模式的诞生。比如在物联网产业，已经有机构提出要使用区块链技术管理上百亿个物联网设备的身份、支付和维护任务，极大地延长产品的生命周期和降低物联网维护的成本。

区块链技术的开放性鼓励创新和协作。通过源代码的开放和协作，区块链技术能够促进不同开发人员、研究人员以及机构间的协作，相互取长补短，从而实现更高效、更安全的解决方案。近年来，已有不少海外金融机构和商业机构尝试基于区块链技术进行商业模式的改进。在中国，尽管这一技术尚未得到广泛的认知和应用，但是已经开始引起越来越广泛的重视，其影响力正在快速增强。现在区块链技术已经被视为下一代全球信用认证和价值互联网的基础协议之一，对金融产业和金融体系的重要性同样不容忽视。

当前，区块链技术正在与大数据、云计算、物联网以及人工智能这些技术链接，随时可能碰撞出技术创新的火花。区块链可以提高人工智能的安全机制，解决物联网设备传统中心化设备难以承受巨大负载的问题，实现物联网设备的“自治”，帮助解决数据安全性和归属权问题等等，这些都是区块链在技术层面的创新实践。从移动互联到虚拟现实再到人工智能，从手机 App、VR 眼镜到虚拟个人智能助理，可以看到新技术的创新都越来越贴近我们的生活，同样区块链也不会例外。区块链技术将如何影响和改变我们的生活，在未来我们的金融生活以及互联网时代中区块链又将为我们带来什么样的惊喜呢？应该说，当前，区块链技术的发展在全球范围内还都尚处在早期阶段，各种技术方案、应用场景和商业模式等还需要进一步地探索和完善。需要理论研究者、网络技术专家、金融行业以及监管部门的积极投入和良性互动，勇于探索和创新。

金融行业历来对先进技术最为敏感。传统的银行和证券业巨头从 2014 年就纷纷投身于如火如荼的区块链创业投资中，两年内全球投资总额高达10亿美金，其中更不乏像DAH的6000万美元、Blockstream的5000万美元这样的巨额A轮融资。除了资金投入，各大公司更是亲自参与和推动具体的业务应用当中。例如美国纳斯达克证券交易所推出的Linq区块链股权交易所已经与2015年底开始发行测试；全球43家跨国银行结成的R3 CEV联盟也是一直在测试和改进银行间的跨行清算联盟链，动作之快，参与度之高都是前所未有的。

虽然包括纳斯达克、摩根大通、花旗银行、瑞银集团、高盛集团在内的全球金融巨头们正在忙着成立区块链实验室，竞相投资相关科技公司，但是他们要的未必是改造金融的基础设施，更能引起他们兴趣的是有可能帮助他们提升经营效率，降低成本等，具体表现在以下几个方面：首先是提升自动化水平降低经营成本。金融机构各个业务系统与后台工作，往往面临长流程多环节，区块链为简化并自动化这些手工金融服务流程，提供了可能。区块链技术具有灵活的架构，可根据不同的应用场景和用户需求，选择公有链、私有链和联盟链等多种类型，是实现共享金融的有力工具。共享金融的本质是通过减少金融信息的不对称性，从而实现金融资源优化配置的目的，并通过严格的第三方认证和监督机制，保证交易双方权益的落实，促成交易达成。通过使用区块链技术，金融信息和金融价值能够得到更加严格的保护，能够实现更加高效、更低成本的流动，从而实现价值和信息的共享。管理咨询公司麦肯锡发布报告称，区块链金融将实现债券交易电子化、区块链与程序化交易，减少前台和后台的人力成本；其次，提高支付效率。对于银行来说，区块链主要吸引力在于它可以作为记录系统：可靠、细致和不可逆转。短期内最有前途的应用会是支付，2014年全球跨境汇款市场达到了5830亿美元，数额非常庞大。Ripple正把它变成现实，它是建立在分布式总账基础上的支付结算系统。受到Ripple启发，Earthport公司于2015年8月推出了分布式总账服务，它将Ripple的潜在可能和Earthport的跨境支付服务结合起来，使用本地自动清算所（ACH）进行国际收支的结算。同时，部分金融机构正在认真考虑使用比特币背后的区块链技术，作为其清算和结算系统的替代品；三是满足监管和客户对数据记录的要求。德勤认为区块链技术解决了审计行业历来在满足公众要求、满足监管部门要求方面的难点，能够保证所有财政数据的完整性、永久性和不可更改性。

可以预见，区块链技术与金融领域结合的深度和广度还远未饱和，应用前景广阔。当前，区块链技术引发了全社会的广泛关注和讨论，应用场景范围不断拓展，在金融领域的落地应用更是成为科技界和金融界共同关注的焦点。本章将主要介绍区块链技术在金融领域的一些应用。

9.1 金融行业痛点

9.1.1 金融行业面临的问题

信任是金融业的基础。为维护信任，金融业的发展催生了大量的中介机构，包括托管机构、第三方支付平台、公证人、银行等。然而，中介机构依赖人工处理信息，且交易信息往往需要经过多道中介的传递，这使得信息出错率高，且效率低下。同时，人们也通常认为权威机构公示的信息是经过社会认可的信息，不存在欺诈风险。但在实践中，权威机构通过中心化的数据传输系统收集各种信息，并保存在中心服务器中，然后集中向社会公布。这种中心化的传输模式同样使数据传输效率低，成本高。如何高效、便捷，且低成本地建立信任，成为业界普遍关心的问题。区块链是票据、债券、应收账款、ABS 等数字资产最好的承载工具，可以对这些数字资产进行精细化的管控，实现低成本高可信流通。

区块链技术集成了分布式记账、不可篡改、内置合约等多项基础技术，构建了一种以更低成本建立信任的机制。分布式记账可以通过数据算法、密码学机制来保证数据的一致性和延续性，通过工作量证明和最长链机制可以实现数据的不可篡改，智能合约程序则能够将实现合约的电子化嵌入和自动执行，从而提升系统效率并降低操作风险。以银行机构的应收账款业务为例，长久以来，除现金和票据结算之外，大部分企业均采取账期的方式延后支付，造成应收账款占比很高，影响资金周转。还有操作风险和欺诈风险是应收账款非常难抵御的风险，导致坏账现象频发。在诸如资产证券化、保险、供应链金融、大宗商品交易、资产托管等多个金融场景中，由于参与主体众多、信用评估代价高昂、中介机构结算效率低下等原因，传统的金融服务手段难以有效解决行业长期存在的诸如信息不对称、流程繁复冗余、信息验真成本高等核心痛点。

区块链技术的优势可以有效解决上述金融场景中存在的痛点，如图 9－1 所示。所有市场参与人均可无差别获取市场中所有交易信息和资产归属记录，有效解决了信息不对称问题；智能合约嵌入减少了支付结算环节的出错率，简化了流程并提高效率；同时各参与方之间基于透明的信息和全新的信任机制无须再耗费人力、物力、财力去进行信息确真，这将大大降低各机构之间的信任成本进而降低金融服务价格。金融的本质是风险控制，风险控制的基础是有效数据。区块链技术其特有的数据确权溯源、普适性的底层数据结构、合约自动高效执行等特性，为金融领域的深刻变革孕育了强大的发展潜力。

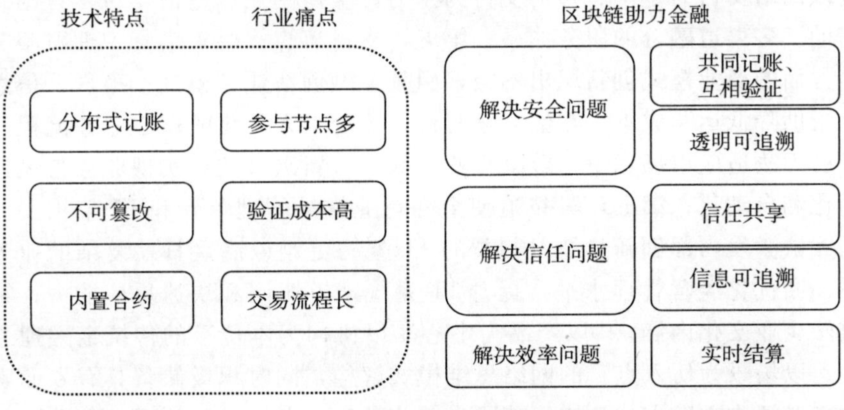

图 9－1　区块链对症金融行业痛点

在证券交易领域，高成本、低效率一直是全球证券股权交易的症结所在。区块链技术可以节省交易时间、降低交易风险，从而大大提高金融行业的效率。比如过去清算和结算所需要的时间为 3 天，而使用区块链技术的操作只需要 10 分钟。再比如，传统的股权众筹平台作为第三方平台，促成一项众筹活动的流程非常漫长，现有的商业模式并不能很好地保证投资者的回报，若能将区块链技术加以应用，那么股权众筹平台就可以实现去中心化信任，投资者的回报也能得到保障。

综上所述，与区块链技术相匹配的金融场景一般具有参与节点多、验真成本高和交易流程长等。在业内人士看来，区块链的去中心化首先会影响金融基础设施，然后再扩及一般的金融业务。美国华盛顿邮报网站 2016 年 1 月 6 日刊文指出，区块链是改变创新之路的十大最前卫的创新技术之一，或许是自互联网出现以来最重大的发明。目前，全球知名大金融机构，如高盛、美国银行、瑞银集团（UBS）等 42 家银行都加入了一个名为“R3”的组织，共同开展对区块链的研究；德勤 DC3（德勤加密货币社区）也于 2016 年新年伊始在 CoinDesk 网站上发表文章，通过与全球商界的沟通和讨论，已经开发的区块链应用达到 50 多个应用案例，遍布金融、汽车、酒店、连锁业、医疗生命、媒体娱乐等行业。

9.1.2 新兴科技给金融业带来的影响

除了区块链，云计算、大数据、物联网、人工智能、生物识别、虚拟现实等新兴科技正对未来金融业产生深远影响。首先，科技创新改变金融行业运行架构，当科技进步对金融业增加值平均贡献率接近 50%，已成为促进金融业全面转型的第一推动力；第二，科技颠覆金融行业运行逻辑，倒逼金融行业调整战略方向。区块链等新兴科技将驱动商业银行将发展金融科技作为战略核心之一，提供基于价格实时发现、资源精准匹配、产品按需提供、服务随时响应和风险智慧经营的高价值综合金融服务，实现由依赖“存贷汇”业务的信用中介，向以“理融投咨”为核心的社会信用价值创造者转变；第三，金融科技公司抢夺收入，激发金融市场竞争活力，金融科技正在冲击银行业在经济体系中的绝对优势地位。花旗银行研究显示，北美的个人银行业务营收中大约有 1%已被新技术公司侵蚀，2020 年将升至 10%；第四，网络金融服务占据入口，驱动银行实现渠道融合。网络金融服务已占领了大量用户入口，传统物理网点数量优势及服务方式已无吸引力，所以商业银行必须构建以网络支付为基础、移动支付为主力，实体网点、电话支付、自助终端、微信银行等为辅助、多渠道融合的服务体系；第五，支付清算、融资借贷、理财服务、企业互联网金融等方面的商业模式创新层出不穷，引领金融创新业务模式；第六，信息技术革新管控流程，帮助降低运营成本。在数字化时代，传统半人工化的核心业务流程和低效的风险管控模式已无法适应市场竞争，金融行业必须引入新兴科技，实现业务与风控流程的前中后台一体化和自动化；第七，科技迫使金融行业推动管理革新和 IT 架构。传统的层级制治理结构无法激发内部创新热情，割裂的 IT 架构更难以满足日益复杂的业务需求。金融行业必须不断优化经营管理水平，提升 IT 系统多方协同和快速反应能力；第八，科技迫使行业重塑企业文化内涵。“以产品为中心、以机构为本位”的传统金融理念已被“以用户为中心、以场景为切入点”的网络思维模式解构，同时积极储备具有专业素质和跨界视野的行业金融解决方案人才，构建兼顾当前与长远的考核激励体系，考核向基层和业务一线倾斜，激发队伍内生动力；第九，金融与科技深度融合，明确未来行业发展方向。虽然科技对金融行业具有颠覆性的影响，但未来覆灭的只是传统经营模式和旧的市场秩序。

图 9-2 所示为金融生活的技术元素示意图，包括机器学习、生物识别、区块链等，这些科技元素将足以给金融业带来深远影响。

这些新技术在改变金融生活的同时，也不断在推动着金融服务的升级，比如移动互联

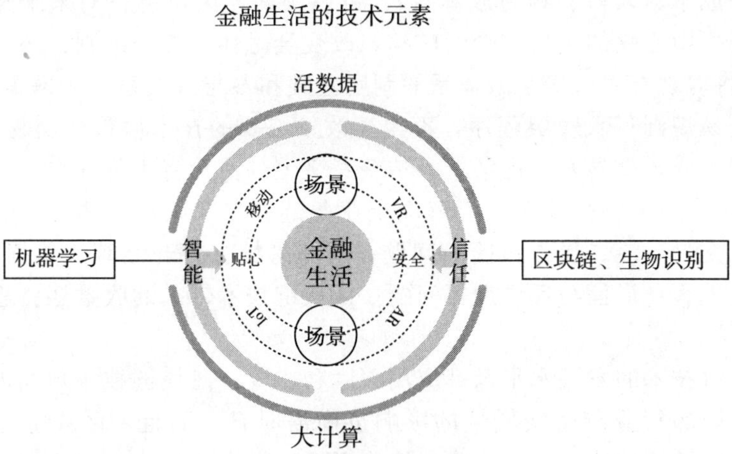

图 9-2　金融生活的技术元素

网就解决了服务普及率的问题，云计算技术则可以极大地降低金融服务的成本。区块链技术在本质上是通过机器实现代表公信力的机制，达到分布式、去中心化和去中介化的效果，可以推动整个商业流程的改变，会让整个商业服务在效率更高的同时成本变得更低，甚至颠覆已有的金融服务模式。例如，基于区块链所具有的全程溯源、数据公开透明、不可篡改等的特点，使得在类似艺术品鉴定、公益捐款等场景下，区块链技术都有非常广阔的应用前景。

整个过程中，基于区块链的核心应用有如下三点：

① 去中心化。去中心化实现企业的唯一签名，在区块链上密钥一经生成后不能更改，银行等任何第三方均无法篡改应收款交易信息，最大程度保证应收款信息安全。

② 分布式账本。区块链采用分布式账本技术记录应收款信息，改变传统应收款依赖于纸质或电子数据，从技术上排除了数据被篡改、被伪造的各种可能。

③ 智能合约。区块链智能合约技术，可保证应收款各类交易根据智能合约规则自动、无条件履约。

区块链应用于金融市场最大的两个特点是：

① 增强资产流动性。传统金融资产要实现在各方流动，需要大量的线下，或多方进行核实的过程。区块链可以让这个过程全部做到自动化，大大降低中间的环节，使得企业节省更多的时间、财力、物力成本。

② 提升系统拓展边际成本。凭借低廉的基础设施成本，和较少的人力资源边际成本，基于区块链平台天生就具备了广泛扩张的优势，并且由于底层网络的兼容性，也非常适合国际化拓展。

对于金融行业来说，较早开始应用区块链，会具备一定的先发优势。系统越复杂，链条越长，优势就越明显。

9.1.3　革新金融行业基础架构

金融基础设施包括支付系统、中央证券存款、证券结算等。利用区块链技术，所有参与人员的任何数据更新都会被同步至整个区块链上，这样就大大降低了金融活动中产生的成本（包括时间成本、人力、物力成本等）。可以预测，区块链将对未来金融行业产生颠覆性影响，实现去中心化的价值安全性转移，改变金融体系核心准则：

1）区块链将对现有银行等金融体系的制度基础和参与者关系产生颠覆性影响。例如，将法律条文和交易规则写入底层程序，不得篡改；统一的技术协议使交易双方充分信任，无需第三方信用中介；交易发生即清算，传统意义上的清算将不复存在。

2）区块链可助力金融行业系统性解决全业务链痛点和顽疾。例如，解决金融服务存在的效率瓶颈、交易时滞、操作风险等问题；解决跨境支付与结算、票据与供应链金融、证券发行与交易、客户征信与反诈欺等问题；区块链技术带来的收益还将惠及所有交易参与方。

受限于区块链技术的发展水平及其应用深度和广度，区块链技术短期内仍以实验探索为主，区块链对金融行业产生实质性的影响也尚需时日。而且，区块链还面临着许多问题，包括：技术上计算性能、空间占用、算法灵活性等有待解决；制度层面，法律、法规滞后，监管模糊；此外，由于需要重构 IT 流程和业务流程、投入大量成本，金融机构全面使用区块链技术的主观意愿较为薄弱。有观点认为，区块链的发展将经历四个阶段：2014—2016 年为内部实验探索阶段；2016—2017 年为内部应用阶段；2017—2020 年是跨机构和行业的共享基础设施涌现阶段；而 2020—2025 年区块链将迎来大规模全面应用及相关资产增值阶段。

9.2 数字货币

比特币是目前区块链技术最广泛、最成功的运用，在比特币基础上，又衍生出了大量其他种类的去中心化数字货币。比特币的崛起颠覆了人类对货币的概念，它和数字货币的出现与扩展正在改变人类使用货币的方式。从过去人类使用实物交易，到发展物理货币及后来的信用货币，都是随着人类的商业行为及社会发展不断演进。随着电子金融及电子商务的崛起，数字货币安全、便利、低交易成本的独特性，更适合基于网络的商业行为，将来有可能取代物理货币的流通。

以比特币为代表的数字货币目前已在欧美国家获得相当程度的市场接受，不但能在商店用比特币支付商品，更是衍生出比特币的借记卡与 ATM 机等应用产品。数字货币与法定货币之间交换的交易平台也应运而生，例如中国的交易平台 OKCoin 支持人民币与比特币的交易；比特币与法定货币之间的庞大交易量与流动性足以被视为一种国际通行货币。

国家发行数字货币将成趋势。2015 年厄瓜多尔率先推出国家版数字货币，不但能减少发行成本及增加便利性，还能让偏远地区无法拥有银行资源的民众也能通过数字化平台，获得金融服务。突尼斯也根据区块链的技术发行国家版数字货币，除了让国民通过数字货币买卖商品，还能缴付水电费账单等，结合区块链分布式账本的概念，将交易纪录记载于区块链中，方便管理。

同时，其他许多国家也在探讨发行数字货币的可行性。目前，包括瑞典、澳大利亚及俄罗斯正在研讨发展数字货币的计划。

9.3 支付清算

现阶段商业贸易的交易支付、清算都要借助银行体系。这种传统的通过银行方式进行的交易要经过开户行、对手行、清算组织、境外银行（代理行或本行境外分支机构）等多个组织及较为烦冗的处理流程。

在此过程中每一个机构都有自己的账务系统，彼此之间需要建立代理关系；每笔交易需要在本银行记录，与交易对手进行清算和对账等，导致整个过程花费时间较长、使用成本较高。

与传统支付体系相比，区块链支付可以为交易双方直接进行端到端支付，不涉及中间机构，在提高速度和降低成本方面能得到大幅改善。尤其是跨境支付方面，如果基于区块链技术构建一套通用的分布式银行间金融交易系统，可为用户提供全球范围的跨境、任意币种的实时支付清算服务，跨境支付将会变得便捷和低廉。

9.4 数字票据

传统纸质票据业务因人为介入多，导致许多违规事件及操作风险。从 2015 年年中，国内开始爆发票据业务的信用风暴。票据业务创造了大量流动性的同时，相关市场也滋生了大量违规操作或客户欺诈行为，陆续有多家商业银行的汇票业务事件集中爆发。国内现行的汇票业务仍有约 70%为纸质交易，操作环节处处需要人工，并且因为涉及较多中介参与，存在管控漏洞，违规交易的风险提高。长久以来，票据的交易一直存在一个第三方的角色来确保有价凭证的传递是安全可靠的，数字票据可实现票据价值传递的去中介化。在纸质票据中，交易双方的信任建立在票据的真实性基础上；即使在现有电子票据交易中，也是需要通过央行 ECDS 系统的信息进行交互认证。但借助区块链的技术，可以直接实现点对点之间的价值传递，不需要特定的实物票据或是中心系统进行控制和验证；中介的角色将被消除，也减少人为操作因素的介入。

目前，国际区块链联盟 R3CEV 联合以太坊、微软共同研发了一套基于区块链技术的商业票据交易系统，包括高盛、摩根大通、瑞士联合银行、巴克莱银行等著名国际金融机构加入了试用，并对票据交易、票据签发、票据赎回等功能进行了公开测试。与现有电子票据体系的技术支撑架构完全不同，该种类数字票据可在具备目前电子票据的所有功能和优点的基础上，进一步融合区块链技术的优势，成为一种更安全、更智能、更便捷的票据形态。

数字票据主要具有以下核心优势：一是可实现票据价值传递的去中心化。在传统票据交易中，往往需要由票据交易中心进行交易信息的转发和管理；而借助区块链技术，则可实现点对点交易，有效去除票据交易中心角色。二是能够有效防范票据市场风险。

区块链由于具有不可篡改的时间戳和全网公开的特性，一旦交易完成，将不会存在赖账现象，从而避免了纸票“一票多卖”、电票打款背书不同步的问题。三是系统的搭建、维护及数据存储可以大大降低成本。采用区块链技术框架不需要中心服务器，可以节省系统开发、接入及后期维护的成本，并且大大减少了系统中心化带来的运营风险和操作风险。

9.5 银行征信管理

目前，商业银行信贷业务的开展，无论是针对企业还是个人，最基础的考虑因素都是借款主体本身所具备的金融信用。商业银行将每个借款主体的信用信息及还款情况上传至央行的征信中心，需要查询时，在客户授权的前提下，再从央行征信中心下载信息以供参考。这其中存在信息不完整、数据更新不及时、效率较低、使用成本高等问题。银行的客户征信及法律合规的成本不断增加。过去几年各国商业银行为了满足日趋严格的监管要求，不断投入资源加强信用审核及客户征信，以提升反欺诈、反洗钱抵御复杂金融衍生品过度交易导致的系统性风险的成效。

在征信领域，区块链的优势在于可依靠程序算法自动记录信用相关信息，并存储在区块链网络的每一台计算机上，信息透明、不可篡改、使用成本低。商业银行可以用加密的形式存储并共享客户在本机构的信用信息，客户申请贷款时，贷款机构在获得授权后可通过直接调取区块链的相应信息数据直接完成征信，而不必再到央行申请征信信息查询。记载于区块链中的客户信息与交易纪录有助于银行识别异常交易并有效防止欺诈。区块链的技术特性可以改变现有的征信体系，在银行进行“认识你的客户”（KYC）时，将客户的不良记录数据储存在区块链中。客户信息及交易记录不仅可以随时更新，同时，在客户信息保护法规的框架下，如果能实现客户信息和交易纪录的自动化加密关联共享，银行之间能省去许多 KYC 的重复工作。银行也可以通过分析和监测在共享的分布式账本内客户交易行为的异常状态，及时发现并消除欺诈行为。

9.6 权益证明和交易所证券交易

在区块链系统中，交易信息具有不可篡改性和不可抵赖性。该属性可充分应用于对权益的所有者进行确权。对于需要永久性存储的交易记录，区块链是理想的解决方案，可适用于房产所有权、车辆所有权、股权交易等场景。其中，股权证明是目前尝试应用最多的领域：股权所有者凭借私钥，可证明对该股权的所有权，股权转让时通过区块链系统转让给下家，产权明晰、记录明确，整个过程也无须第三方的参与。

目前，欧美各大金融机构和交易所纷纷开展区块链技术在证券交易方面的应用研究，探索利用区块链技术提升交易和结算效率，以区块链为蓝本打造下一代金融资产交易平台。在所有交易所中，纳斯达克证券交易所表现最为激进。

其目前已正式上线了 FLinq 区块链私募证券交易平台，可以为使用者提供管理估值的仪表盘、权益变化时间轴示意图、投资者个人股权证明等功能，使发行公司和投资者能更好地跟踪和管理证券信息。此外，纽交所、澳洲交易所、韩国交易所也在积极推进区块链技术的探索与实践。

9.7 金融审计

由于区块链技术能够保证所有数据的完整性、永久性和不可更改性，因而可有效解决审计行业在交易取证、追踪、关联、回溯等方面的难点和痛点。

德勤公司从 2014 年起成立了专门的团队对区块链技术在审计方面的应用进行研究，目前已与部分商业银行、企业合作，成功创建了区块链应用实验性解决方案。其开发的 Rubix 平台，允许客户基于区块链的基础设施创建各种审计应用。

普华永道自 2016 年宣布大举进军区块链领域研究后，已经招募了 15 位技术专家探索和研究区块链技术，并与专门研发区块链应用的 Blockstream、Eris 科技公司合作，寻求为全球企业提供区块链技术的公共服务。此外，区块链技术在 P2P 借贷平台、去中心化的众筹平台等方面，也有巨大的应用潜力和应用场景，吸引了资金投入和应用探索。

9.8 跨境汇款、支付与结算

常见的跨境汇款的办法是通过银行或汇款公司转账，汇款后会生成提款码，收款人再通过提款码进行取现。此外，也会通过线上汇款到线下提现。但这些转账方式都会受到时间或地点的限制。尽管随着技术进步和第三方支付的渗透，跨境汇款相比几年前在快捷性和便利性上已经有所改善了，但在实际操作过程中，还是会遇到一些限制。基于区块链的分布式账本技术被视为解决跨境汇款交易难点的福音。此前有银行实现内部区块链跨境汇款，也有基于加密货币的跨境汇款，但并未跨机构或者因为币的供需和币值都可能会短时间剧烈波动，难以大规模商用。

2018 年 6 月 25 日，蚂蚁金服旗下香港支付宝钱包 AlipayHK 上线全球首个基于区块链的电子钱包跨境汇款服务，AlipayHK 的用户可以通过区块链技术向菲律宾钱包 Gcash 汇款，GCash 是该公司与菲律宾当地电信公司环球电信的联合项目。第一笔汇款由在港工作 22 年的菲律宾人格蕾丝（Grace）完成，耗时仅 3 秒——以前需要 10 分钟到几天不等。香港财政司司长陈茂波、长和集团联席董事总经理霍建宁、阿里巴巴集团董事局主席马云、蚂蚁金服董事长兼 CEO 井贤栋等人现场见证了这一笔交易的完成。本次汇款中利用区块链的分布式账本技术实现了 AlipayHK、渣打银行（香港、新加坡）和菲律宾钱包（GCash）间的跨机构协同——AlipayHK 与 Gcash 合作，成为全球首个在跨境汇款全链路使用区块链的电子钱包，并由渣打银行负责日终的资金清算以及外汇兑换。Gcash 用户在到账后能即刻消费。跨境汇款也能像境内转账一样实时到账、7×24 小时不间断，并且手续费更省和拥有更优汇率。

当前的跨境支付结算时间长、费用高，又必须通过多重中间环节。拥有一个可信任的中介角色在现今的跨境交易非常重要，当跨境汇款与结算的方式日趋复杂，付款人与收款人之间所仰赖的第三方中介角色更显得极其重要。每一笔汇款所需的中间环节不但费时，而且需要支付大量的手续费，其成本和效率成为跨境汇款的瓶颈所在。如因每个国家的清算程序不同，可能导致一笔汇款需要2～3天才能到账，效率极低，在途资金占用量极大。

区块链将可摒弃中转银行的角色，实现点到点快速且成本低廉的跨境支付。通过区块链的平台，不但可以绕过中转银行，减少中转费用，还因为区块链安全、透明、低风险的特性，提高了跨境汇款的安全性，以及加快结算与清算速度，大大提高资金利用率。未来，银行与银行之间可以不再通过第三方，而是通过区块链技术打造点对点的支付方式。省去第三方金融机构的中间环节，不但可以全天候支付、实时到账、提现简便及没有隐形成本，也有助于降低跨境电商资金风险及满足跨境电商对支付清算服务的及时性、便捷性需求。

9.9 证券发行与交易

证券交易市场是区块链存在潜在发展机会的领域。在传统证券交易中，证券的发行与交易的流程手续繁杂且效率低下。一般公司的证券发行，必须先找到一家券商，公司与证券发行中介机构签订委托募集合同，完成烦琐的申请流程后，才能寻求投资者认购。证券所有人发出交易指令后，指令需要依次经过证券经纪人、资产托管人、中央银行和中央登记机构这四大机构的协调，才能完成交易。整个流程效率低、成本高，且这样的模式造就了强势中介，金融消费者的权利往往得不到保障。一般来说，从证券所有人处发出交易指令，到交易最终在登记机构得到确认，通常需要“$T+3$”天。以美国的交易模式为例，证券一旦上市后，交易更是极为低效，证券交易日和交割日之间存在3天的时间间隔。有估算，美国两大证券交易所每年所需清算和结算的费用预估高达650亿～850亿美元，但如果将“$T+3$”天缩短一天为“$T+2$”，每年费用将减少27亿美元。

区块链技术使得金融交易市场的参与者享用平等的数据来源，让交易流程更加公开、透明、有效率。通过共享的网络系统参与证券交易，使得原本高度依赖中介的传统交易模式变为分散的平面网络交易模式。这种革命性交易模式在西方金融市场的实践中已经显现出三大优势：首先，能大幅度减少证券交易成本，区块链技术的应用可使证券交易的流程更简洁、透明、快速，减少重复功能的IT系统，提高市场运转的效率；其次，区块链技术可准确实时地记录交易者的身份、交易量等关键信息，有利于证券发行者更快速清晰地了解股权结构，提升商业决策效率；公开透明又可追踪的电子记录系统同时减少了暗箱操作、内幕交易的可能性，有利于证券发行者和监管部门维护市场；第三，区块链技术使得证券交易日和交割日时间间隔从1～3天缩短至10分钟，减少了交易的风险，提高了交易的效率和可控性。

对于股票交易者而言，区块链可以消除对基于纸笔或者电子表格的记录依赖的需求，减少交易的人为差错，提高交易平台的透明度和可追踪性。对股票的发行公司而言，Linq

实现了更好的管理股票数据的功能，让纳斯达克在私募股权市场中为创业者和风险投资者提供更好的服务。

使用区块链技术，买方和卖方能够通过智能合约直接实现自动配对，并通过分布式的数字化登记系统，自动实现结算和清算。由于录入区块的数据不可撤销且能在短时间内被拷贝到每个数据块中，录入到区块链上的信息实际上产生了公示的效果，因此交易的发生和所有权的确认不会有任何争议。与以往交易确认需要“$T+3$”天不同，在区块链上，结算和清算的完成仅仅需要 10 分钟（即在区块链上确认完成一笔交易的时间）。NASDAQ 的 LINQ 为 Overstock. com 在 2015 年年底发行的私募债就成功实现了这个场景。去中介化的交易流程毫无疑问将大幅节省交易费用。

实践上，澳洲证券交易所（ASX）正在认真考虑将区块链应用于其清算和结算系统。据悉，纳斯达克 OMX 以及伦敦证券交易所都已在探索这方面的应用。

9.10 金融反欺诈、反洗钱

每一次科技革命，都会给金融领域带来最直接的影响，区块链技术可辅助银行等金融机构维护一个可持续生长的数据库，提升信息的安全性和准确性。以让各大借贷公司头疼的多头借贷为例，多头借贷用户偿还能力差，造成大量逾期，由于互金平台的逾期并不计入央行征信，不会对用户借款产生直接影响，借贷公司则承担了这种逾期风险，使整个行业进入恶性循环。对此，安信联给出了较好的解决方案，它以区块链技术为基石搭建了金融反欺诈联盟，是上海区块链企业发展促进联盟下的专项联盟之一。众安作为此方案的技术支持之一，利用区块链技术手段切实解决了数据分享与隐私保护之间不能兼得的难题。在此联盟中，每个小贷公司都是一个节点。某家公司发起对用户 A 的查询请求，会自动触发多方，通过加密、计算、解密的过程，得到用户 A 的相关借贷情况。所有节点响应自有的已加密数据，通过计算解密后，查询发起方得到最后的解密结果。

区块链在金融反欺诈领域大有可为，交易双方无需借助第三方信用中介即可开展经济活动，从而降低资产在全球范围内转移的成本，是金融业未来升级的一个可选方向。

在反洗钱（AML）领域，基于区块链，各金融机构将各自收集和验证的客户信息数字化后，上传至区块链；同时，金融机构为交易中的实体提供电子身份证明信息（类似私钥），并将用户地址与其电子身份证明信息联系起来，任何交易的发生都需要经过该私钥和银行手中的公钥验证，并由用户地址进行，这就决定了区块链上数据的可追溯性。在这种模式下，各个金融机构在区块链上实现交易信息的共享，任一交易的任一环节都不会脱离监管的视线，黑钱将无处无法洗白，这将极大地增强反洗钱的力度。同时，通过在区块链上设置一定的规则与逻辑，区块链将自动验证交易和用户的合规性，不合规的交易及用户将被去除，整个金融企业的合规程度将得到提高。

在了解客户（KYC）领域，金融机构同样可以通过区块链共享交易实体的信息，这将减少大量重复性工作，也为各家机构节省大量合规成本。同时，这将为金融机构在挖掘潜在业务机会、识别风险暴露方面提供很大帮助。

9.11 资产证券化

近年来，国内资产证券化（以下简称“ABS”）发行特别是消费金融ABS呈现出高速增长的趋势。Wind数据显示，2017年ABS共发行产品644单，发行金额达14346.59亿元，分别同比增长31.7%和63.71%。消费金融ABS的发行规模更是成倍数增长，从产品发行数量和发行总额来看，2017年数量分别是2016年的3.6倍和5.6倍。但ABS行业快速发展的同时，资产现金流管理有待完善、底层资产监管透明性和效率亟待提高、资产交易结算效率低下、增信环节成本高昂等问题也逐渐暴露出来。

在ABS领域应用区块链技术，首先需要参与方共筑ABS区块链联盟，该联盟由资产方、Pre-ABS投资人、SPV（信托）、托管银行、管理人、中介机构、ABS投资人、交易所共同组成。其核心业务包括资金交易对账、交易文件管理、数据交互接口、信息发布共享、底层资产管理、智能ABS工作流等等。区块链应用至少可以在以下五个方面为ABS行业赋能：

1）改善ABS的现金流管理。一方面，区块链技术应用于ABS可以缩减银行等机构服务成本，可实现自动账本同步和审计功能，极大地降低参与方之间对账成本，解决信息不对称问题。同时，可以降低参与方对接的技术成本。另一方面，利用智能合约功能实现款项自动划拨、资产循环购买和自动收益分配等功能。在完成多方共识的基础上，有效降低由于人工干预造成的业务复杂度和出错概率，显著提升现金流管理效率。

2）有利于穿透式监管。区块链技术应用于ABS领域，既能确保ABS底层资产的真实性，又能够看到最底层资产的风险，从而使监管部门更有效地监督金融机构适度使用金融杠杆，合理地利用ABS手段，充分盘活沉淀资产。特别是在资管新规下，金融机构对底层资产穿透的需求愈加强烈。区块链实现的分布式账本技术有望在ABS底层资产穿透、提升监管水平方面发挥其重要作用。

3）提高金融资产的出售结算效率。区块链技术应用ABS使得金融债权资产转让效率大大提高，流动性需求与资产转让时效不匹配的问题得到有效解决。比如贷款出售是非常烦琐、耗时的，结算一般花费几周时间。通过区块链技术可绕过中间支付清算系统，实现点对点即时支付，从按日结算缩短到按分钟结算，大大缩减支付到账时间，结算效率大大提高。

4）大大增强证券交易的效率和透明度。通过区块链进行ABS产品交易，可使更广泛的参与者在去中心化的交易平台上自由完成交易，可实现7×24小时不中断交易。对于认可这一“区块”价值的机构，可以接受“区块链”代表的证券持有人再融资，不用担心对应证券资产的转移和“双花”，因为每一笔交易都公开透明、可追本溯源。

5）降低增信环节的转移成本。由于通常对应了多笔资产，每笔资产对应着不同的外部担保，因此在实践中ABS没有真正实现担保随同金融债权资产的转让，只是通过法律条款约定了保留完善担保的权利，在真正出现需要履行担保的情况时再转移担保。基于区块链技术建立点对点的增信保障平台，可有效降低增信转移的成本。

9.12 资产托管

近年来，全球资产托管行业进入高速发展的快车道，托管资产规模和主要托管产品保持高速增长。2016 年末我国存量规模达 121.92 万亿元，同比增长 39.03%，但这一规模同国际先进同业相比仍然存在一定差距，我国资产托管行业仍然存在较大的发展空间。同时，由于内部程序复杂、系统不完善、运营失当，以及外部事件冲击等原因而引起的操作风险成为资产托管行业进一步发展的主要障碍。以私募基金行业中的托管为例，在合同签署环节：一是部分私募基金管理人可能并未严格按照先签署合同、后进行运作的要求进行管理，而是在尚未签署基金合同的情况下就开始了基金运作，从而严重影响了私募基金托管人的合同回收与管理；二是合同签署人的身份无法可靠验证，合同原件和证券公司印章存在被恶意造假的可能，从而形成“阴阳合同”。在合同变更环节：一是在签署补充协议或签署合同变更征询意见函等需要投资者签字的情况下，托管人由于无法实际接触到投资者进行实质审核，因而存在非法仿冒投资人签署协议的风险；二是在基金管理人需通知投资者拟变更合同的情况下，托管人同样无法确保管理人已及时通知投资者并安排了基金临时开放供投资者赎回份额，因此存在投资者对合同变更事项不知情，甚至未实际同意合同变更的风险。

应用区块链中的智能合约技术，能够有效解决资产托管业务中的操作风险。具体来看，可以从以下几个方面优化资产托管的业务流程：一是实现了全流程的自动化，将业务指令判断和执行规则封装到智能合约中，利用智能执行合同和提供风险提示；二是提升了流程效率，资产委托方、管理方、托管方、代销方在资产变动、交易明细等信息的实时共享，免去反复校验、确权的过程；三是保证了履约的安全性和交易的真实性，通过设置密钥保证参与方信息真实、账本信息的有限可见性及交易的可验证性；四是确保了信息的不可篡改，将投资计划的合规校验要求放在区块链上，确保每笔交易都在形成共识的基础上完成。

9.13 股权管理

区块链在公司的股权管理上可以发挥很大的作用。现在的很多灰色商业策略，比如恶意收购，在区块链机制下将更加困难。因为如果公司想要防止恶意收购的话，就可以把自己的股权机构挪到一个公链上来，这样一切的股权变动都被公众明察秋毫，私下里进行操作的空间就很小了。比如，有的时候大股东会通过一些金融操作“借”来一部分股权或者说临时投票权，来在股东大会上通过自己提出的动议，打对手一个措手不及。

一个典型的例子就是 British Land 在 2002 年的股东年会上，第三大股东 Laxey 突然发难，指责董事会主席 John Ritblat 把这家企业当作家庭企业一样，不给股东们分红。

John Ritblat 非常愤怒，正要反击，Laxey 这个时候突然亮出底牌，原来在这次股东会议之前，他已经通过各种金融操作，临时获得了90%的股东的投票权，并且得到了律师的合法保证，于是 John 虽然万般无奈，也无法阻止 Laxey 带着90%的投票权反对他。这种突然袭击，其实就完全地依赖于事前的保密工作。而在区块链机制下，成功地进行“空投票”也变得更加困难，因为一旦投票权转移了，其他所有人都看到了并会采取相应的反制策略，所谓“突然袭击”的意义就不存在了。一句话，区块链让投资人获取公司股权的实时信息变得更加容易了。

区块链带来的信息实时性、透明性，使得公司股权流动性大大增强，证券市场对于公司股权结构的变化会更加及时，减少了因为信息不对称所导致的摩擦。

9.14 供应链金融

供应链金融高度依赖人工成本，在业务处理中有大量的审阅、验证各种交易单据及纸质文件的环节，不但花费大量的时间及人力，各个环节更是有人工操作失误的机会。供应链金融能通过区块链减少人工成本、提高安全度及实现端到端透明化。未来通过区块链，供应链金融业务将能大幅减少人工的介入，将目前通过纸质作业的程序数字化。所有参与方（包括供货商、进货商、银行）都能使用一个去中心化的账本分享文件并在达到预定的时间和结果时自动进行支付，极大提高效率及减少人工交易可能造成的失误。

供应链金融是区块链世界可以信手拈来的应用之一，流通、传播与认证是供应链金融适用的功能特质。区块链在供应链金融的运用，主要基于以下三个方面：可信数据、智能合约、交易确权，形成“供应链金融＋金融区块链”的运行模式。

（1）提升数据可信化程度

传统的供应链金融涉及诸多环节，供应商、制造商、分销商、零售商以及相关用户串联成链，在商品流通的过程中，还涉及仓储、物流、保险等众多环节。任何一个环节如何出现数据造假问题，都将影响贷款信息数据的准确与完整性。目前，除了核心企业和一级供应商/经销商外，链条上其他层级的中小企业的信息化程度都难以达到商业银行的数据标准。比如，链条上不同层级间的 ERP 系统，采用不同的系统服务方案生成，系统间信息的传递缺乏一致性，彼此间形成信息孤岛，对商业银行而言，难于通过获得有效的数据支撑风险判断及管理，也难于核实交易的真实性。区块链因此大显身手，采购、物流、库存等所有数据被全部放在区块链体系当中，实现了核心企业、下游数据的有效性检验，降低了信息不对称中造成的流程摩擦。

（2）区块链智能合约自动成交

除了数据之外，区块链技术还自带智能合约。为银行把控供应链金融流程提供自动化操作，解决线下人力监控落实困难的痛点。以物权融资为例，通过物联网触发区块链智能合约的执行，货物到达指定的交货地，物联网系统与区块链协议数据交换，通过智能合约向银行发送支付指令，即可自动完成资金支付；以基于核心企业的风险分担及缓释措施为例，一旦满足供应链协议中约定的风险补偿触发条件，即可根据智能合约由核心企业履行资金划付或货物交割手续，提高业务运转效率，降低手工操作及人为判断造成的时间损失。

(3) 交易行为的自动实现

区块链同样自带交易确权的技术。为供应链上各参与方实现动产权利的自动确认，并在区块链上形成多方共有的不可篡改记录，解决现有权利登记、权利实现中的痛点。以应收账款权利为例，通过区块链对接核心企业 ERP 系统，可通过核心企业的系统数据，对供应商的应收账款信息进行数字化确权，应用场景还可扩大至物权凭证如仓单；或者通过核心企业提供的信息实现反向的权利确认以及权利溯源。对于资金方以及供应链的上下游企业，既可以保障交易的真实性，也为金融机构提供了为供应链金融服务的新思路与渠道。

可信数据、智能合约、交易确权的本质，是增强了现代经济与金融中“信任”的基础，通过区块链技术引入制度信任、技术信任，继而降低了“不信任”所带来的交易摩擦和金融成本。“供应链金融＋金融区块链”框架下可探索的创新应用，具有很大的潜力与空间。

9.15 发展展望

区块链技术能够低成本地解决金融活动中的信任难题，将为多方交易带来前所未有的信任和信用的高效交换，具有推动金融业深刻变革的潜力。在现有背景和技术前提下，以联盟链为切入点最具可行性。相比于公有链和私有链，联盟链在金融领域应用落地的技术条件更加成熟，对传统金融行业痛点的改造效果也更加明显，未来发展区块链技术以联盟链为切入点将最具生命力。

如果没有真实的应用场景，区块链技术将失去生命力。具体到推进路径方面，我们应遵循以下几个原则。一是在急用先行、大胆试错、力争上游的思路指引下加快行业标准化的推行；二是促进技术落地和新产品推行，应用场景应优先考虑痛点明显、增量显著、发展快速的精品业务，试点成功后再逐步扩大应用范畴；三是组织并扩大产业联盟，促进产业成熟。

区块链技术赋能而非颠覆传统金融行业。区块链在金融领域的应用并非简单的线下流程线上化，也非耸人听闻的对传统业务的颠覆和取代，而是对行业的赋能和增效。

可以预见，区块链技术与金融领域结合的深度和广度还远未饱和，应用前景广阔。但也不可否认目前行业中依然存在一些风险需要注意及警惕。一是区块链有被过度消费的倾向，一些不法组织和团体利用区块链概念进行诈骗和炒作，严重扰乱了区块链的市场秩序，必须厘清区块链和“币圈”、ICO 的界限，在合法合规的范围内应用技术；二是相关技术尚待完善成熟，基于区块链技术的产品开发和推广门槛依旧较高，在区块链技术的开发和测试工作中，资金和技术成本依旧是限制区块链技术应用的瓶颈；三是监管体系未完善，行业乱象丛生，目前国内基于区块链的监管体系还相对滞后，行业内的区块链项目鱼龙混杂，区块链技术亟须实现科学监管。

案例 1　纽约梅隆银行用区块链技术备份银行交易

全球领先的资产服务商纽约梅隆银行（BNY）（图 9－3）已开发了一个测试版区块链系统，可用于创建银行经纪业务交易的备份记录。这个名为“BDS 360”的系统，其目的是作为银行现有交易记录系统的一个备份，在银行第一层交易记录系统变得不可用时，该系统可顶替而上。据悉，这只是纽约梅隆银行更为广泛的区块链研究的一部分，它也是该银行与 R3 分布式账本联盟的内部合作项目的一部分，即最近曝光的“结算币”项目。

图 9－3　纽约梅隆银行

然而，纽约梅隆银行也表示，该机构可能不会轻易地就转向一种新的基础设施，而是希望先在后台试运行区块链解决方案，从中收集数据，并获得相关技术经验。纽约梅隆银行首席信息官 Suresh Kumar 进一步指出，此举是该银行测试区块链技术的优劣势的一种方式，以呼应今年早些时候他提出的意见。当时，Kumar 介绍说区块链技术是“一种巨大的机会”。此外，纽约梅隆银行也正在寻求无需和其他金融机构进行协调的区块链方案。

他告诉 CoinDesk：“假设你的主系统已经关闭。你能否拥有信息，能够让你继续开展业务，能够让你结算交易？而这，就是我们尝试要做的。”据 Kumar 表示，该系统的一个主要卖点，是其拥有在短时间内，以相对较少成本来回复系统的能力。他解释说，“我们目前拥有的这些系统非常昂贵，且系统恢复所需时间还很长。‘BDS 360’系统允许我们以少部分人力，在短时间内，就可改善整体的恢复性。”所谓恢复性的问题，在最近的 MIT 论文中已有提起，其假定银行整合区块链后，可通过分散风险点的方式来改善系统整体的恢复性，从而减少因单点故障所造成的数据丢失的可能性。

Kumar 在接受采访时多次引用了这种想法，他说：“对我来说，分布式账本系统可允许你在主系统关闭时，仍可以开展业务，这是一个相当棒的事情。”关于下一步，据 Kumar 表示，纽约梅隆银行的下一步测试将围绕该系统的可持续性，同时，其会缓慢向银行的一些客户介绍这一概念。虽然在过去，BNY 高管已讨论了他们的区块链客户端，Kumar 指出，现阶段他们大部分还处在学习的过程当中，而银行客户端如何纳入这种系统的讨论，还有待继续，包括这一进程当中所要选择的硬件以及软件。“我们已在内部使用它，现在，我们正在考虑是否能将其用于众，用于其他的系统？”他解释说，并补充道：“我们试着思考如何将其推出。”

案例 2 圣地亚哥证券交易所

智利最大的证券交易所——圣地亚哥证券交易所（图 9-4）是一家在技术上非常先进的公司，为所有类型的证券交易、清算和结算提供基础架构和系统，还为中介机构提供信息服务和管理系统。该交易所和 IBM 建立合作关系，将区块链技术推广到智利全国的金融领域。该协议使圣地亚哥证券交易所成为拉丁美洲首个在证券借贷的卖空交易机制中应用 IBM 区块链技术的证券市场。

区块链作为不可变的账本，用于记录交易，支持安全的信息交换。IBM 和智利圣地亚哥证券交易所联合开发的解决方案，旨在帮助减少每次交易的错误、潜在的欺诈行为和交易时间，同时改善交易管理，降低成本。就圣地亚哥证券交易所而言，该解决方案有助于显著节省后台流程的时间。

图 9-4 圣地亚哥证券交易所

案例 3 香港支付宝钱包 AlipayHK

2018 年 6 月 25 日，蚂蚁金服旗下香港支付宝钱包 AlipayHK 上线全球首个基于区块链的电子钱包跨境汇款服务，AlipayHK 的用户可以通过区块链技术向菲律宾钱包 GCash 汇款，GCash 是该公司与菲律宾当地电信公司环球电信的联合项目（图 9-5）。第一笔汇款由在港工作 22 年的菲律宾人格蕾丝（Grace）完成，耗时仅 3 秒——以前需要 10 分钟到几天不等。香港财政司司长陈茂波、长和集团联席董事总经理霍建宁、阿里巴巴集团董事局主席马云、蚂蚁金服董事长兼 CEO 井贤栋等人现场见证了这一笔交易的完成。

据了解，常见的跨境汇款的办法是通过银行或汇款公司转账，汇款后会生成提款码，收款人再通过提款码进行取现。此外，也会通过线上汇款到线下提现。但这些转账方式都会受到时间或地点的限制。

本次汇款中利用区块链的分布式账本技术实现了 AlipayHK、渣打银行（香港、新加坡）和菲律宾钱包（GCash）间的跨机构协同——AlipayHK 与 GCash 合作，成为全球首个在跨境汇款全链路使用区块链的电子钱包，并由渣打银行负责日终的资金清算以及外汇

图 9－5　Alipay 上线全球首个区块链的电子钱包跨境涉世汇款服务

兑换。GCash 用户在到账后能即刻消费。跨境汇款也能像境内转账一样实时到账、7×24 小时不间断，并且手续费更省和拥有更优汇率。

2018 年 2 月 6 日，知识产权产业媒体 IPRdaily 联合 incoPat 创新指数研究中心发布“2017 全球区块链企业专利排行榜”，榜单显示，中国在区块链专利的申请增速远超美国，领先全球。前 100 名中，中国入榜的企业占比 49%，其次美国占比 33%。阿里巴巴区以 49 件的总量排名第一，这些专利绝大部分出自蚂蚁金服技术实验室。

案例 4　金融领域的其他应用

中国银联

● 借助 IBM 区块链技术打造跨行银行卡积分通兑平台，优化与各大银行的结算流程与配置，提高客户忠诚度

中国银联是经国务院同意，中国人民银行批准设立的中国的银行卡联合组织，成立于 2002 年 3 月，总部设于上海。其主要职责是负责建设和运营银联跨行交易清算系统，推广统一的银行卡标准规范，为商业银行、特约商户、持卡人提供跨行信息交换、清算数据处理、风险防范等银行卡基础服务，推动银行卡产业集约化、规模化发展，同时联合商业银行，创建银行卡自主品牌。截至 2016 年 6 月，银联网络已遍布亚洲、欧洲、美洲、大洋洲、非洲等 160 多个国家和地区。

● 信用验证“去中心化”的大趋势

奖励积分是银行常用的提高用户忠诚度的营销手段，但由于积分使用的场景、方式往往受限，大部分消费者对银行大力投入的积分市场并不关注。解决行业难题，打通各个积分兑换环节，活跃积分相关交易，重新获得消费者的关注是银联构建通兑平台的初衷。在积分兑换环节，作为消费者、银行，以及商户交易的中心化平台，银联需要跟每家银行进行结算，支出大量的配置成本用以实现信用验证。区块链技术可以让金融体系间的信任模式不再依赖诸如银行之类的中介，使得银行业务出现“去中心化”的趋势。

● 提升客户忠诚度，加速资本流动速率，实现金融机构存在价值

跨行积分兑换系统的打造可以解除积分使用的种种限制，但按照传统模式搭建该系统

却成本极高。银联借助 IBM® RBlockchain™ 的分布式账本技术改变传统平台"管理信用"的方式，减少或去掉原来依赖第三方实现的信任过程以及成本，以期实现交易即结算。未来该平台将允许消费者与他人交易自己通过购物和其他奖励措施所获得的积分，通过开放银行间的激励机制以及增加可用的奖励种类来提升客户忠诚度。此概念原型由 IBM 超级账本 Fabric 网络 beta 版作为支撑，并且强调银行积分只能在被接受的合作伙伴之间进行交易。此举在大幅降低交易成本的同时，也将全面提升银行与商户的资本流动速率。

民生银行加入 R3 搭建区块链云平台

民生银行在 2016 年 11 月宣布加入 R3 区块链联盟。R3 区块链联盟在欢迎民生银行加入的邮件中写道："我们很高兴中国民生银行成为 R3 区块链联盟的一员，联盟将通过不断的合作与努力，致力于下一代基于分布式账本技术的金融服务交易网络的研究与发展。"

民生银行信息科技部有关负责人则透露出了民生银行加入 R3 的目的，即寻求与国际大型金融机构的合作机会、学习并探索区块链分布式账簿技术的业务模式。可以看出中国银行机构加入 R3 大都抱以学习的心态。

除此之外，民生银行也搭建了区块链云平台，并且对区块链共识算法、智能合约、交易记账、数据传输、智能钱包、去中心化应用等进行深入研究。

中国平安落地资产交易和征信两大应用场景

马明哲曾表示区块链将是平安未来进军的重点。正是如此，早在三年多以前，平安便开始做相关研究。平安集团常务副总裁陈心颖曾透露平安已有团队在七八个场景探索区块链技术应用，其中资产交易和征信两个场景已经上线并真正开始交易。

招商银行直连清算系统

招商银行主要将区块链技术应用到直连清算系统，这是招商银行内部用于跨境清算的系统。招商银行有六个海外机构，一个子行五个分行，子行是永隆银行，五家分行分别是香港分行、新加坡分行、伦敦分行、卢森堡分行、纽约分行。以往只支持分行与总行之间清算。在这个跨境清算场景下，区块链比较适配。去中心化的系统，使分行之间也可以发起清算请求。而在这个私有链封闭的网络环境下，安全性也能得到保证。同时，原来分钟级的报文传递变成秒级。

中国邮储银行落地资产托管业务

中国邮政储蓄银行携手 IBM 在北京举办新闻发布会，宣布推出基于区块链的资产托管系统。该系统于 2016 年 10 月上线，已在真实业务环境中顺利执行了上百笔交易。通过与 IBM 的合作，邮储银行采用超级账本架构（Hyperledger Fabric）将区块链技术成功应用于真实的生产环境。这是中国银行业将区块链技术应用于银行核心业务系统的首次成功实践。

国务院印发的《"十三五"国家信息化规划》，首次将区块链列入国家信息化规划，并将其定为战略性前沿技术。邮储银行此次推出的资产托管系统以区块链的共享账本、智能合约、隐私保护、共识机制四大机制为技术基础，选取了资产委托方、资产管理方、资产托管方、投资顾问、审计方五种角色共同参与的资产托管业务场景，实现了托管业务的信息共享和资产使用情况的监督。

典型的托管业务流程往往涉及多方参与，包括资产委托方、资产管理方、资产托管方以及投资顾问在内的多个不同金融机构。然而由于单笔交易金额大，参与方多，各方都有自己的信息系统，而交易方以往大多依托于电话、传真以及邮件等方式反复进行信用校验，费时费力。

邮储银行推出的区块链解决方案实现了信息的多方实时共享，免去了重复信用校验的过程，将原有业务环节缩短了60%～80%，令信用交换更为高效。智能合约和共识机制将资本计划的投资合规校验整合在区块链上，并确保每笔交易都是在满足合同条款、达成共识的基础上完成。区块链具有不可篡改和加密认证的属性，可以确保交易方在快速共享必要信息的同时，保护账户信息安全。此外，区块链有助于审计方和监管方快速获取信息，提前干预和管控，继而提升整个行业的风险管理水平。

区块链技术能够低成本地解决金融活动中的信任难题，将为多方交易带来前所未有的信任和信用的高效交换，具有推动金融业深刻变革的潜力。在区块链这一新兴技术领域，IBM推动的Linux基金会超级账本，是打造企业级区块链的成熟应用架构。邮储银行与IBM在信息技术领域进行了多项合作，目前双方致力于共同探索和推动区块链、人工智能等创新技术在银行业的应用。

微众银行落地联合贷款结算和清算业务

微众银行副行长兼CMO马智涛在参加区块链行业活动时透露了微众银行在区块链方面的研究进展。据悉，微众银行主要与上海华瑞银行共同开发了一套针对联合贷款结算和清算业务的区块链应用系统，现主要用于“微粒贷”业务。由微众银行带头成立的区块链联盟“金链盟”也吸纳了平安银行、腾讯、华为等金融和互联网企业。

浙商银行上线移动数字汇票平台

浙商银行发布首个基于区块链的移动数字汇票平台，为企业与个人提供在移动客户端签发、签收、转让、买卖、兑付移动数字汇票的功能。除了可以降低多方参与部门的成本，采用区块链技术的最大优点是以数字资产的方式进行汇票存储、交易，且不易丢失、无法篡改。从纸质汇票、电子汇票再到基于区块链技术的移动汇票，实现了层级跨越。

其他

2016年1月5日，中国区块链研究联盟（China Blockchain Research Alliance，CBRA）由全球共享金融100人论坛（GSF100）发起并在北京正式成立，发起机构包括中国万向控股有限公司、厦门国际金融技术有限公司、中国保险资产管理业协会、营口银行股份有限公司、包商银行股份有限公司等共同组成的GSF100联合论坛理事单位。包商银行认为商业票据、供应链金融、房地产信托、资产证券化、消费金融、股权众筹等区块链应用可以早一步落实。从这些外围来进入，可能会取得好的成果。

银行区块链方兴未艾，竞争压力不仅来自同业，也来自金融科技公司。目前国内已有多个区块链联盟组织，比如中国分布式总账基础协议联盟（China Ledger）、中国互联网金融协会区块链研究工作组、银行间市场技术标准工作组区块链研究组、中国区块链研究联盟（CBRA）、金融区块链合作联盟（金链盟）等。对于银行来说，区块链技术是颠覆性的，但走在区块链研究前列的机构不乏传统金融机构。他们不仅要颠覆自己，还因为来自金融科技公司、互联网公司的竞争压力。正如互联网发展减少了长尾用户的取得成本，区块链以其低成本实现对“仍未被纳入金融体系的人群”服务。

10 区块链在非金融领域的应用

区块链技术的演化及发展，正历经以比特币为代表的虚拟货币的时代、以以太坊为代表的数字资产与智能合约阶段以及在金融行业之外众多领域（如法律、零售、物联、医疗等）的广泛应用阶段。区块链技术的引入，可以解决信任问题，不再依靠第三方来建立信用和信息共享，提高整个行业的运行效率和整体水平，满足更加复杂的商业逻辑。被称为互联网技术之后的新一代技术创新，足以推动更大的产业改革。赋能各行业，不再依赖于第三方或某机构获取信任与建立信用，能够通过实现信的方式提高整体系统的工作效率。

区块链技术正在与大数据、云计算、物联网以及人工智能这些技术链接，随时可能碰撞出技术创新的火花。区块链可以提高人工智能的安全机制，可以解决物联网设备传统中心化设备难以承受巨大负载的问题，从而实现物联网设备的"自治"，并且区块链技术可以帮助解决数据安全性和归属权的问题，这些都是区块链在技术层面的创新实践。从移动互联到虚拟现实再到人工智能，从手机 App、VR 眼镜到虚拟个人智能助理，可以看到新技术的创新都越来越贴近我们的生活，同样区块链也不会例外。区块链技术将如何影响和改变我们的生活，除了金融以外的能源、物联网、农业……未来无限可能！

10.1 保险行业

保险公司一直以来都对采用颠覆性创新技术不甚积极，其创新战略唯一的目的就是维护客户和企业的最大化利益。在保险公司的日常业务中，虽然交易不像银行和证券行业那样频繁，但是对可信数据的依赖有增无减。目前这些企业纷纷开始探索区块链技术，认为该技术的去信任系统可以真正带来长期的战略性利益。因为区块链技术能提供安全的去中心化的交易；精准及时的变动通知可以降低风险，增加资本机遇；降低运营成本；提高企业管理水平。随着技术进步，保险公司控制的活动应该慢慢转变为全新的数字化模型，其技术基础设施也就要相对升级以适应新的生态环境。新的分布式技术降低了保险公司的技术应用障碍，对现有金融模型构成了一些威胁。区块链技术的潜能可以带来前所未有的行业透明度和可靠性。因此，利用区块链技术从数据管理的角度切入，能够有效地帮助保险公司提高风险管理能力。此外，区块链技术可应用在保险市场的产品、渠道、理赔、反欺诈等多个环节，重塑保险行业新生态。

1）在保险产品设计环节，区块链有利于促进定制化属性较强的保险品类突破瓶颈，快速发展，如农业保险、产品质量保险等。农业保险在乡村振兴过程中发挥着重要作用，但在传统模式下，由于评估流程复杂、成本较高等原因，农户的投保意愿和保险公司的承保热情一直不高，农业险始终未能实现爆发式增长。以畜牧业保险中的生猪保险为例，传统模式下，当养殖户想为生猪投保时，保险公司必须现场查看，评估风险后再确定是否能够承保。而如果应用区块链和人工智能技术，保险公司可以借助“猪脸识别”技术为每一头猪建立可辨识的唯一编码，实时监测每一头猪的行动轨迹、进食情况等，并将这些数据信息入链，据此判断猪的健康状况，预防疫病发生。

2）品质保险能够为企业信誉背书，同时保障消费者权益。但保险公司承保品质保险需要对企业、产品进行综合评估，但这些数据往往很难真实有效地收集，从而制约了品质保险的发展。基于区块链的底层技术建立产品溯源防伪应用平台，可以帮助保险公司通过平台轻松追溯产品生产、加工、销售、购买、投诉等各个环节的信息，从而有效判断相关产品的质量缺陷发生率，制定保险产品，促进消费升级和产业升级。

3）在保险销售环节，区块链技术的应用可以简化销售流程，节省销售成本，实现保险销售溯源。从保险公司的角度看，意愿投保人通过渠道购买保单，渠道商将投保人信息统一发送到区块链平台，平台根据分布存储的信息判断意愿投保人是否在白名单内，若符合标准，则接受购买请求，省去了以往人工传送、受理、审核、反馈等烦冗的流程。从消费者角度看，区块链技术可以实现保险销售行为可溯源，维护消费者合法权益。保险销售市场一直乱象丛生，通过欺骗、隐瞒或者诱导的方式对保险产品进行虚假宣传的现象屡禁不止。区块链技术可以将保险销售各个环节的关键动作上链，实现全流程的销售动作可追溯，从而规范保险销售行为，促进行业持续健康稳定发展。

4）在保险理赔环节，区块链技术的应用能够提高理赔效率，提升客户体验。理赔和损失处理流程是保险市场的重要流程。复杂的理赔流程增加了成本，降低了理赔效率，影响了客户体验。智能合约技术可以简化索偿提交程序，减少人工审查需要，缩短处理周期。同时，通过分布式账本中的历史索偿和资产来源记录，可更加容易地识别可疑行为。

5）在保险反欺诈领域，应用区块链技术可有效防止骗保事件的发生。保险欺诈不仅侵蚀保险公司的利润，还有损其他保险消费者的合法权益。尽管各个保险公司在保险反欺诈上都进行了不少努力，但现实情况依旧严峻。区块链技术至少可以在以下两个方面帮助保险行业缓解甚至化解这一顽疾。一是建立反欺诈共享平台，通过历史索偿信息减少欺诈和加强评估；二是通过使用可信赖的数据来源及编码化商业规则建立“唯一可识别的身份信息”，防止冒用身份。

以下，从区块链如何与传统保险连接、建立保险分布式自治组织（DAO）、风险管理等方面加以进一步展开。

10.1.1 如何与传统保险连接

现有保险行业的主要业务模式是一个有足够资金支持的中心组织，并与个人订立合同关系，区块链技术的应用很可能会改变保险公司这种提供互惠关系的方法。通过基于区块链的点对点互助保险平台，区块链技术可以让人们更加直接地管理他们的风险，而且只需要部分资金支持。回顾一下其他行业的共享协作案例（比如 Uber、Airbnb），如果应用于保险行业，这种情况下，保险公司的角色就逐渐转变为专业咨询和互惠池机制管理，而不是直接吸收风险。这种技术也可以支持普惠金融，以及个人与保险提供商之间互动的新模式，最终有利于提高客户满意度、忠诚度、信任度、透明度和可靠性。

区块链技术的出现可以促进合约自动化的进程，通过使用智能合约来实现效率的提升，并使某些保险产品随着时间的推移实现自我管理。另外区块链也可以做到高效地解决索赔和减少保险欺诈——各方都可以使用区块链验证各方信息（当事人核实保险的真实性，保险公司审核当事人和事件，如车祸、期债行为等）。这将极大地提高彼此的交互信任。此外，这种交互式的保险也会增加对保险的需求和传播，减小保险行业中再保险的概率。

区块链技术可以提高保险产业的安全性，并且将极大地降低保险公司的经营成本。根据美国财务部的统计，至 2012 年底美国保险公司持有 7.3 万亿美元的总资产。由于保险公司持有极大的资产，而要管理这些资产所付出的成本恐怕也不容小觑。因此，区块链对保险行业的应用，将有着重要的经济意义。

现阶段，有三个领域值得主流保险公司关注。

第一，保险公司可以试着建立私有区块链，不与比特币或者其他区块链连接，作为抓手与客户和监管机构讨论未来将如何发展。

第二，保险公司需要探索私有区块链如何运营和收费，可以在不同协议和经济机构上做实验。

第三，保险公司不但应该严格审视现存信息技术架构，而且应该审视他们现有的和未来的产品，看看产品和风险管理方面，哪些地方可以使用区块链技术或者相关应用进行改进。每一家人寿保险公司的核心系统都是一个居于核心地位的、庞大的中心交易账户。最起码作为今天集中式数据库模型的可能替代方案，区块链值得保险公司在技术上进行评估。

大多数保险公司并没有准备好在区块链技术上进行实验，而非保险机构更可能首先创建保险或者与保险相关的应用。保险方面的区块链应用很可能从数字身份识别系统和个人数据管理开始。

区块链与个人保险相关的有四个不同业务领域：身份认证、空间、时间，以及互动。其中每一个领域，都将给保险行业提供一个新机会。

（1）身份认证

区块链技术和相关应用能够改变我们管理数字身份标识、个人信息和历史的方式。通过基于去中心化区块链，结合保存记录的公开账本，以去中心化和密码学的方式，保护隐私的力度足够和政府所使用的身份管理方案相媲美，第三方机构比如保险公司甚至是分布式声誉评级机构都需要获得使用数据的许可。政府身份管理方案通常是比对多个数据库，或者使用指纹等生物数据。

这个身份解决方案能够填补数字身份验证和认证方案之间的空白。目前已经有很多团队在努力研究类似的可识别验证的身份系统。社交媒体网络也正在寻求数字身份的方式，但是通常不能满足大多数无须验证的基本信任需求。目前出现了不少数字身份的方案，包括 OpenID 链接，这是一个将身份协议层和认证服务器结合的方式，在不需要持有和管理密码的情况下，能够让各类客户（包括开发者）跨网站和应用来请求和发出认证信息。政府部门也在建立自己的数字身份系统和验证流程。以英国政府为例，在 2014 年 9 月其推出 Gov. UK 验证，这是一个公共身份验证服务，使用收信人的网络和第三方服务提供来替代目前的中心化数据库，该系统目前还在测试中。爱沙尼亚运营一个数字身份的方案已有十多年，目前计划将该方案扩大到非本国居民，如果其他国家也能够通过它进行识别，那将使该方案不再局限在单一国家。

使用数字身份系统的主要问题是，是否可以被信任，并且能够被广泛使用。在实践中，以区块链为基础的身份方案可以建立一个去中心化协议上的分布式应用，使用仲裁员方式（如预先设定专家认证文件或信息资料）或者使用不同信息源（包括政府数据库）来交叉确认信息安全。这个应用还能提供更多额外的功能，包括个人数据存储、为外部提供认证框架，甚至是信誉评级。

这些功能可以扩展到已经被开发的私人数据（例如 Meeco，这是一个免费广告平台的私人数据管理解决方案）。集合验证和个人数据管理功能，通过去中心化管理和安全的区块链技术可以建立身份管理的全新框架。如果成功的话，这种身份识别方案可以消除政府在身份认证、存储和管理方面的垄断。此外，将可以让个人能够存储和管理他们自己的数据，还可以访问个人历史记录。

个人不再需要可信的第三方存储或者管理他们的信息。这些应用可以减少识别和声明欺诈，增进对产品的信任，降低费用，从而提高市场占有率。区块链技术扩展了可被去中心化存储和记录的事物范围，有意思的应用可能出现在这些相关领域，如事故、健康数据记录、日常数据和相关的认证功能等。绝不丢失数据的理念将改变社会对身份识别、隐私和安全的看法。

首先，个人身份识别和验证，以及数据管理对于许多行业都有莫大的好处。在保险领域也是如此，数字认证可以让保险公司和个人之间更好地管理大数据和历史记录，让这个过程变得更加直接和有效率。随着时间的推移，因为身份问题导致的欺诈风险将会降低。区块链技术可以促进个人医疗健康的记录存储和管理并且帮助个人来管理类似于医生访问这样的第三方访问权限。其次，区块链可以支持医疗共享数据的研究，通过汇总区块链上个人自愿提供的健康档案数据来为研究提供庞大的样本，这样区块链匿名的优势就能够体现出来。最后，区块链可以为保险、测试结果、处方、转诊证明等各类健康相关的数据证明。这种数据驱动的分布式方案对保险公司、产品和流程是非常有利的。

就目前而言，访问和控制自己的数据变成越来越敏感的问题，增强个人存储、更新和管理访问他们的数据的功能变得越来越有吸引力，尤其是涉及医疗保健方面。随着区块链技术的发展，未来关于个人的健康状况、发生事故记录等信息可能会上传至区块链中，使保险公司在客户投保时可以更加及时、准确地获得风险信息，从而降低核保成本、提升效率。区块链的共享透明特点降低了信息不对称，还可降低逆向选择风险；而其历史可追踪的特点，则有利于减少道德风险，进而降低保险的管理难度和管理成本。假设你有一个便携的、安全的、全球可用的个人数据存储在区块链里，任何时候都可与可信的第三方分享健康记录或者驾驶记录。你可以将健康记录提交给一位新医生或者得到一个人寿保险报价，或者可以将驾驶记录提交到机场柜台，从而获得汽车租赁安全折扣。你的个人数据存储记录也许包含你的生物特征数据，这样你就可以在任何时候证明自己的身份。

目前，英国的区块链初创公司 Edgelogic 正与 Aviva 保险公司进行合作，共同探索对珍贵宝石提供基于区块链技术的保险服务。国内的阳光保险于 2016 年 3 月 8 日采用区块链技术作为底层技术架构，推出了“阳光贝”积分，使阳光保险成为国内第一家开展区块链技术应用的金融企业。“阳光贝”积分应用中，用户在享受普通积分功能的基础上，还可以通过“发红包”的形式将积分向朋友转赠，或与其他公司发行的区块链积分进行互换。

（2）空间

在空间方面，区块链是在计算机网络上以分布式形式存在的，它们可以分布在全球数字空间的每个角落。区块链技术能够重塑个人和空间之间的不同作用，也许将会进一步模糊本地和全球之间的差异。区块链技术和相关应用，本身规模和影响范围就是全球的。从用户的角度来看，唯一的要求就是拥有一台可以接入互联网的计算机或者移动设备即可。与此同时，区块链应用程序能够满足全球各地任何人的特殊需求。

这个空间领域的双重关系可以让保险产品以两种方式存在：一是通过扩大保险产品的空间范围；二是通过调整保险覆盖范围和具体地点时间来调整价格。前者可以让保险产品之前不具备的金融包容性成为可能，例如在某些地方没有足够强劲的市场需求，或者没有足够的质量数据支持（如信用数据）。后者表明区块链技术能够作为“大数据”解决方案的一部分，包括能够远程连接设备（物联网），通过更加全面的数据，以及横跨空间和时间来进行深入分析，实现实时地调整保险范围和价格，这样可以极大地提高效率。

传统的保险模式是非常中心化的，有固定的范围（如一个保险企业总是有固定的国家、市场、地区）。区块链技术可以实现“去本地化”，点对点的商业模式和互助保险，都让位置这个因素或多或少变得不再这么重要。好处是，人们彼此能够使用强大的技术来建立合约，也可以更容易地建立本地企业保险。同时许多地区的车辆可以共享来自全球的准备金或者再保险服务。

（3）时间

区块链技术的“时间戳”能够记录区块链整个时间周期内的交易记录和“交易值”。区块链和时间之间有两种相互作用需要区分。

第一，区块链技术能够增大时间的范围并增加各种可能性，如能够将过去保险合约的时间分成多个部分，并且让多种产品进行组合。例如，就像前面所指出的，分布式应用能够根据情况，进行自我管理，实时调整保险覆盖范围和策略。此外，区块链技术能够让多种保险产品具有不同的时间跨度，例如建立超短期保险合约或特定时间范围的保险合约。因此，区块链技术能够缩短时间周期，通过裁减不同保险产品的时间来施加影响。

第二，有一个看起来和第一个特点相反的优势，区块链技术由于能够让记录在区块链整个存续时间内进行保存，所以让人感觉似乎会是永久不变的，时间像是被延长了。这些记录是不会随着时间而更改的，但是其内容（所记录的交易）可以进行转移。例如，记录在区块链上的资产信息是无法改的，而且是永久地保留，但是这个资产是可以转移到其他用户那里的，这些记录的长久存在和精确度，可能会让人改变对于长期合约的看法，会极大地增强对于长期保险合约的信心。

通过分布式应用，自我管理的风险协议能够跨越时间和空间，调整保险覆盖范围来施加影响。最大的挑战是如何能够创建正确的区块链保险模式，一开始我们可能会从最熟悉的风险（如车祸）和相关的保险产品（汽车保险）开始入手，或者有机会扩展这些风险，例如共享经济带来的 Uber 和 Airbnb 这些全新的商业领域。

（4）互动

建立于区块链之上的智能合约，使投保人能够自行管理自己的保险产品。智能合约能够自动有效地处理保险过程，改变相关公司的业务方式。区块链技术可能有助于保险业中的主要模型由风险共担向替代型风险管理模型的转移。基于区块链的风险管理模型，可能包括自管理、风险管理协议，点对点保险平台，甚至是充分的资金解决方案。

假设有些人现在可以创建他们自己的风险池系统。这些可能是即时的微保险或者微互助，是一种对于保险的互助经济尝试。广大家庭可以互相提供互助健康保险，这种保险包含联合互惠安排，可能是不相关的中国乡村健康计划或是一个标准的国际再保险产品。这个再保险产品是由一个全球再保险公司专门为这些家庭计划而开发的。如果保险公司不再需要为风险设立基金呢？比如，人们可以更容易得到可调整的赔付资金池，以反映风险水平的变化。失业保险可以融合教育货款和终身协议，这样年轻人就可以得到教育方面的资金支持和失业方面的保险支持，与此同时，他们上班时工资薪金的一部分就被用于覆盖其他人的风险了。

10.1.2 保险 DAO

更彻底的是，基于智能合约的“炫酷产品”最可能应用于保险新领域（比如互助保险产品），或者应对由区块链技术应用而兴起的新风险（比如数字资产保护），而不是替代已有的产品。

基于区块链的保险业解决方案，也可写成一组规则，并转变成一个 DAO，使消费者能够不再依赖中间人。区块链技术将最终促使保险公司社会角色和功能的变化。例如，通过分布式微型保险解决方案，人们可以获得价格合理质量相当的保险产品；或者通过扩展保险产品，为之前被排除在外的人群提供足够的身份管理和信息管理功能。随着时间的推移，区块链技术也将进一步扩大保险市场规模。传统保险行业也能通过区块链智能合约使某些产品达到自动化。

在这个新的商业模式中，保险公司关注的焦点会由资产管理（而不是供需匹配）转变到风险计算研究。保险公司会提供一个类似于市场的平台，在这个平台上消费者可以说出他们的保险需求，可以是标准化的产品或是某一特殊需求。保险公司会根据历史数据，使用其“风险智能”或风险模式，在减去保证金之后，根据保费计算方式计算出预期回报。在公布保费计算方式之后，感兴趣的投资者可以竞标或订购想要的保险服务，也可以通过集体众筹或个人 P2P 的方式。这都取决于保险需求的种类、投资者可用资源和他们的风险喜好。

除了去中心化账本中的管理，若客户提出保险索赔要求，通过使用智能合约，可以确保投资者能够偿付给客户。智能合约被设定为传统的保证书，但是不需要经过银行。通过区块链技术，管理和执行过程也会变得更简单，传统公司的业务更加透明，成本更低。保险公司同时可以验证保险索赔的有效性，可以通过连接区块链到其他账本，以及外包给第三方，这样就可以自动验证了。

在这个模式下，在保险市场下智能合同的使用范围就不会局限在 P2P 的保险形式下了，而是几乎可以应用在所有保险形式中。如果一个人联合所有愿意通过众筹模式投资的投资者，就可以减少紧急事件对每个投资者的影响。

这个新的商业模式对所有人来说都是有利的，包括保险公司、投资者和消费者。资金可以留住投资者的客户，反过来说，保险公司可以通过少量的资本甚至不需要资本进行操控。保险公司作为市场和风险智能的供应商，可以获得许多好处。与P2P借贷公司有相似模式的公司不需要监管许可证，甚至都不需要任何证书，只需要得到监管者的许可即可。平台开发可以按次计费外包给第三方，让公司更加智能，最终成为一个精简有效率的组织。从投资者的角度来看，这给精简组织带来了新投资，同时也有更高的回报。私人投资者也可以加入市场，投资者会对金融风险有更清晰的认识。最后，对消费者来说，由于有大量投资者竞标、订购，以及较少的操作成本，保险费用也会更低。这个模式可以让消费者更容易选择适合的保险，同时智能合同可以使支付更安全。

当然，这个模式要面对许多挑战，最大的挑战之一就是监管者是否允许这些新的有效率的方法在市场中存在。从投资者的角度来看，在偿付高额费用时，为了分散风险，保险公司需要让大量的人参与进来，同时在面对特定保险时，还需要有一定的灵活性。至于风险计算，由于保险的特殊性，保险公司需要正确计算风险回报率，这对消费者和投资者来说都是非常有吸引力的。消费者的角色也很重要，因为他们需要在没有第三方的情况下信任这个有区块链的系统。

但是，总的来说，这种商业模式是非常有趣的，同时可以带来许多好处，可以创造一个真正的P2P众筹保险公司。有人认为，如果这种商业模式一旦被充分开发，也许就不再有传统的保险公司了，全新的区块链保险DAO会成为这个行业至关重要的商业角色。

10.1.3 投保人风险管理

在保险经营中，保险公司和投保人的纠纷时有发生，要么是投保人提供虚假的个人信息骗保，要么是理赔的时候对于免责条款的认定发生分歧，而这些问题的关键都在于对投保人的个人信息缺乏一个真实可信的数据采集和存储手段。

随着诸如医疗信息数字化、个人征信体系等国家系统性工程的推进，越来越多的数据源出现，未来关于个人的健康状况、发生事故记录等信息都能够引入并存储区块链中，成为伴随每一个人的数字身份，这上面的数据真实可信、无法篡改、实时同步、终身有效，对投保人的风险管理将带来莫大的益处。保险公司在客户投保时可以更加及时、准确地获得风险信息，从而降低核保成本、提升效率。区块链的共享透明特点降低了信息不对称，还可降低逆向选择风险；而其历史可追踪的特点，则有利于减少道德风险，进而降低保险的管理难度和管理成本。

第一，是将不同公司之间的数据打通、相互参考，从而及时发现重复投保、历史理赔等信息，及时发现高风险用户。以2016年3月4000万意外伤害险骗保为例，扬州的周某在十余家寿险公司投保，直到人工核保时才查出来。如果在区块链记录了他每一次投保信息，很快就可以发现并及时采取措施。

第二，是将不同行业的数据引入区块链，可以提高核保、核赔的准确性和效率。举一个重疾险的例子，如果能在区块链上查询到投保人所有的就诊记录，甚至直系亲属的就诊记录，对于投保人当前的身体状况、患病史、家族病史就有了一手的资料，有效地杜绝带病投保。

10.1.4 保险公司风险监督

在保险公司运营过程中，由于各种原因导致的风险时有发生，监管机构只能采取事前审核或者事后约束的措施。但随着保险业务的前端日益开放，参与保险市场的企业越来越多元化，事中监督的需求日益凸显。而笔者看来，区块链技术正是进行事中监督的有效技术手段之一。只要保险公司将日常运营流程搬到区块链上，并向监管机构开发一个记账节点（即使是一个只读的记账节点），监管机构就可以实时观察到保险公司的全部业务动向。例如资金流向和投资构成、产品的承保和赔付数据、主要的人事和管理操作等，无需等到保险公司事后申报，从而及时发现可能存在的业务风险和违规操作。

在此基础上，监管机构还可以利用大数据技术，对全国的保险市场进行分析和预测，及时发现和预防可能存在的系统性风险，或是发现潜在的保障需求和趋势，从而更好地为老百姓提供保障。除了通过改变数据存储方式来减少保险公司在承保和监督方面的风险，区块链技术还激活了很多传统的保障模式，例如相互保险，以及很多新的保障需求，例如临时动态保单。随着科技和保险行业的交流和碰撞日益加深，相信还会有更多新的应用和公司出现。

10.2 健康医疗行业

除了金融行业之外，现在看来受益于区块链技术最大的行业应为健康医疗行业（图10-1）。因为病人的医疗记录和信息在任何时候都是需要予以保密的，而中心化数据库和文件柜都不再是个可行的选择。区块链技术提供了一个可行的替代方案，这是一个能做到完全透明却又能尊重用户隐私的方案。在过去，经常会由于一些内部失误，导致患者的信息被泄露。考虑到所有和健康相关的敏感资料：身份特征、疾病情况、治疗方案以及支付情况，一个人的健康状况可能是其最私密的信息，但是在过去，这些相关信息往往出现过一次又一次的大规模泄露，导致个人健康数据被流传到互联网上。

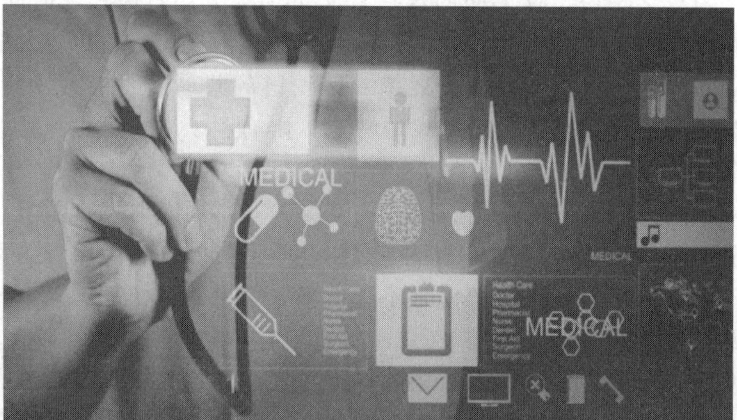

图10-1 健康数据越来越成为备受关注的重要个人隐私

医疗数据可能是一个人最隐私的数据，但由于网络操作错误或者黑客攻击等问题，一个单点故障就能够导致所有人的信息遭到泄露。在过去这些个人隐私数据出现过多次大规模泄露的情况，比如Anthem曾经泄露8000万病人和雇员记录，UCLA Health曾经泄露450万病人数据。

随着个人健康数据越来越多，不同于如身高、体重、血糖、血压之类的传统数据，一些其他重要数据已经到了绝不能泄露的地步。最典型的例子就是指纹数据或者虹膜数据，如果这些资料出现大规模的泄露，会产生非常深远且具有灾难性的影响，考虑到有太多支付方案牵涉指纹支付，也就是说一旦大规模泄露可能会引起金融上的灾难。它不同于密码数据，一旦泄露可以通过大规模修改来避免更大的损失，大多数类似于指纹数据或者虹膜数据是无法随意修改的，这产生的影响将会深远得多。而随着基因数据采集变得越来越容易，我们甚至无法估量基因数据一旦大规模泄露可能带来的灾难性后果。这种破坏性远比苹果公司的明星私人照片泄露还要大得多，如果连苹果这样闭源的系统数据库都可以泄露，其他中心化的数据库其实同样都存在类似问题。这其中最大的问题就是由于单点故障，或者单把私钥的泄漏导致数据库安全防线的整体性崩溃。因此，很多业内人士认为区块链是人类现在能想到的唯一解决方案。

对医疗行业来说，区块链有三个很重要的优点：首先是高冗余，因为每个节点都有备份，这使单点故障不会损害数据完整性。其次是区块链上的数据无法被篡改，这对于医疗数据非常重要，医疗数据一旦被篡改很可能会导致重大伤害，而且在区块链上的任何篡改都会留下密码学上的证据从而被快速发现。除此之外，区块链能做到多私钥的复杂权限保管。例如，通过智能合约技术可以设置单个病历分配多把私钥，制定一定的规则来对数据进行访问，同时必须获得授权才能够进行，无论是医生、护士或者病人本身都需要获得许可。比如只有一个或者多个人同时到场才能打开，还可以和GIS（地理信息系统）数据结合在一起，当你在某家医院时，该医院的医生才可以读取病历，也可以和时间信息结合在一起，在某个前时段内相关医生护士才能够读取病历。

在药品防伪方面，与编码防伪技术类似的是，对于运用区块链技术防伪的药品而言，在药品包装盒表面有一个可以被刮去的面，底下是一个特别的验证标签，可与区块链相互对照来确保药品的合法性。

区块链的保管方案不同于传统中心化数据库的保管方案，第一次不需要依靠相信人或者相信制度来确保安全，完全通过算法来确保数据库的安全性。从算法上就杜绝了由于单把私钥的泄露而导致数据库的整体崩溃。

对于区块链和医疗健康领域进行结合，其中最令人感到兴奋的原因是这完全是一个全新的领域。随着企业和医疗机构看到区块链技术对于金融领域的影响，医疗机构将会在医疗健康领域中逐渐开始推广和实施该技术，并且希望获得金融级的安全和效率。目前，全球医疗市场份额有1.057万亿美元，主要的份额占有者包括瑞辉（474亿美元）、强生（163亿美元）、复迈（118.4亿美元）和诺华制药公司（494亿美元）。置名交叉竞争引用了大量的动态医药数据和历史医疗记录，这种竞争也会给药物发现和个性化医疗开发增加收入源流。

此外，生物识别技术融入量化数据（如运动追踪器的数据），同样能够加入健康区块链中。区块链技术带来了许多机会来改善现有流程和商业模式，包括现有数据访问、通用电子医疗记录（电子病历）、数字健康资产保护、健康代币甚至是基因钱包等。

10.3 农业

农业是全球经济的一个重要组成部分，世界范围内的农业劳动人员占总人口约40%，现在，农业行业也开始尝试使用区块链。据 Agfunder News 的报道，很多潜在的分布式账本解决方案已不断涌现，其中包括创建智能农场概念的 Filament 创业公司以及通过供应链分布式账本来跟踪食物的 SkuChain 等。

区块链可能是一个最适合解决信任问题的技术，在粮食分配和安全方面有相当大的潜在用途。此外，在食品供应方面要验证食物来自哪里、它是如何养殖或生产、标签索赔的真实性等等，都至关重要。公众对于食品和农业技术的透明性越来越重视，而分布式账本技术，可提供更好的解决方案，具有潜力显著改变农产行业。在 Filament 的平台上，用户连接物理对象以及现有网络，以形成更广泛的网络和应用，将智能农场技术运用于可靠的基础设施。所谓智能农场，它是一种可持续发展的农业模式，其旨在提高农业环境质量，整合具有天然生物周期控制的技术，并建立农场经营的经济可行性。而使用区块链技术的智能农场，可防止天气数据、短信提醒、机械协议、GPS 定位等诸多精准农业数据被篡改。

监测食品供应链，可让消费者清楚地知道食物的来源以及生产日期等重要信息。而传统的记录系统，很容易就能被操纵，消费者可依赖于一种不可更变的账本，能透明地记录食品的相关信息。例如，实时供应链管理、快速众筹访问以及透明性都可引入食物链，实现食物从农场到餐桌全过程数据的跟踪验证，目前已经出现围绕农业生产和食品认证和监管的解决方案。金融科技公司区块链创业公司 9thGear 的创始人兼首席执行官 Maryanne Morrow，与沃尔玛、IBM 和清华大学建立合作伙伴关系，合作开发“apilot”项目，该项目正在测试区块链在中国庞大的猪肉、食品分销和安全供应链中的有效性。

10.4 市场营销

10.4.1 去中介化直接营销

为了消除媒体和用户中间的多重利益压榨方，Brave 浏览器开创了一种新的商业模式。通过使用区块链技术，Brave 浏览器能为用户提供身份保护，防止其身份信息被泄露。虽然防止了其他平台获取用户数据，但 Brave 表示媒体还是可以通过广告变现，不过不是通过 Google，而是通过经济激励让用户主动观看广告并获得收益。这种基于区块链的代币体系和经济激励机制，实现中间环节的去中介化及高效精准的广告传播，在为内容生产者增加营收的同时，用户也获得了更佳的访问体验和更好的隐私、安全保护。

除了 Brave，Adblockchain 的 BitClave 也是一个做 Direct - marketing 营销的区块链产品。它通过区块链进行用户数据的存储，打通用户在不同的场景下所产生的数据，当用户在 BitClave 的 App 里搜索时，它会直接通知广告主进行营销（图 10－2）。在这个过程中区块链一直保持着这个用户信息不被泄露或者是在一个联盟里部分可见。

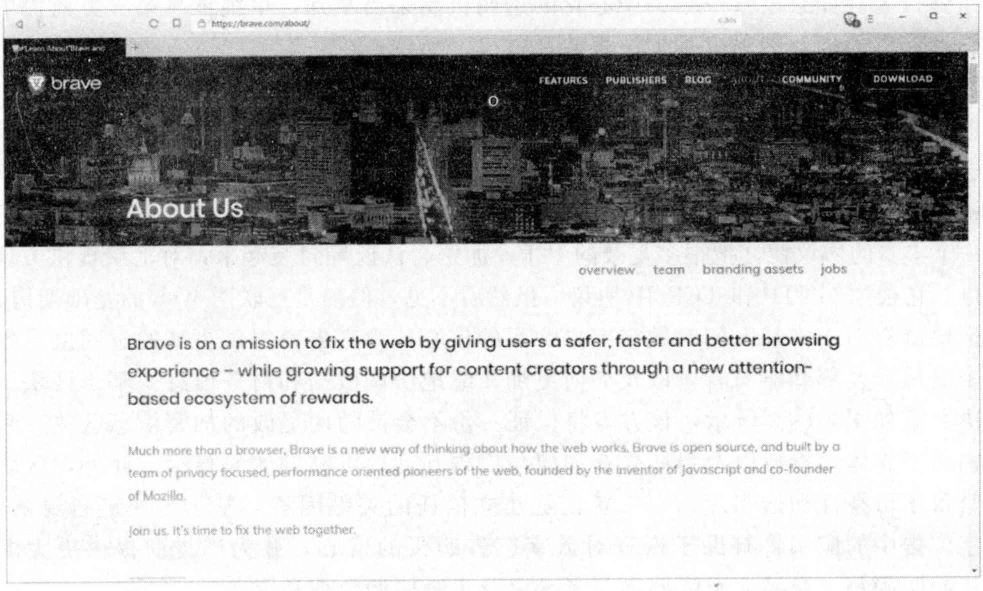

图 10－2 Brave 网站

10.4.2 个人隐私防护

如果上述去中介化直接营销可行，那对现有广告模式将是极大的颠覆。因为，去中介化直接营销可以借助区块链，直接越过像 Google、Facebook 这样的巨无霸营销网络，自己变成一个超级平台。而这个目标想要实现，关键在于 C 端用户对待自己互联网 ID 的态度。因为 ID 一旦被区块链保护，目前的营销逻辑就不适用了。

普通用户为什么要用 Brave 而不是 Chrome 或者 IE，不看 Facebook 里的广告而选择 BitClave？促使他这样做的原因有两个：一是出于对自身隐私的保护；二是不用再忍受无处不在的广告，也不用再为了屏蔽广告而花钱。

虽然广告直投看起来有点天方夜谭，但通过区块链来保护用户隐私难度还是很低的。用户如果使用区块链架构的浏览器，就可以只公开自己觉得可以公布的数据，他可以主动维护自己的身份档案。如果你想在不下载 Brave 的情况下体验隐私保护，你也可以在 Chrome 里下载一个叫 MetaMask 的插件，创建一个虚拟账户后，直接体验以太坊（一个全球性的开源区块链软件平台）里的区块链应用。在登录匿名的交换网站时你就能自动登录，你的身份像一个身份钱包一样存储在浏览器里并被区块链认证。如果你购买了类似比特币的加密货币，它们也会被存储在浏览器里。交易的信息只有你自己能看到，除非你授权，不然网站的发布者无权知晓你的身份信息，而这意味着用户能完全掌握自己的身份信息。

10.4.3 广告反欺诈

如果说有什么是悬在数字营销头顶上的达摩克利斯之剑，虚假流量和广告欺诈一定首当其冲，它们就像是毒瘤，腐蚀着广告主对程序化购买的信心。

可以说，透明化、可见性的问题一天不解决，程序化购买就难以施展它全部的潜能。而另外一方面，代理抱怨广告主 KPI 设定不合理、媒体优质广告位有限等利益动机时刻催生着作弊行为。如果没有一个去中心化的透明机制来当裁判，单纯依靠第三方监测的报告做依据，作弊的问题似乎永远无法根治。

区块链技术可以为参与者在网络上的安全交易提供保障，网络上的每一条信息记录都被永久保存，而且对所有参与人都公开透明，正因如此，任何人都不能篡改，从而保证信息安全。这也正是其真正的特别之处，交易或者价值交换直接发生在参与人中间，无需任何第三方机构（银行或信用机构）干预，也就是我们常说的去中心化。从技术层次来理解，区块链更像一个丰富的协议栈，把很多复杂的 P2P、加密、认证等封装起来，对上层提供方便的应用接口。它很像 HTTP 和 TCP/IP 协议，虽然看不见，但确是互联网 Web 的基础架构。

区块链有助于恢复人们对数字广告购买的信心，为广告商提供更高的透明度，做到明确每个交易涉及哪些参与者，以及如何更加无缝地协调数据和财务信息。基于区块链的广告解决方案如图 10 - 3 所示，该方案将保证一份不会被随便更改的加密信息区块，来说明如何购买了媒体，投放以及目标受众如何与广告互动等可靠的测量指标。此外，区块链本身就具备了可视性和透明度——二者正是建立信任的关键因素。基于区块链自身的特性，在数字广告中的应用将有助于恢复对数字广告购买的信心，并为广告商提供更大的透明度，从而明确每个交易涉及哪些参与者，以及无缝协调数据和财务。

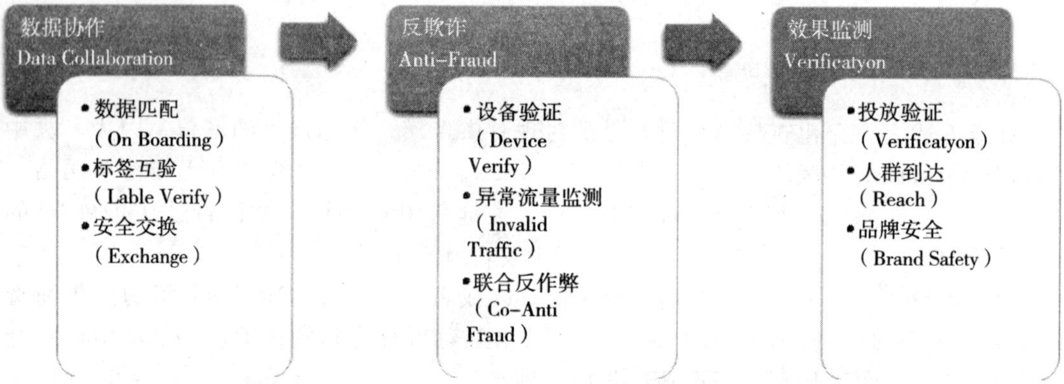

图 10 - 3　基于区块链的广告解决方案

可见，区块链技术与数字广告是天然契合的，它在营销领域的应用将远超金融领域，它可以提高效率、降低成本，并减少流量作弊行为，增加交易透明度等。

然而，区块链目前仍在发展初期，尽管发展潜力巨大，到实际应用到广告反欺诈和发作弊还有很长一段距离。现今，广告主、第三方监控平台、广告平台、其他第三方反作弊提供商等构成了目前反作弊市场的生力军。目前国外一家叫 MetaX 的广告技术公司就发起了叫“adchain”的区块链分账目协议，用来反欺诈和保证广告交易的透明。通过在广告素材上添加代码，广告主及代理可追踪、验证广告是否被观看、被谁看、在哪里被展示、它的转化率以及在整个过程中，预算如何被花费。

10.4.4　透明化归因

在数字广告领域，归因一直是个重要却复杂的难题。它对广告主和代理公司之所以重要，在于通过评估各渠道归因，广告主及代理可优化广告投放的路径，减少预算浪费；它对广告平台和媒体之所以重要，在于它是评价其广告效果好坏及决定其营收的准绳。但从在线广告诞生以来，由于面临各种问题，如何设计大家都赞成的合理的归因规则，却一直没有被解决。归因难就难在它无法量化，从广告投放到用户最终下单，经过多个环节、多次广告曝光和点击。如果按照点击或转化付费，那很多媒体的曝光很容易被收割、被抹杀。而基于区块链的分布式记账技术，量化的问题就能被解决，媒体也能有更透明的收益分成。虽然目前没有基于区块链的归因产品，但上文中提到的基于区块链的浏览器 Brave 已经能量化人们上网时在广告上的注意力分配了。这个由 Javescript 和火狐浏览器创始人开发的新一代浏览器能整合用户在各个不同网页上的行为数据并保存在区块链上，投放广告时可基于受众在区块链上的数据做本地机器学习和推荐，渠道贡献完全量化，归因也就能相对客观。

10.4.5 数据交换

数据孤岛绝对是数字营销的一大痛点。不管是广告主的 CRM 数据，广告平台、代理、媒体的投放数据、用户数据还是第三方的消费、搜索等行为数据，在数据交换的法律法规不完善、开放数据权益无法保障的情况下，数据开放很难推进。

阿里巴巴刚推出的品牌数据银行正在尝试数据交换，其他数据巨头也有开放的意向，但没有去中心化的机制保障，推进速度和难度也很大。由于产业链各方都担心数据泄漏，DMP 公司自己做 DSP，DSP 公司自己做 DMP。结果是大公司在建围墙花园，小公司建自己的小作坊。整个行业需要更好的协作，而区块链技术能帮助解决这一难题，能为各个玩家提供一个去中心化的、安全透明的数据交换平台。小米目前也正在做这样的尝试。目前它已研发出了基于区块链技术的营销解决方案，为了更好地保证企业数据安全和用户隐私，还提出了 Data Onboarding 解决方案并与多家国际国内品牌进行了内测。

除了数据交换，对于数据本身，区块链技术下生成的数据相比之前也会更加精准。因为个人所产生的数据，可以由于密码学和区块链的信任特性，变得可由个人掌控，也可能会变得更容易交换。既为数据交换提供了安全保障机制，还能保护用户自身的隐私，这对于用户及数字营销行业来说无疑是双重利好。

从反欺诈到数据交换，从重新定义用户隐私保护到去中间化的广告直投，区块链轻则能直击现有营销体系的顽疾、重则能倾覆自互联网诞生以来的数字营销规则。但目前来看，不管是面向大众的公有链，还是面向商业应用的联盟链，都称得上是技术丰满、现实骨感。虽然区块链集多种优势于一体，但却是旧秩序的敌人。面临复杂的利益链条，只能说区块链应用道阻且长。但相比之下，像 Brave 一样从 C 端切入似乎更具胜算。

10.5 区块链与未来

科技的发展在长远来看都是为了让人们生活的更加美好、便捷和幸福，为了让这个世界因为新技术而变得美好，蒂姆·伯纳斯-李发明了互联网，却不对其申请专利，从此改变了整个世界的样子。中本聪提出区块链，让我们可以沿着他的路继续走下去。这些技术最终将服务于人类，改变我们的生活。在这个技术创新的黄金时代，区块链、云计算、大数据、物联网、人工智能等随时可能碰撞出重塑世界的科技火花，为我们的生活和这个世界带来改变。

10.5.1 人工智能

人工智能是在封闭数据平台上培育中心化的智能，区块链则是在开放数据环境下促进去中心化的应用，两者于技术谱系看似背向，其实可以一起协作，紧紧结合。区块链有助于人工智能实现契约管理，并提高人工智能的友好性。例如让设备的使用者在区块链上进行注册，通过智能合约实现用户不同层次的访问，为不同层次的用户提供个性化功能。区块链保证了设备可以通过用户注册实现分级访问，不仅可以防止设备被滥用，还能防止用户受到伤害。通过区块链可以更好地实现对设备的共同拥有权和共同使用权，区块链会让使用者共同设定设备的状态，并根据智能合约做决定。此外，这种注册制度将在设备的整个生命周期中持续进行，以便不同的使用者、软件、硬件都可被用来协助监管者确认设备发生故障的准确时间点。因此，区块链作为一种底层技术，除了未来有望对金融、政务、医疗等各个行业带来变革之外，也将对人工智能这类前沿技术学科带来改变，产生化学反应。

10.5.2 物联网

目前物联网存在很多问题，主要是成本过高、缺乏信任、没有实际应用价值。图 10-4 所示为全球物联网设备数量的变化趋势，随着物联网设备的增多，计算需求的增强，大量设备之间需要通过分布式自组织的管理模式，并且对容错性要求很高。区块链自身分布式和抗攻击的特点可以很好地试用到这一场景中，在去中心化的物联网中，区块链记录了每一个参与者的每一笔交易，这个过程不需要任何信任的产生，同时保证了隐私和安全。

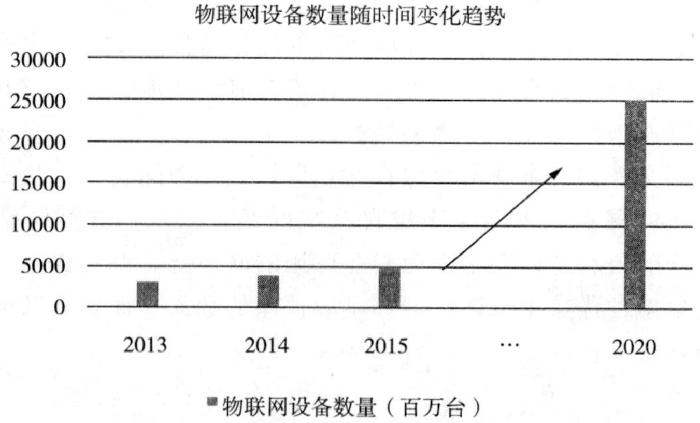

图 10-4 全球物联网设备数量随时间变化趋势

物联网是物物相连的互联网，其用户端延伸和扩展到了任何物品与物品之间，进行信息交换和通信，是一个设备、车辆、建筑物和其他实体相互连接的网络，网络中的节点可以小到恒温器，大到汽车。但是随着物联网中设备数量的增长，如果以传统的中心化网络模式进行管理，将带来巨大的数据中心基础设施建设投入即维护投入。此外，当万物互联时，基于中心化的网络模式也会存在物联网中用户隐私信息泄露的隐患。根据美国咨询公司 Gartner 预测，2015 年全球的物联网设备数量将达到 49 亿台，同时也将创造 695 亿美元的收入。而在 2020 年，物联网设备的数量将达到 250 亿台左右，与物联网相关边际收益或能达 2630 亿美元。如何解决物联网中的数据管理将成为关键问题之一。

区块链的去中心化特性为物联网的自我治理提供了新的解决方案，可以帮助物联网中的设备理解彼此，并且让物联网中的设备知道不同设备之间的关系，进而通过寻址和权限控制，实现对分布式的物联网的去中心化控制。IBM 在物联网领域已经持续投入了几十年的研发，正在探索使用区块链技术来降低物联网应用的成本。2015 年初，IBM 与三星宣布合作研发分布式 P2P 自动遥测物联网系统（Autonomous Decentralized Peer - to - Peer Telemetry，ADEPT），提供了一种安全并且成本低的设备连接方式，具备三层协议，其中第一层协议便使用了区块链技术。根据 Michael Halloran 发布在 Insights 上的文章介绍，ADEPT 上的家用电器，如洗碗机，可以执行一份“智能合约”来发布命令，要求洗涤剂供应商进行供货。这些合约给予了设备支付订单的能力，并且还能接收来自零售商的支付确认信息和发货信息，这些信息会以手机铃声提醒的方式通知洗碗机的主人。区块链与物联网的结合有望实现未来万物互联时代下，保障安全可靠性前提下的海量设备间的协作与自治。

10.5.3 大数据

传统数据库和区块链都有数据存储的功能，然而区块链的性能远超数据库。传统数据库需要建立在一个中心服务器上，而区块链的分布式存储机制使网络中每个节点都拥有整个网络的数据；传统数据库由于保存在一个中央服务器上，数据被篡改的风险非常大，而在区块链中，分布式的存储和透明化的查询使数据被篡改的可能性大大降低；传统数据库可以被离线保存在一个服务器上，而区块链要求所有节点必须接入网络，这种在线保存的方式保证了数据的时效性。

区块链或有助于提高大数据的安全性：类似于人工智能，区块链对于大数据的意义在于其在未来可能会提高大数据的安全性。随着大数据时代的到来，越来越多的个人信息和敏感信息被放到了网络上，中心化数据库就像在狼群中的一块肉，随时会成为黑客们的下手对象，近年来的数据库泄露事件已屡见不鲜。区块链技术在未来有可能会成为提升大数据安全机制的一个入口。通过区块链，可以保证不会由于单把私钥的泄漏导致整个数据库的泄漏。以太坊的开发者之一 Roman 认为区块链的最大价值之一是你不能以管理员身份随意改变信息，没人能控制区块链。因此，虽然目前区块链在大数据安全上的应用还没有非常成熟的案例，但它就像一扇还没有开启的阀门，具有巨大的开发潜力和启发意义。

全球的数据总量正以飞快的速度增长，2004 至今全球数据泄露事件越来越频繁。根据 IDC 和 EMC 的数字宇宙报告，到 2020 年，数字宇宙将会膨胀到 40000EB，或 40 万亿 GB。也就是说 2020 年每个男人、女人和孩子可以均摊到 5200GB 以上的数据量。这个数字宇宙的膨胀率大约是每两年翻一番。随着数据体量的不断膨胀，大数据已经成为一种越来越有价值的资产，而目前大数据的所有权却没有明确的确界。区块链的去中心化和不可伪造篡改的特性正好契合了这个需求，既能保证大数据的安全共享，也能解决大数据的归属问题，使数据“取之于民，用之于民”。

10.5.4 物流供应链

供应链行业往往涉及诸多实体，包括物流、资金流、信息流等，这些实体之间存在大量复杂的协作和沟通。传统模式下，不同实体各自保存各自的供应链信息，严重缺乏透明度，造成了较高的时间成本和金钱成本，而且一旦出现问题（冒领、货物假冒等）难以追查和处理。

供应链管理是区块链的一个重要增长领域，因为供应链是一种网络现象，具有全球性和复杂性，就其核心而言，区块链在这样的网络环境下可以促进更好的连接、信任、通信。区块链技术可提高供应链的透明度、可追溯性和安全性能够促进一种信任和诚信。

① 目前供应链链条长、中间环节多、利益关节多、不透明等缺点，对交易追踪和溯源都变得非常困难，数据不透明、流程监控不清晰；

② 区块链的分布式记账本技术可以将分类账上的货物转移登记为交易，确定与生产链管理相关的各参与方以及产品价格、日期、地点。

通过区块链各方可以获得一个透明可靠的统一信息平台，可以实时查看状态，降低物流成本，追溯物品的生产和运送整个过程，从而提高供应链管理的效率。当发生纠纷时，举证和追查也变得更加清晰和容易。该领域被认为是区块链一个很有前景的应用方向。例如运送方通过扫描二维码来证明货物到达指定区域，并自动收取提前约定的费用，可以参考区块链如何变革供应链金融和区块链给供应链带来透明。基于区块链的新型供应链解决方案，既可以实现商品流与资金流的同步，同时也能缓解假货问题。

布鲁塞尔机场推出了一款基于区块链技术的应用程序（图 10－5），用来追踪货物从地面处理到货运代理之间的移动。该应用程序与 BRUcloud 协同工作，BRUcloud 托管在云端，是布鲁塞尔机场的开放数据管理平台。

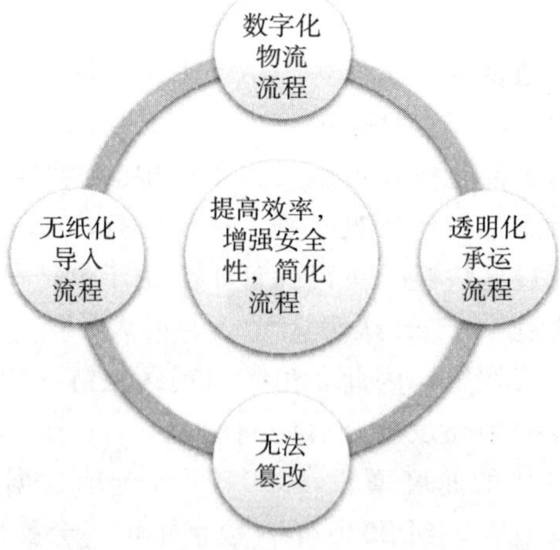

图 10－5　BRUcloud 平台解决方案示意图

未来，随着区块链技术在物流及供应链领域的应用趋于成熟，将有望彻底解决物流领域的种种问题，促进传统物流业与新一代信息技术的有机结合，推动并完成全球供应链的颠覆式创新。

10.5.5 公共网络服务

区块链基于互联网运行，但其功能却广于互联网。两种技术的相同点主要在于：在数据传输方式上，互联网与区块链都不需要中心化的中介；都要求用户接入互联网；都能够满足一个组织内的多个使用者同时使用。两者的差异点主要在于：互联网技术的主要用途是实现信息的快速发送和接收，而区块链的主要用途则是实现数据的储存和记录；区块链上的数据具有高度防篡改性，而互联网数据只有在实现加密等保护性措施的前提下，才具有防篡改的性能。

现有的互联网能正常运行，离不开很多近乎免费的网络服务，例如域名服务（DNS）。任何人都可以免费查询到域名，没有DNS，各种网站基本就无法访问了。因此，对于网络系统来说，类似的基础服务必须要能做到安全可靠，并且低成本。区块链技术恰好具备这些特点，基于区块链打造的DNS系统，将不再会出现各种错误的查询结果，并且可以稳定可靠地提供服务。

10.6 其他应用

除了以上提及的应用场景以外，区块链技术还能应用于共享经济、存在性证明、知识产权保护、房地产、法律行业甚至相亲平台等领域，不胜枚举，但只要抓住区块链技术的特点，就会变得容易理解。

10.6.1 共享经济

共享经济的实质是一种点对点的分享产品或服务的使用权的经济模式，典型代表有Airbnb、Uber，它们带给人们生活便利的同时，也存在一些限制。高盛曾表示，Airbnb等P2P住宿平台已经开始通过利用私人住所打造公开市场来变革住宿行业，但是这种服务的接受程度可能会因人们对人身安全以及财产损失的担忧而受到限制。这里如果通过辅之以区块链技术——引入安全且无法篡改的数字化资质和信用管理系统，改善现有的不信任问题，我们就可以认为区块链能有助于提升P2P住宿的接受度。

10.6.2 存在性证明

生活中，你总会遇到要求证明你是你、证明你妈是你妈、证明你没结过婚、证明房子是你的等等，事情看似很简单，一旦落到你身上，就是极大的困扰。而区块链技术的应用，就能完美地解决上述尴尬。届时属于你的一切信息证明都准确无误且不能篡改地记录在其中，任何人都没有权利去改动。等到技术发展到一定阶段，出生证明、结婚证明都有可能记录在区块链上。

10.6.3 相亲平台

近几年，通过相亲平台找对象受骗的案例越来越多，最近有人推出一套这样的相亲模式：各大相亲平台可以用区块技术记录会员信息，只要是通过这个相亲平台找对象并且进行约会的人，都可以上传其相亲对象的行为，比如，本人是否符合资料信息、为对方花了多少钱、有没有反常行为……假设同一个人被记录的不良信息大于一定次数，系统就会给出提示，行为恶劣者直接被定性为渣男/女，且信息不能篡改，而当事人有机会做出解释和说明。

虽然这种应用模式只是个假设，但随着越来越多的社会活动和个人信用挂钩，区块链记录相亲，不失为一种制约“骗婚”行为的有效手段。

10.6.4 知识产权保护

互联网时代，内容分享方式多种多样，独立音乐人和创作者经常面临的苦恼就是版权得不到保护，信息不对称、收益微薄，一度给人以“搞艺术养活不了自己”的刻板印象。而区块链技术的分布式透明交易和不可篡改的特点得到了一众音乐人的青睐，早在2015英国音乐人 Imogen Heap 就尝试以区块链技术简化交易方式，去除中间商环节之后，音乐人得到的不仅仅是收益的提升，更多的是能激发创作欲望，保护创作尊严。

Ascribe 让艺术家们可以在使用区块链技术来声明所有权、发行可编号、限量版的作品，可以针对任何类型艺术品的数字形式。它甚至还包括了一个交易市场，艺术家们可以通过他们的网站进行买卖，而无需任何中介服务。

10.6.5 房地产

现在如果你想购买一套房子，无论是新的还是旧的，都需要面对一大摊子事，各种手续、各种证明。这就意味着可能会耗费大量的人力、时间成本，尤其是买二手房，还要担心产权纠纷。总之，不是一件省心的事。如果房地产所有权信息都能保存于区块链之中，那么购房者将能更容易确认卖方对房屋的所有权，也会大幅降低人力成本和错误的发生率。

10.6.6 法律行业

BitProof 是近些年来涌现的众多文档时间戳应用中最为先进的，将会让传统的公证方式成为过去。相对于包括 Blocksgin 和 OriginStaemp 这样的免费版本，BitProof 提供更多的服务，包括有一个是针对知识产权的。有趣的是，BitProof 最近和一家旧金山的 IT 学校进行合作，把他们学生的学历证书都放在区块链上，完全重新定义了如何让文凭和学生证书的处理和使用方式。

10.6.7 代理投票

目前广泛运用的股东代理投票机制是由一套繁杂的程序构成的（如图 10－6 所示）。通常资产管理人向代理投票经纪人发出投票指令，指令随后被传递给投票分配者，再由投票分配者将指令传递给托管人以及子托管人。托管人请求公证人对投票指令进行公证，然后向登记方申请并完成登记，最后投票信息汇总到公司秘书处。这是一个非常复杂且非标准化的流程，投票信息存在被不正确传递或丢失的风险。此外，由于托管人及子托管人使用不同的传输系统和字符识别系统，导致投票的追溯和确认非常困难。荷兰一家研究机构就代理投票进行的研究成果指出，在荷兰使用代理投票系统的公司中，仅仅有31%的公司能够确认自己代理投票的结果。

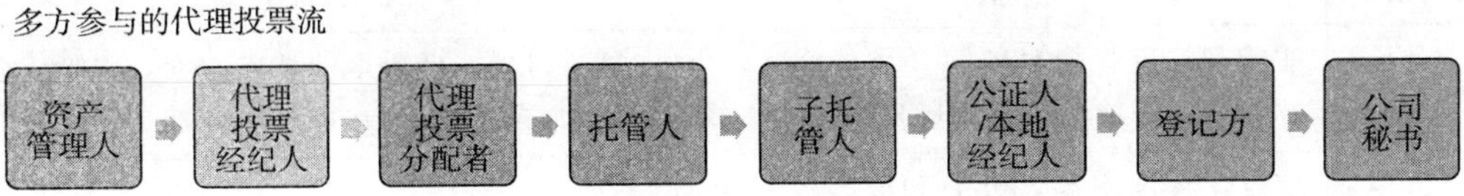

图 10－6　目前多方参与的交流流程

纳斯达克 OMX 首席执行官 Robert Greifeld 表示，纳斯达克将很快上线如图 10－7 所示的基于区块链的代理投票应用，人们从此将能够在手机上投票并永久享有投票记录。

图 10－7　基于区块链的代理投票流程

10.6.8　公益平台

区块链是在安全和算法的基础上所搭建的信任机制平台，利用这个平台的增信、溯源以及开放、透明等特性，可以在普惠金融领域包括像互助保险、公益众筹等做全流程资金流向的跟踪。

当前公益平台各参与方的痛点及区块链解决方案见表 10－1 所列。当用户捐赠结束会看到爱心传递记录，通过该记录，用户可以看到每一笔交易的情况以及最后拨付到受捐者的资金情况。在这个场景下能解决的痛点是什么？一个是捐助者对于受捐人最终有没有拿到钱的疑问，第二点则是对于公益机构的好处。很多公益机构内部的账目很复杂，又没有资金聘请专业的会计师事务所或者是会计师进行记账，而区块链一个好处就是相比传统核算流程有一个巨大的改变，在区块链的交易中，当交易达成的同时记账也完成了，而且账目是不可篡改的。所以从本质上来看，在区块链下完成的交易不需要对账，因为在交易完成时每个结点之间对账也完成了，所以不需要等待批量对账入账的操作。而且清算也可以即时完成，甚至未来核算也可以即时完成。所以在区块链这样的背景下，传统的账户核算体系以及审计体系都将极大地简化。公益机构使用这样的一个简化的核算体系也可以帮助进行账务核算。

公益平台上有很多用户想知道自己捐的钱到底用在了哪里，有没有用到受捐人身上，到达受捐人身上有多少钱。很多做公益的人都会有这个疑问，把用户捐的每一笔钱都记载在区块链上，就好像将用户捐的每一笔钱打成一个资金包裹，然后交给区块链平台，而区块链平台就好比邮局去邮寄资金，在整个资金的运送过程中，因为中间需要经过公益机构和 NGO 机构等最后才会到达受捐人的手上，也就是要经过一个比较长的链条，在这个过程中区块链平台这个邮局邮寄的每一笔资金每经过一个节点都会盖上戳，直到最后资金到达受捐人手中。这样就能确保每笔资金无论是一分钱还是一百块，都会得到认真对待，区块链技术会把全流程的溯源情况记录下来，这样就可以促进公益捐款全过程的开放和透明。

表 10-1 公益参与各方的痛点及区块链解决方案

参与方	痛点	解决方案
公益平台	非营利，运营成本高 存在内部操作风险和舞弊风险	基于可信、低成本的技术方案，降低人员投入和运营成本，规避内控风险
公益机构	信息化程度不高，财务和报表依赖后期手工出具和核实，审计成本高 存在内部操作风险和舞弊风险	基于可信、低成本的技术方案，公益流程信息透明化，规避内控风险
捐款人	无法有效追踪资金流向，信息不对等	信息全网共享可信，方便追踪资金
受助人	存在无法获得捐赠风险 信息不对等，无法自发发起慈善募捐	信息全网共享可信，提供点对点的募捐方案
审计、大众等	无法进行有效监督 大众对慈善有心为之，但信心不足	基于可信数据进行审计和监督，增强公益信心

案例 1　电子存证区块链联盟

显然，区块链要在包括金融业在内的各行业得到快速发展，必然需要法律的支持。区块链是由节点参与的分布式数据库系统，它的特点是去中心化、不可更改、不可伪造，可以将其理解为账簿系统。从 2013 年 1 月 1 日起正式施行的新修订的《民事诉讼法》明确规定，电子数据也可作为证据。但在具体实施中，电子证据因为易修改，难以记录完整等特点导致公信力不高。利用区块链技术来建立和运营电子证据记录和保存系统，意味着电子证据一经存储，任何一方都无法篡改，并且电子证据会存储在每一个参与者处，帮助扫清电子数据成为有效的司法证据的障碍，可充分满足电子证据司法存证的要求。

2016 年 8 月 16 日，全球首个电子存证区块链联盟——大规模商用电子存证区块链联盟“法链”宣告成立（图 10-8）。“法链”是由 Onchain、微软（中国）以及法大大等多个机构参与建立和运营的证据记录和保存系统，是一个多方参与的开放式区块链联盟。

（图片来源：http：//www. china. com. cn）

图 10-8　全球首个电子存证区块链联盟“法链”宣告成立

“法链”中的参与机构各司其职，打造开放生态。在联盟中，Onchain提供的底层区块链技术，与法大大电子合同深度融合。每一份电子合同的签署时间、签署主体、文件哈希值等数字指纹信息将会被广播到“法链”所有成员的各个存储节点上，并将文件哈希值信息同步存储在国家权威电子数据司法鉴定中心，所有信息一经存储，任何一方都无法篡改，充分满足了电子证据司法存证的要求。用户通过由世纪互联运营的Office 365编辑电子文档后，即可进入法大大相关操作界面，轻松完成合同的签署与发送。

法大大创始人兼CEO黄翔说，目前，法大大平台电子合同的日均签署量在当前10万份的基础上保持着持续的增长。未来，更多的司法鉴定机构、公证处等权威第三方机构将加入“法链”，共同缔造一个集合了不可篡改、集体维护、分布式储存等多重优势于一体的全新的电子文件存储模式，为检察机关、侦查机关、审查机关甄别线上电子存证提供更多可靠的解决方案。

案例2 BTC公司整合区块链和纸质选票，提供安全的防篡改的投票解决方案

比特币ATM开发商和区块链技术公司Blockchain Technologies Corp（BTC）透露，它正在开发一种防篡改投票机（图10-9），被称为“VoteWatcher”。

（图片来源：http：//www.8btc.com/article/102997）

图10-9 BTC开发的防篡改投票机

被称为VoteWatcher，旨在确保投票过程的两个核心功能：确保投票机正确地捕获选民的意愿，维护选民的信任；让选民确信自己的选票被有效加以统计。

尽管早在21世纪之初，投票技术的发展程度就已经可以实现无纸化投票，但这种技术一直备受挑剔，而这一次，BTC在其防篡改投票系统解决方案中再次引入了纸质投票。BTC公司CEO尼克·斯帕诺斯（Nick Spanos）认为，无纸化电子投票机的选票没有原始记录，使得非技术人员很难对其选举结果进行必要的审核，因此纸质选票是唯一一种能够为公众重新计算选票的方式。纸质选票是VoteWatcher的基础，在投票过程中，扫描仪可以看到投入机器中的纸质投票，并将选民的选择记录下来。之后扫描获得的数据，连同该选票的照片的哈希，将会被上传到区块链上，以此确保选票不被篡改。同时强调了比特币

区块链带来了一种全新的数据完整性范式，选民上交的原始纸质选票将最终保留用于日后的重新计算。BTC提供的选举解决方案已被用于得克萨斯州和纽约州的自由党选举中，并且获得了成功。

案例3 IBM成立事业部连接区块链技术与人工智能

2015年初IBM公布了公司的早期区块链项目之一，综合了BitTorrent、Ethereum和TeleHash技术的概念证明机制。此后公司一直致力于整合沃森人工智能技术与分布式账本技术，在新加坡滨海湾成立沃森中心（Watson Centre），目的是以区块链应用为核心，开发人工智能技术。2016年，IBM重新整合组成了兼顾人工智能与云计算平台的事业部，由IBM全球企业咨询服务部（Global Business Services）前高级副总裁Bridget van Kralingen领导（图10-10）。IBM区块链领导团队将整体转移到该事业部，除了区块链技术研发，该事业部将主导IBM，整合金融服务工作与其沃森人工智能倡议（Watson）。

图10-10 IBM区块链团队整合

IBM首席执行官和主席Ginni Rometty就此举发表声明："该产业平台的企业会为客户带来极大优化的流程，并利用IBM沃森人工智能、IBM云计算、IBM系统、区块链、深厚的专业知识、开发者和合作伙伴的生态系统"。IBM还表示"这是IBM重要的举措，因为我们逐渐增加对区块链的关注"。该事业部将包括IBM全球金融和保险行业董事总经理、该行业客户群董事总经理以及其他金融服务行业解决方案，承担整个公司的区块链研发责任，另外还负责促成开放的技术标准，实现加快市场普及的既定目标。IBM已经在该领域开发出一系列原型，并在Linux基金会（Linux Foundation）主导的超级账本项目（Hyperledger Project）中起到了先锋作用。

案例4 保险案例

美国USAA

美国保险巨头USAA开始投入资源来探索如何将区块链技术融入其基础设施。目前，USAA处于早期阶段，正在了解分布式的开放总账如何能够应用于其业务中。公司虽然尚未确定要如何实现该技术，可能会研究区块链如何才能分散公司的后台运营，但却表示出该公司对区块链技术有着“浓厚的兴趣”。

USAA于2015年开始进军数字货币行业，当时USAA参加了Coinbase的7500万美元的C轮融资。USAA表示没有任何计划接受比特币作为货币，但是看到了区块链可以以某种形式应用于USAA的潜在途径。2015年11月试点方案出台，2016年3月，USAA宣布所有账户持有人都可以从USAA.com界面进入Coinbase平台查看账户余额。据USAA报道，这次试运行很成功，手机端应用可能很快发布。USAA.com和USAA手机应用都是首次实验的一部分。

安永会计师事务

2016年4月15日，安永会计师事务所发布了名为《区块链技术作为数字化平台在保险业的应用》的报告。

安永认为，对保险业而言区块链主要提供了四大机遇：诈骗探测和风险预防、数字化的投诉管理新的行业颠覆和资源分配、网络安全责任。尽管区块链技术在保险业的应用前景很好，可是像所有新技术出现的初期阶段一样，该技术的可扩展性、实施技术、与企业和政府机构的实际融合都引起了行业的担忧。监管者担心的是，基础设施还不完善，会给现实技术融合带来隐患；区块链技术人员专业性不够，难以保障各方利益；损失控制机制标准化也还在完善中；保险公司主要的担忧是，该技术的扩展性以及与现有系统的兼容性、风险管理、计划制定和时机把握；市场的主要担忧是，中心化基础设施的减少带来高额的监管成本和复杂性；技术发展可能使强制性、规范性监管变得低效；市场需要弹性的审慎监管；欧盟委员会计划提高数据和隐私保护标准；消费者数据控制方式会改变。

总体来说，金融服务机构应该继续加大对该技术的探索和开发，创造出适合行业发展的应用。安永也专门成立了核心团队，为企业家和保险公司的发展提供机遇。

案例5 医疗行业

飞利浦医疗

Tierion是一个专门从事数据收集和记录的区块链公司，2015年10月27日，Tierion宣布和飞利浦医疗集团完成首个合作项目，通过使用区块链记录搭建了一个数据存储和验证平台（图10-11）。飞利浦医疗保险是一个专注于连接全球数以亿计医疗设备运作的企业，通过与Tierion的合作，探索区块链技术在医疗护理领域中的应用，以有效改善病人的医疗状况。2016年3月4日，飞利浦医疗宣布建立区块链实验室来继续推进研究。这样能够联合更多其他公司的IT专家、医疗保健专家和区块链技术开发者推进这方面的研究。该研发中心位于阿姆斯特丹，专门用于研究新兴科技。飞利浦指出，他在寻找合作伙伴和开发者来合作这个项目。

所有由飞利浦健康所提供的产品和服务都有可能通过整合区块链技术来获益。也许这就是Tierion所带来的创新方案，即能够提供一个去中心化的实时信息监测方案，它能够解决以前中心化存储数据方案中所不能解决的（信息安全）问题。

Gem

2016年1月，区块链技术服务提供公司Gem宣布获得了700万美元的投资来扩展它的企业平台，并已经和健康行业内多个不同利益相关方进行合作，来评估是否需要区块链技术。Gem首席执行官麦克·温克尔施佩希特表示，类似于金融行业，设计一个区块链

图 10-11 飞利浦医疗

应用，需要考虑医疗健康行业内多个相关利益者。如果能够将每个独立相关方都链接到一个有凝聚力的、可以共享读写的数据库的话，那么真正的区块链创新将会产生。如果能够让保险公司、医院结算部门、贷款人和病人共同使用一个区块链来管理支付，那么在整个行业中就会大规模地减少冗余。

另外，区块链网络绝不仅仅用于解决医疗健康数据保存问题，收付款将会是另外一个发展方向。如果区块链能够在管理医疗付费的整个过程中被使用，那么也将能够管理病人医疗记录的整个过程。区块链能够让其他多个组织来访问网络，而不需要担心数据的安全和完整性。病历可以被多方进行创建、共享，并且能够让多方进行追加更新，这将会重塑整个行业的效率和透明度。

2016 年 4 月 27 日，Gem 发布了 Gem Health 项目，该项目的目的是通过新兴科技促进医疗领域间的合作。其首个合作伙伴就是飞利浦医疗，飞利浦医疗会帮助其搭建一个私人以太坊区块链，来开发企业医疗的应用程序。Gem 希望通过此项目可以鼓励医疗行业通过区块链技术开发出更多健康应用程序、全球病人身份识别软件及安全电子医疗记录。

Gem 正在发布一个可以让医疗公司参与实验及构建跨行业应用程序的网络，来解决不同问题的应用案例。Gem 正在帮助大量孤立运作的公司创建一个良好的合作环境，且正在投资该行业的通信渠道和与身体健康有关的项目。

Gem 最初的定位是比特币初创公司的 API 供应商，而通过此次项目又开发了为企业提供服务的业务。Gem 现在把自己定位于为从事区块链领域公司提供咨询及匹配服务的公司。Gem 表示，这是一个非常大且非常重要的机遇，医疗健康影响着我们每个人，通过这次机会有可能改变整个行业。

Factom

Factom 和 Health Nautica 正在寻求安全的医疗记录和审计跟踪解决方案。他们通过数据加密写入比特币区块链，并且通过时间戳来确保数据的精确度。这些记录完全无法被篡改，因为它是写入区块链中的，并且在没有权限的情况下是无法进行阅读的。Health Nautica 希望能够提升赔偿流程的处理效率和记录无法改变的确定性。

爱沙尼亚

2016 年 3 月，爱沙尼亚宣布启动基于区块链的医疗健康档案安全项目。爱沙尼亚在区块链投入和应用方面一直要远远领先于其他国家，尽管它只是波罗的海的一个小国，但很早就开始与 BitNation 进行合作，将区块链技术应用于居民的身份验证。并且在 2016 年初，纳斯达克在爱沙尼亚的交易所，已经开始使用区块链进行股东的投票。而这次，则是把区块链应用扩展到电子健康档案的保管。

数据安全初创企业 Guardtime 宣布与爱沙尼亚电子卫生基金会合作，利用区块链技术保证 100 万份病人医疗记录安全。该基金从此整合了 Guardtime 的无钥签名基础设施区块链技术（Keyless Signature Infrastructure，KSI）和基金会 Oracle 数据引擎，以实现实时查看病人病例。

爱沙尼亚早在 1997 年建立这个电子政务系统就引起了人们的关注。其实现方式是在身份证内嵌入芯片，然后国家公民就可以使用 100 多项电子政府服务，例如纳税申报、投票。整个服务过程是即时的，仅仅需要登录一个网站。爱沙尼亚的电子政务系统内包含了电子病人记录。而整合 Guardtime 技术的目的就是用“独立的法医品质的审计线索”保护这些数据安全。由于黑客、恶意软件、系统问题等的存在，敏感数据保护中存在的安全隐患包括信息篡改、删除、错误升级等。而区块链技术可以保证数据的真实完整，并能完全记录数据变更过程。

IBM

2016 年 5 月，IBM 的区块链云服务升级，其目标锁定政府和医疗保健行业。IBM 研发出一个新的框架，用于保护其云服务平台上的区块链系统，可以帮助金融企业满足监管和安全要求等限制区块链技术发展的因素。新的框架有望加快区块链应用步伐，提高开发者的应用体验。IBM 相信该框架可以帮助机构创建用于许可型区块链的“安全云环境”，突破行业的安全和合法性要求，对行业发展极其有利。该框架受益人包括政府或医疗保健服务供应商，因为他们希望利用基于区块链的系统来满足联邦信息处理标准和健康保险流通与责任法案的要求。

案例 6　众安步步鸡

2017 年 6 月，互联网保险第一股众安保险旗下众安科技宣布，首次在国内将区块链应用于养鸡业，扶持国内区块链创业公司连陌科技推出“步步鸡”项目，以为消费者提供更具有信任感的食品。步步鸡项目正式启动以来，按照 166 天的饲养周期，第一批生态鸡已经上架销售，于当年 12 月 21 日登陆顺丰优选平台。消费者可以花费 238 元或者 268 元，在顺丰优选的线上和线下渠道购买。

众安步步鸡是区块链农业养殖的一个代表案例，中国的食品安全问题一直是大众和媒体的关注重点，我们经历过三聚氰胺、地沟油，也谣言过长了 6 只鸡腿的鸡。据统计中国人每年要吃掉近 50 亿只鸡，这些鸡都是怎么养殖的？如今，这个无人过问的课题，在区块链技术的加持下有了新说法。众安抓住区块链去中心化（分布式记录）、不可篡改、可溯源等特点，保证每只鸡从鸡苗到成鸡、从鸡场到餐桌的过程中，所有产生的数据都被真实记录，真正实现每只鸡的防伪溯源。这也是区块链首次在国内被应用于农业领域。

山清水秀的成长环境、180 天成长周期、区块链结合物联网防伪技术、生产加工过程全程记录，用户扫码即可查看。步步鸡通过区块链多方共识机制保障链上数据有足够的公信力，真正做到了防伪数据的公正、公开及不可篡改。目前，众安已经联合多家企业成立科技扶贫养殖基地，提供“物联采集、信息上链、舆情分析、防伪溯源”等新兴技术养殖，不仅积极扶持了新兴技术的发展，也帮助了贫困人口摆脱贫困。

案例7 Ascribe使用区块链来保护艺术家的知识产权

一家位于柏林的区块链技术公司通过使用比特币总账系统来保护艺术家的知识产权（图10-12）。艺术家们可以通过这家公司在网上来保护他们的专利，也可以转让和出售他们的知识产权，而不必通过第三方。

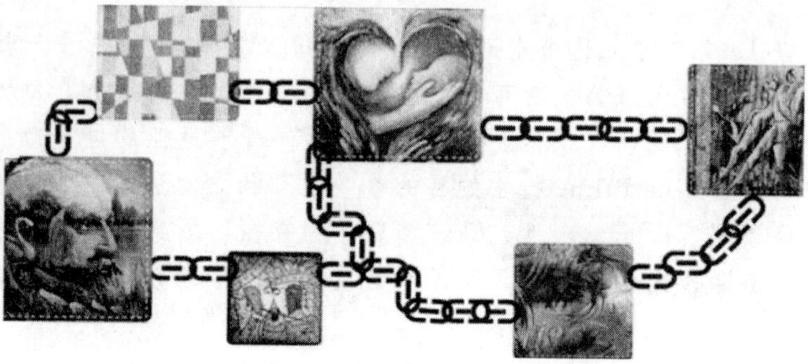

图10-12 基于区块链保护艺术家的知识产权

Ascribe可以在许多数字艺术上面得到应用，比如摄影、设计，也可以应用在像雕塑这类物理装置。艺术家们要做的就是将他们的创作拍上一张照片并上传就可以了。

通过使用区块链技术，公司就可以证明作品的稀缺性，从而给予他们合法的价值，就像绘画或者打印一个限量版的照片一样。然后艺术家可以决定进行转让和出售自己的知识产权。

对于Ascribe来说，这可能标志着盗版这种犯罪方式已经无法得以实施。例如，摄影师可以将自己在画廊的作品通过限时销售的方式来进行出售，而在其他时间进行销售的作品就一定是假冒产品。

截至2015年底，Ascribe已经签约了超过600位艺术家。

案例8 沃尔玛利用区块链技术追踪食品供应链

沃尔玛（Walmart）是全球500强榜首企业，于1962年在阿肯色州成立，是美国大的私人雇主和世界上大的连锁零售企业。目前，沃尔玛在全球开设了超过10000家超市，员工总数220多万人，分布在全球27个国家。每周光临沃尔玛的顾客超过2亿人次。

不可否认，中国的食品安全问题层出不穷。试想如果食品从农场等供应商到商店货架终再到消费者手中的每一个步骤都可追踪、可问责，是否食品安全问题可以不再困扰我们？然而，全球供应链管理水平远远低于人们的期望，实物交易常常涉及人工文件转移，难以保证在每个环节都跟踪实物和库存以及附带文件。沃尔玛携手IBM，利用区块链技术可以数字追踪供应链每一个步骤，永久性记录每一个交易环节，并且不能任意做修改的特点来替代传统纸质追踪和手动检查系统，增强食品真伪判断相关的安全保障，以期实现食品安全的源头追踪与治理。

此外，中国是猪肉消费大国，猪肉消费量占到全世界的一半以上。作为大的零售商，沃尔玛全球区块链计划的第一步始于保障中国市场的猪肉供应链安全。此项目利用 IBM 基于 Linux 基金会旗下开源软件 Hyperledger 建立的区块链技术，可及时将猪肉的农场来源细节、批号、工厂和加工数据、到期日、存储温度以及运输细节等产品信息，以及每一个流程的信息都记载在安全的区块链数据库上。通过该项目的实施，沃尔玛可随时查看其经销的猪肉的原产地以及每一笔中间交易的过程，确保商品都是经过验证的。

全程追踪可保障食品变得更健康，为消费者带来实打实的好处，消费者信任自然会上升到新高度。同时有效安全的数字化信息记录以及快速的供应链追根溯源也令沃尔玛的交易效率上升到新层次。